『明治漢文教科書集成』補集Ⅰ　解説

木村　淳

不二出版

目次

総説

一 はじめに……7
二 漢文教科書の範囲……10
三 教育課程に組み込まれた漢文……14
四 「小学校教則綱領」以前の漢文教科書……16
五 「小学校教則綱領」下の漢文教科書……19
六 漢文教科書の誕生と小学読本……23
七 教材配列の工夫……25
八 中学校の漢文科の目的と教材の選択……29
九 「尋常中学校ノ学科及其程度」改正後の漢文教科書……34
十 短篇から格言へ……38
十一 書き下し文・和漢対照の役割……43
十二 句例の登場……45
十三 漢訳・漢作文・復文……48
十四 教科書調査の始まり……53
十五 『日本文章軌範』の不採用の理由……55
十六 『小学中等科修身格言』の不採用の理由……58
十七 『今世名家文鈔』と『和漢文格評林』の問題点……60
十八 『列女伝』、『女範』、『日記故事大全』の問題点……63
十九 教科書検定制度の始まり……66

十九　『中学漢文読本』が検定済になるまで……71
二十　『近古史談』改訂の経緯……76
おわりに……79

解　題

はじめに……81
1　近世名家小品文鈔（土屋栄）……81
2　和漢小品文鈔（土屋栄・石原嘉太郎）……89
3　続日本文章軌範（石川鴻斎）……96
4　本朝名家文範（馬場健）……102
5　皇朝古今名家小体文範（渡辺碩也）……113
6　漢文中学読本（松本豊多）……121
7　漢文読本（鈴木栄次郎）……132
8　漢文読本（指原安三）……142
9　漢文中学読本初歩（松本豊多）……158
10　中学漢文読本初歩（秋山四郎）……161
11　新撰漢文講本入門（重野安繹・竹村鍛）……166
12　中学漢文学初歩（渡貫勇）……174
13　新定漢文読例（興文社）……180
14　訂正新定漢文（興文社）……183
おわりに……199
参考教科書一覧……201

補集Ⅰ　明治初期の「小学」編　解説

総　説

はじめに

漢文教育に関する近年の画期的な研究成果である石毛慎一『日本近代漢文教育の系譜』（湘南社、二〇〇九年二月）は、明治から昭和二十年代までの漢文教育について、法令・教則、教育思潮、教材を総合的にとらえたものである。この大きな成果を初めとする先行研究で明らかになったことをさらに発展させるためには、やはり漢文教科書本体の詳細な調査が必要となる。しかし漢文の教科書を大量に所蔵する図書館は限られ、かつ教科書の多くは全国に点在している。そしてほぼすべてが書庫で管理されており、相当努力して探し出さなければ古い教科書を目にすることはできない。戦前の漢文教育のイメージに加えて、こうした環境が他教科に比べて漢文科教科書の調査・研究があまり進んでいないことの一因にもなっていると考えられる。

明治期の主な漢文教科書を一望できる加藤国安編『明治漢文教科書集成』（以下『集成』と略す）第Ⅰ期―第Ⅲ期の刊行は、漢詩漢文に関心がある人にはより気軽に古い教科書に接する機会を作った。図書館の閉架資料は検索キーワードが正確でないと資料に出会えないが、開架資料として棚に置かれていれば自由に手に取ることができ、漢文教科書の存在を知ってもらうことができる。漢文教科書は長きにわたって読み継がれてきた古典を収めたものであり、研究者ばかりではなく漢文に関心がある人が古い教科書をめくっていれば、今ではあまり知られていない名篇に出会うこともあるだろう。

私個人としては『集成』「総索引」によって資料の調査が格段に便利になったこともあり、『集成』の登場を当時は利用者として心より喜んだ。ただその後『集成』第Ⅰ期―第Ⅲ期をより充実させ、明治期の漢文教科書の全体像についてさらに理解を深めるような資料の提供を求める声が高まり、本補集Ⅰ・補集Ⅱが編まれることとなった。今回思いがけずその補集の編集・解説を担当させていただくことになり、主に私の所蔵している教科書の中から、インターネット上で閲覧ができないもので、漢文教科書の編集方針や教材変遷の考察に参考となりそうなものを選んだ。

補集Ⅰ「明治初期の「小学」編」は、直接的には『集成』第Ⅰ期「初学漢文教科書編」を補うものである。第Ⅰ期には明治十年代から二十年代初めまでの初学者用の教科書が収録されている。補集Ⅰは明治十年代から三十年代前半にかけての入門用の教科書編集の過程を理解するための教科書を選択した。明治期の教科書の編者達が初学者の指導内容をどのようにとらえていたのかを考察するための資料提供がまずは第一の目的である。その上で、教科書と一般書の区別が付きにくく、調査があまり進んでいない明治十年代の漢文教科書の編集上の特色を探ることもねらいとしている。近代の漢文教科書は明治二十年代から編集が始まったとされることもある。確かに明治十年代は教科書と一般書の区別が付きにくい時期であり、教科書編集が始まったばかりでもあるので、論者によっては明治十年代の教科書は本格的なものではないと見なすのだろう。そうした判断も理由のないことではない。しかし『集成』第Ⅰ期を見ても分かるように、明治十年代には複数の古典から教材を選択した教科書はすでに複数編まれており、これらを外して明治期の漢文教科書の分析はできない。またこの時期に編まれた教科書が、後の漢文教科書の直接の出典として用いられるので、やはりどのような意図で編まれていたのかを検討しておく必要がある。ゆえに明治十年代の教科書の編集上の特色を明らかにするための資料を示すこと、これも補集Ⅰの一つのねらいとするものである。

補集Ⅱは「模索期の教科書編」と題して、明治三十年代の漢文教科書を取り上げて、「中学校教授要目」前後の、教科書編集の模索の跡をたどることを目的とした。中学校用の教科書を見てみると、明治十年代に近代の漢文教科書が誕生してから、編者達はあまり具体的ではない教則の下で試行錯誤を繰り返して教科書を編んできた。小学校の整備が一段落着いてから、明治三十一年（一八九八）、文部省は中等教育整備のために『尋常中学校教科細目調査報告』として試案を発表し、三十四年（一九〇一）には「中学校令施行規則」の公布、翌三十五年（一九〇二）には「中学校教授要目」を制定した。「中学校教授要目」は従来の教則よりも詳細なものとして知られているが、漢文科の場合には明治三十年代前半までの教授法の議論や教科書編集の試みの集大成であり、これによって漢文教科書の定型が決まった訳ではない。早くも公布三、四年後には「中学校教授要目」に基づいた漢文教科書編集の見直しが始まり、明治四十四年(一九一一)に「中学校教授要目」の改正に至る。すなわち出版者間の教材選択の認識がある程度統一されて、注釈、練習問題、挿図等も完備した漢文教科書が登場する四十年代までは、模索の過程と見なすことができ、この補集Ⅱを通じて、一連の動向についてより理解を深めることができるだろう。

『集成』出版の意義及び江戸の藩校から明治の小・中学校、女学校、師範学校をも視野に入れた漢文教育の史的展開については、加藤国安氏による『明治漢文教科書集成』第Ⅰ期・第Ⅱ期解説』(二〇一三年)、『明治漢文教科書集成』第Ⅲ期解説・総索引』(二〇一五年)において把握することができるので、是非参照してほしい。補集の解説では説明の都合上内容が重複する箇所もあるが、『集成』の解説を補うことに努めた。

補集Ⅰの解説では、まず一章で補集Ⅰ・補集Ⅱで使用した参考教科書の選び方を述べた。本解説では参照した教科書の全てを十分に生かしきれていないが、漢文教科書の全体像を今後明らかにするために一覧を作成して巻末に掲げた。

次に二章から八章では、漢文が教科・学習内容として明治十年代に教育課程に組み込まれてから、明治二十年代末までに、どのような漢文教科書が編まれてきたのか、教則を参照しながら整理した。特に初学者向け教材の選択・配置の仕方に注目した。

九章から十二章までは、明治三十年代の教科書も含めて初学者への対応がどのように展開したのかを述べた。初級者用教材として読みやすい短篇からより短い格言が活用されるようになり、原文と書き下し文を比較する和漢対照による構造把握も取り入れて句例が登場するまでの経緯を扱った。それに関連して漢文の構造を理解させるための練習問題についても述べた。

最後に、十三章から二十章においては文部省による教科書調査の傾向について、明治十年代から二十年代末までの教科書をもとに述べた。明治期を通して問題視された内容には違いが見られる。この変化は漢文教育に対する時代の要請の移り変わりを示しており、文部省による教科書調査の基準は編集意図や教材変遷を左右する要因の一つであり、決して教科書や教材の分析と無関係なことではない。

本解説では引用文は常用漢字に改め、読みやすくするために句読点を一部補った。引用文は訓点が施されたものは原資料に従い、圏点は省略した。読み仮名はすべて引用者によるものである。教材タイトルの訓点は省略し、必要に応じて書き下し文を注記した。引用の原文が『集成』に収録されているものは省略した。引用文の訳文は注記がない限りは拙訳である。参考文献一覧の教科書を取り上げる場合には適宜一覧の通し番号を記した。

それでは、本書における漢文教科書の選び方から述べていきたい。

一　漢文教科書の範囲

明治期の漢文教科書と一口に言っても、その範囲を定めることは難しい。図書館ごとに分類の基準も異なり、目録の書名だけでは漢文体の教材が収められているかが判断しきれず、蔵書検索の端末を使用しても漢文教科書のみを抽出するキーワードは想定しにくいからである。そこで明治期の漢文教科書の全体像を今後明らかにしていくために参考教科書一覧を巻末に付した。まずその選び方について簡単に述べたい。

本解説では小学校用、小・中学校兼用、中学校用、中・師範学校兼用の教科書を対象とした。明治期において小中学校で漢文を扱う科目名は読書（小中学校）、作文（小中学校）、和漢文（中学校）、国語及漢文（中学校）、国語漢文（中学校）等と移り変わった。ここではこれらの漢文を指導する教科で用いられた教科書をまず選んだ。明治期に刊行されたものを対象とし、明治末に編まれた初版が検定不認可となり、改訂版が大正の初めに検定済となったものも含めた。続いて漢文体で書かれた修身・歴史で用いられた教科書も含めた。明治十年代ではこれらの教科で用いられていた教科書と漢文の教科書とに厳密な区分がなされていなかったためである。例えば日本の歴史を述べた『皇朝史略』は歴史科で使用されるとともに、国語系統の科目である和漢文科でも使用されていた（四方《よも》一瀰《かずみ》『「中学校教則大綱」の基礎的研究』、梓出版社、二〇〇四年一月、三四九、三六八頁）。明治十年代に修身や歴史で用いられた教科用図書が、時代が下ると漢文教材の出典として扱われることになるので、他教科の教科書も含めておいたほうが良いと判断した。学校での使用が確認できない場合は、序文等に初学者を対象としたことが分かる表現があるものを含め、合計六四二種、二四九五冊の教科書を参照した。

漢文教科書は、複数の古典から教材を集めた編集型（雑纂型）と、漢籍をそのまま用いた丸本型という区分がなされることが多い。この二つの区分では、単独の古典の抜萃本をどちらに含めて良いのか判断が難しいので、仮に本解説の参考文献一覧では、「総集型」と、「丸本・抄本型」という二つの分類を行った。総集型は、複数の古典から教材を集めた、読書・作文・和漢文・国語及漢文・国語漢文等、漢文を指導する教科で用いられた教科書である。丸本・抄本型は、和刻本漢籍や準漢籍も含めた漢籍と単独の古典の抄本を指す。補集Ⅰに収めた『近世名家小品文鈔』等の明治十年代に編まれた教科書を古典の文集と見なして丸本に含めることもあるが、ここでは明治五年（一八七二）の「学制」公布以降に編まれた、複数の古典からの抜萃本は総集型教科書として扱った。上記の科目の他に修身科・歴史科用の明治以降に編まれたと考えられる教科書及び一般書は丸本・抄本型の教科書とした。

文部省は明治十三年（一八八〇）頃から教科書調査を始め、採用の可否を定めることになった。中村紀久二氏は、文学研究では初版本を重視するが、教科書研究は実際に生徒が使用した版こそが貴重であるとして、見本本と検定合格本の相違点を例に挙げ、教科書所蔵機関では見本本と検定合格本を厳密に区別すべきであると提起する（『検定済教科用図書表　解題』教科書研究資料文献第三集の二、芳文閣、一九八五年十二月、二五―三六頁）。ここでは採用が認められた教科書は必ず含め、その初版及び教材に変化が見られる改定版も選定の対象とした。なお使用不可の教科書及び使用の確認ができなかったものも含めたが、それはこの解説では編集者の意図を探り、当時の文部省による教科書調査の基準を明らかにすることを主な目的としているからである。

見本本と流通本の違いは本解説で使用した教科書でも数例確認できた。例えば、国立教育政策研究所教育図書館の所蔵教科書には「内交」の印があるものが多い。これは検閲のために出版者から内務省に二部納本されたうちの副本で、内務省から帝国図書館に交付された交付本である（注1）。すべての教科書ではないが、中には検定不認可となった版の奥付のみを入れ替え、訂正版として納本された見本版が含まれている。そのため、見本本と流通本とに違いがある場合には、流通本の記述に基づいた。

本解説では次の目録と資料に基づいて小・中学校用の漢文教科書を選択した。

①鳥居美和子編『明治以降教科書総合目録』教育文献総合目録第三集Ⅰ小学校篇、小宮山書店、一九六七年三月

・「B明治初年教科書」の「1修身、3日本史、4外国史（目次は西洋史）、26読本・書取、29作文（和文・漢文）、30漢文」から選び、漢文以外の教科は教材に漢文を含む教科書を対象とした。

②同編『明治以降教科書総合目録』教育文献総合目録第三集Ⅱ中等学校篇、小宮山書店、一九八五年二月

・「G中学校教科書」の「3教育勅語・論語、79漢文、81漢文副読本、85時文」を対象とした。

③東京書籍株式会社附設教科書図書館「東書文庫」編『東書文庫所蔵教科用図書目録』第1集、東京書籍、一九七九年十月

・中学校用の教科書を掲載した「T92・2漢文」を対象とし、師範学校でも使用が認められた教科書については師範学校の項目「S92・2漢文」も参照した。

④同編『東書文庫所蔵教科用図書目録』第2集、東京書籍、一九八一年九月

・「292漢籍、381読本」を対象とした。「292漢籍」は一般的な意味の漢籍とは異なる書籍も著録されているが、後述の⑤や⑦に見える書名と重複することが多く、明治初期の漢文教科書を調査する上で注目される。

⑤文部省地方学務局・文部省普通學務局［編］『調査済教科書表』教科書研究資料文献第二集、芳文閣復刻、一九八五年一月

・教科名が必ずしも明記されてはいないため、書名から修身、読書、作文、歴史に関する教科書で、漢文体の教材を含むものを選んだ。

⑥文部省［編］『検定済教科用図書表』八冊、教科書研究資料文献第三—九集、芳文閣復刻、一九八五年十二月—一九八六年一月

・中学校用の漢文科と国語及漢文科を対象とし、明治二十年代初めの歴史科も一部含めた。補習用や文法の参考書は対象外とした。

⑦四方一瀰『「中学校教則大綱」の基礎的研究』梓出版社、二〇〇四年一月

・明治十四年（一八八一）に公布された「中学校教則大綱」下で使用された漢文教科書について、「資料編　二「中学校教則大綱」府県準拠校則・教則「教科用書表」にみる教科書一覧」から、修身、和漢文、歴史に関する教科書を選んだ。出版事項が書名と巻数のみの場合は推定して一覧に含めたが、推定が困難なものは除いた。なお加藤『集成』Ⅲ解説には、当該資料から漢文関係の書名を抽出したリストが載せられている（六八—七〇頁）。

こうして選定した教科書を用いて解説を行いたい。まず明治の小中学校における漢文の取り扱いについて見ていく。

（注1）検閲の概略については次の文献を参考にした。岡田温「旧上野図書館の収書方針とその蔵書」、『図書館研究シリーズ』五、国立国会図書館、一九六一年十二月。浅岡邦雄「検閲本のゆくえ—千代田図書館所蔵「内務省委託本」をめぐって—」、『中京大学図書館学紀要』第二九号、中京大学附属図書館、二〇〇八年五月。千代田区立千代田図書館『千代田図

書館蔵「内務省委託本」関係資料集』、千代田区立千代田図書館、二〇一一年三月。現時点の調査では、検閲の痕跡が残されている教育図書館所蔵の明治期の中学校用の漢文教科書は〈519〉『中学読本日本外史鈔　豊臣氏』と〈434〉『標註正文章軌範読本』の二点である。検閲担当者の印のみ押されており、コメント等は残されていない。

二　教育課程に組み込まれた漢文

明治五年（一八七二）八月三日公布の「学制」（文部省布達第一三号別冊）は欧米の学校制度をもとにし、実学主義を理念としていたために、小学、中学の教科には「漢文」の名前は見えず、教科としては盛り込まれなかった（『文部省布達全書・明治五年』文部省、［一八八五年］、九〇―九六頁）。その理由については、

これは時の文部大輔であった田中不二麿氏が、さきに欧米に出張してその制度を調査して来たもの（特に仏蘭西の学制）を、そのまゝ我国に施さんとした欧化第一主義的政策と、当時一世を風靡した福沢諭吉の実利主義的な学問の影響によるものであろう（尾関富太郎「漢文教育史概観（第二回）」、『漢文教室』第一四号、大修館書店、一九五四年九月、三六―三七頁）。

といった指摘がある。漢文は西洋の文化を吸収する手段ではあったが、実用的ではないとして漢文の指導は外された。しかし、明治十年代初めになると欧化主義教育の見直しや、激化する自由民権運動への対策として、儒教主義による教育が復興し、明治十二年（一八七九）、明治天皇の内示という型式を取り、実際には元《もと》田《だ》永孚《ながざね》が起草した「教学聖旨」によって、「仁義忠孝」の教育方針が打ち出された。「教学聖旨」は「教学大旨」と「小学条目二件」から成り、「教学大旨」には、「教学ノ要仁義忠孝ヲ明カニシテ智識才芸ヲ究メ以テ人道ヲ尽スハ我祖訓国典ノ大旨上下一般ノ教ト

スル所ナリ」と「仁義忠孝」が教学の根本にあることを述べる。近年は西洋の長所を取り入れ、日々進歩する一方で、この大義が忘れられているとし、「祖宗ノ訓典ニ基ツキ専ラ仁義忠孝ヲ明カニシ道徳ノ学ハ孔子ヲ主トシテ人々誠実品行ヲ尚トヒ」(「教学聖旨」、一八七九年。引用は文部省『学制八十年史』、文部省、一九五四年三月、七一五頁)、その上で各教科を学ぶべきであるとした。

その影響を受け、明治十三年(一八八〇)十二月二十八日公布の「改正教育令」(太政官布告第五九号)では、修身科が筆頭教科となった。「学制」では学習内容から外されていた漢文が小学校や中学校において教育課程に組み込まれたことも、徳育を担うことが期待されたためであると考えられる。

小学校では、明治十四年(一八八一)五月四日公布の「小学校教則綱領」(文部省達第一二号)から、小学校高学年では読書科の指導内容である「読方」で漢文を扱うことができるようになった。「小学校教則綱領」で定められた学習期間は、中等科第五学年後期から高等科第八学年までの約五年間、年齢で言えば九歳から十四歳位までである。中等科では「近易ノ漢文ノ読本」もしくは「稍高尚ノ仮名交リ文ノ読本」、高等科では「漢文ノ読本」もしくは「高尚ノ仮名交リノ読本」を用いるように定められた(『文部省布達全書・明治十四年』、文部省、[一八八五年]、九九頁。国立国会図書館デジタルコレクションで閲覧可。以下同様の資料は国会デジと記す)。「近易」「稍高尚」「高尚」等の言葉から、学習段階に配慮した指導が求められていたことが分かる。読本の内容は、「文体雅馴ニシテ学術上ノ益アル記事」、「生徒ノ心意ヲ愉《よろこ》ハシムヘキ文詞ヲ包有スルモノ」(同上)を選ぶようにとあるのみで、あまり具体的な指示ではない。その後明治十九年(一八八六)五月二十五日公布の「小学校ノ学科及其程度」では「読書」の項目から漢文が削除された。

中学校は、小学校中等科以上を卒業していることが入学資格とされ、初等科四年・高等科二年の計六年間、年齢で言えば十二歳から十八歳位までが修業期間である。明治十四年(一八八一)七月二十九日制定の「中学校教則大綱」(文部省達第二八号)において和漢文科が設けられ、明治十七年(一八八四)一月二十六日公布の「中学校通則」

（文部省達第二号）では中学校での教育に「忠孝彝倫《いりん》ノ道ヲ本トシテ高等ノ普通学科」（『官報』第一七〇号、内閣官報局、一八八四年一月二十六日、六頁。『官報』はすべて国会デジ）を授けるように規定された。この箇所は後の「中学校令」（勅令第一五号）では「高等ノ学校ニ入ラント欲スルモノニ須要ナル教育ヲ為ス」（『官報』第八二九号、内閣官報局、一八八六年四月十日、八七頁）と改められて「忠孝彝倫ノ道」が削除されたが、漢文教材採録の際には変わらず忠孝の道徳教育に資するものが選ばれていた。

和漢文科は、その後明治十九年（一八八六）六月二十二日公布の「尋常中学校ノ学科及其程度」（文部省令第一四号）では国語及漢文科と改められた。その指導内容は、「漢字交リ文及漢文ノ講読書取作文」とあり（『官報』第八九〇号、内閣官報局、一八八六年六月二十二日、二二七頁）、「講読」の他に「書取」や「作文」など、漢文を書くことも盛り込まれていたことを示している。そのため十年代では書信等の日常生活で使う文例をまとめた作文用の教科書も編まれていた〈90〉久保田梁山『和漢雅俗三体作文解環』、〈91〉同『漢文作法尺牘』等）。

前述のように明治五年（一八七二）公布の「学制」が欧米の実学主義を理念としていたために、当初漢文は教科から外されていた。その後、道徳教育の見直しから漢文が小学校、中学校の教科・指導内容に盛り込まれることになり、初学者を指導するための教科書として、従来の古典の文集とは異なり教則に基づいて作品を揃えた、近代の漢文教科書が誕生するのである。

では「文体雅馴ニシテ学術上ノ益アル記事」、「生徒ノ心意ヲ愉ハシムヘキ文詞ヲ包有スルモノ」等の教則の規定を編者達はどのように理解していたのか、明治十年代の漢文教科書の編集方針について見ていきたい。

三　「小学校教則綱領」以前の漢文教科書

明治十年代に使用されていた教科書の中で、まずは「小学校教則綱領」公布以前の教科書と、公布後も特に教則に基づいたと記していない教科書を取り上げる。まだ教則のない時期に編まれていた初学者用教科書は、初めに分量の少ない教材を採り、ある程度学習が進んでから長篇の教材を学ぶという方針が一般的であり、いずれも漢文による作文の模範を示すことを目的としていた。いくつかの教科書を例に難易度の配慮と教材選択の基準を見ていきたい。

〈199〉東条永胤《とうじょうながたね》『近世名家文粋初編』三巻は、序・記（事柄や情景を描写した文）・書（書信）・論・碑文・墓銘（墓石に記した文）・書後（跋文）・題跋・雑文の文体を載せている。しかし、伝は長篇になるので初編には載せず、続編に収める予定であると説明している（巻一、例言裏）。続く二編（〈200〉）では論の代わりに伝が入った。後の時代になると論は難しいと見なす編集者が増えるが、この教科書では分量の多さに難易度の基準を置いていた。

〈214〉馬場健『本朝名家文範』上中下巻（補集I収録）は、作文の模範とするために編まれた教科書であり、紀事（事実を記した文）・記・序・引（序の簡略なもの）・説（主張や見解を述べる文体）・書・伝・論・墓誌銘・祭文（死者を弔ったり、神前で読む文）・書後題跋・雑と文体を分けて日本人の書いた漢文を収める。初学者にとっては風土の異なる漢人の文は理解しにくいため、日本人の作を集め、教材の配列は「疎より精に入り」、「すべて難易長短によって順序を定めた」（巻上、例言表）とする。

〈274〉三宅少太郎『文章梯航』上中下巻は選択した文体について、

　碑・誌（事柄を記した文）・銘（石碑に記した文）・賛（人・物を称えた文、絵などに書き付けた文）を挙げなかったのは、幼年には識別できないからである（不レ挙二碑誌銘賛一者ハ。非三幼学之所二レ弁也。）（巻上、凡例表）。

と、学習者に配慮したことを説明している。すべて日本人の作で、記・題跋・説・伝・序・紀事等が収められており、文体の難易度への配慮はあるが、文体別に収録はしていない。

簡単なものから難しいものに進むことばかりではなく、難から易へ進んだほうが、初学者には適しているとしたのは、〈31〉石川鴻斎『続日本文章軌範』（補集Ⅰ収録）である。学問はまず根本を抑えることが肝要であると説き（第一冊、凡例裏）、時代が下ると難しいとして敬遠される賦から学び始める構成を取る。この構成は他に見ないが、初級者の指導の段階ついては必ずしも短くて易しいものから入るとは限らなかった。

今見てきた教科書はいずれも日本人の作を取り上げていたが、当時流行していた明清の文章も初学者用教材として採録されていた。『集成』Ⅰ・Ⅱ収録の明治十年代の教科書で明清文を収めたものに、〈190〉竹内貞『初学文編』、〈59〉太田武和編輯『高等小学漢文軌範』上下巻、〈269〉三島毅（中洲）『初学文章軌範』上中下巻等がある。

上記の教科書とは異なり、文体についてあえて配慮しない編集をした教科書には〈60〉大谷元知・依田喜信『文章奇観』や〈154〉佐田白茅編選『近世文体』がある。『近世文体』はその編集方針を次のように説明している。

> 今ハ近人ノ雄文傑作、得ルニ随テ編次スルカ故ニ、編法不倫不次ニシテ、錯雑スルニ似タレトモ、夫レ等ノ事ハ、文体明弁等ニテ、詳カニ講究スルニ非レハ詳カナラズ、其書ニ就テ学ヒ悟ランコトヲ要ス（巻一、例言二丁表―裏）

文中の『文体明弁』は明の徐師曾による、詩文の体の源流を論じた書であり、それをもとにした教科書〈487〉大郷穆『文体明弁纂要』等もある。初学者向けでもあるので文体を論じるのは他の書に任せ、「近人ノ雄文傑作」を提供することに主眼があると述べている。「得ルニ随テ」とは、学習者への効果的な指導上の必要性よりも編集側の都合が優先されたような理由ではあるが、雑然と配列する方法も取り入れられるようになってきた。この教科書は文体の定義ではなく、文章の構成や鑑賞のポイント等について詳しい解説が付けられており、この時期の特色が現れている。

以上見てきたように、「小学校教則綱領」に依拠しない教科書は難易度の設定や教材の選択・配列について文体を基準としている傾向にあることが分かった。これは漢文の教科書が作文の軌範という性格の強かった時期の特色である。しかし次第に文体別の編集は行われなくなっていくことになる。続いて、「小学校教則綱領」に基づいて編集したことが明記されている教科書の編集方針を見ていく。

四 「小学校教則綱領」下の漢文教科書

「小学校教則綱領」公布後、文部省の定めた各学校の教則によって編まれた漢文教科書が現れる。特に教則の規定である「文体雅馴ニシテ学術上ノ益アル記事」、「生徒ノ心意ヲ愉ハシムヘキ文詞ヲ包有スルモノ」について、どのような選択をしていたのかを確認したい。

〈71〉笠間益三『小学中等科読本』(『集成』Ⅰ収録）は仮名交リ文三巻と漢文三巻（漢文巻三未見）から構成されている。この二種による構成の理由は、

一 此ノ編ハ文部省小学教則綱領ニ拠リ仮名交リ文三冊漢文三冊トシ又其ノ漢文ヲ仮名交リ文ト為ス以テ生徒ノ学力ニ応シテ彼此択採ニ便ス（〔仮名交リ文〕巻一、例言表）

と説明されている。「小学校教則綱領」の「稍高尚ノ仮名交リ文ノ読本」から「漢文ノ読本」もしくは「高尚ノ仮名交リノ読本」に進むという規定に合わせて編集し、生徒の学力に応じて選べるように編集したことが分かる（仮名交り文の役割については十章で述べる）。小学校用に全三巻の教科書が多いのは、中等科の五学年後期・六学年前期・六学年後期までの計三期に合わせたためである。頁数で言えば一冊あたり六〇頁から一二〇頁前後の分量を一期に一冊終わらせることを目安としていた。選択した教材の配列と内容を次のように述べる。

一 各章ノ部門ヲ分タス、唯其ノ難易ニ随テ叙列シ、其ノ記ハ和漢聖賢哲士ノ勤学修身斉家尊王愛国等ノ言論偉

績ヲ以テス。是亦教則綱領読法科ノ旨意ニ基ケルナリ（〔仮名交リ文〕巻一、例言表）

文体別の編集方針のように部門で分けるのではなく、難易度に配慮したと説明している。「和漢聖賢哲士」の事績を扱った教材を揃えることが教則に合致するとの判断である。

歴史書や故事集を出典とする教科書も多く編まれた。〈84〉木沢成粛『小学漢文読本』上中下巻はすべて中国の故事を揃えた教科書である。採録の教材について次のように述べる。

一、旧来の習慣では『日記故事』及び『蒙求』を児童に授けていた。しかし篇中には児童の教科に適さないものが含まれている。今同僚と相談し、書き加えるべきは書き加え、削るべきは削り、この書を作り、小学中等漢文の読本とした（一旧慣以二日記故事。及蒙求一。授二童子一。雖レ然篇中或有下不レ適二童蒙教科一者上。今与二同志一謀。筆則筆。削則削。終作二此編一。以充二小学中等漢文之読本一）（巻上、凡例表）。

張瑞図『日記故事』や李瀚《かん》『蒙求《もうぎゅう》』などから材を採り、今日の児童に適さない箇所に修正を加えたと述べている。教材の出典名が記されていないが、合計で二九九篇の教材のうち、『日記故事』から二一一篇、『蒙求』から六十九篇、胡炳文『純正蒙求』から十六篇が採られ、この他に『小学』が出典と推定される教材三篇が収められている。道徳教育の意義が見直されて漢文が教育課程に組み込まれた時期の特色が色濃く反映された教科書である。

〈18〉阿部弘蔵編『小学漢文読本中等科』上中下巻（『集成』Ⅰ収録）も模範となる偉人の事績を集めた教科書であるが、欧米の著名人を題材とした教材がこの時期で最も多いことに特徴がある。文部省が明治六年（一八七三）四月に定めた「小学用書目録」の、「読方」用教科書に適しているものとして、フラセル（Fraser Edward）著、作楽戸痴鶯（山内徳三郎）訳『西洋英傑伝』六冊（英蘭堂、一八七二年）、瓜生政和『西洋見聞図解』二冊（丁子屋忠七、一八七一年）

という、西洋事情に関する書籍が挙げられている（文部省『小学教則』、出雲寺万治郎、［一八七三年］、小学用書目録二丁裏。国会デジ）。西洋事情、西洋の成功談を中心に扱ったこの教科書は西洋の理念に学んだ「学制」発布期の風潮を残した教科書である。

〈220〉平井義直編『小学中等新撰読本』七冊は模範的な人物を扱った道徳教材ばかりではなく、幅広い内容の題材を集めた教科書である。巻一から巻三下の四冊が和文、巻四から巻六の三冊が漢文を収める。全巻の編集主旨は、

此書或ハ修身上ノ格言事実或ハ歴史或ハ地理或ハ博物或ハ理化或ハ雑話小談等ノ諸書ニ就キ先ツ本邦ノ事蹟ヲ裒メ次テ支那欧米ニ及ホシ交互採録シ間々挿ムニ詩文国歌ヲ以テスルモノハ児童ヲシテ読書ノ際兼テ諸学科ノ一斑ヲ窺ハシメ楽テ業ニ就カシムルヲ要スレハナリ（巻一、例言表）。

と述べられている。つまり、日本・中国・欧米の修身の格言や故事・歴史・地理・博物・物理・化学・雑話小談より採った教材を交互に収めることで、様々な教科の一端に触れさせて興味を持たせようと試みた教科書である。

木沢成粛の『小学漢文読本』は先に引いたが、木沢は和文とセットになった〈83〉『小学中等読本』漢文三巻も編んでいる（『集成』Ⅰ収録）。この教科書の訂正三版（阪上半七、明治十七年七月七日訂正三刻御届）は現時点では仮名交り文のものしか確認していないが、教材は漢文とほぼ同じなので、その配置の趣旨について参照したい。

一　此編或ハ孝悌、或ハ義戦、或ハ治績或ハ詩歌、錯雑シテ之ヲ載ス、是レ生徒ヲシテ、意思転換倦マザラシム（巻一、凡例表）、

孝悌・義戦・治績と話題を変えて飽きさせないようにしたという説明がなされている。注目されるのは、日本と中

国の詩歌を入れたことである。ちなみに木沢は教科書の詩を解説した『小学中等読本詩歌詳解』（阪上半七、一八八四年一月。国会デジ）を編集している。この時期、別冊として字引はよく出版されていたが、詩の解説は珍しく、詩の効用に着目していたことがうかがえる。

今日において漢詩を収めない教科書はないと思われるが、明治期においては詩の扱いには時期によって違いがあった。ここで、参考教科書一覧の総集型教科書で李白の詩を収めた教科書数を整理した表Iを見ていただきたい。明治十年代は漢文が教育課程に組み込まれた明治十四年（一八八一）で区切り、それ以降は五年ごとに区切った。

参考教科書一覧にも挙げたように、明治十年代には詩を学ぶ教科書も使われていたが（〈481〉―〈484〉参照）、複数の古典からの抜萃本には積極的に採られなかった。しかし李白の詩は明治三十年代前半から採録数を増やし始め、

表Ⅰ　李白の詩を採録した教科書数

採録数（%）	教科書数	年代
0（ 0）	20	明13まで
0（ 0）	41	明14-19
1（ 9）	11	明20-24
0（ 0）	24	明25-29
10（15）	65	明30-34
43（62）	69	明35-39
54（84）	64	明40-45
108（36）	297	明治期合計

四十年代にかけて定番教材となっていたことが分かる。この採録数の傾向は李白に限らず、広瀬建（淡窓）の詩「桂林荘雑詠示諸生（桂林荘雑詠諸生に示す）」が教材として確認できるのが明治三十年を過ぎたあたりからであるという指摘もあるように（小金沢豊「漢文教材としての広瀬淡窓――『桂林荘雑詠示諸生』教材化の背景」、『二松学舎大学人文論叢』第七五輯、二松学舎大学人文学会、二〇〇五年十月、一四一頁）、詩教材全般にも当てはまりそうである。李白の詩が三十年代後半から急激に採録数を伸ばしたことは、明治三十五年（一九〇二）の「中学校教授要目」において『唐詩選』を扱うように規定されたことが大きく関わっているだろう。木沢成粛の『小学漢文読本』は李白の詩こそ載せていないものの、詩を採録し、併せてその解説書も出していたことは当時において先

駆的な試みであったことが分かる。

以上のように、読本選択の規定にあった「学術上ノ益アル記事」や「生徒ノ心意ヲ愉ハシムヘキ文詞」を持つ教材をどう選ぶかは、編者の判断に拠る所が大きかったことが分かる。雑然と教材を配列する方法も、生徒を飽きさせない工夫の一つであった。この配列方法には和文の教科書である小学読本を参照したと述べる教科書も現れた。次に、和文教科書と漢文教科書編集との関係について見ていきたい。

五　漢文教科書の誕生と小学読本

中国の古典の伝統的な文集とは異なる、難易度を意識した配列方法や題材の選択の仕方には、和文教科書が模範の一つとなっていると考えられる。〈180〉鈴木重義編『初学文編』三巻は、編集方法を次のように説明している。

> 一、平易なものから順に難しいものへということに配慮し、また小学読本の体裁にならい、部類立てをせず、古今のものを混ぜ、順番を論ぜず作品を配列する（巻一、凡例一丁表。訳文は『集成』Ⅰ・Ⅱ解説、六七―六八頁による）。

小学読本にならい、文体や作品の年代を整然と配列しなかったという箇所が注目される。明治初期の文部省編『小学読本』巻四・五（那珂通高《なかみちたか》・稲垣千頴《ちかい》撰、村上真助、一八七六年四月翻刻）の「例言」には、「編纂の次序ハ類を以て相従へて古今と内外を別たず」（巻四、例言表。国会デジ）とあり、こうした小学読本を模倣したのであろう。

〈220〉平井義直編『小学中等新撰読本』のような、幅広く教材を揃えるという構成についてはどうか。この教科書が発行された明治十六年（一八八三）前後の国語教科書を見ると師範学校『小学読本中等科』六巻（文部省、一八八三年九月序）は「身近な事実を取材し、しだいに深遠な理論に及ぼしている。内容は、道徳、歴史、理科、地理など、広い領域に関係し、総合読本的性格を持つ。」と指摘されている（海後宗臣《かいごときおみ》・仲新《なかあらた》編『近代日本教科書総説 目録篇』、講談社、一九六九年七月、七四頁）。『小学読本中等科』を見てみると、巻一は、「第一課 父母ニハ孝ヲ尽クセ」から始まり、「第四課 元就箭ヲ折ラシメテ教訓ヲ垂ル」、「第廿三課 韓信跨下ヨリ出ヅ」等の日中の故事を採り、「第卅六課 月ニハ盈虚アリ」のような自然科学に関する教材も収められている（師範学校編『小学中等科読本』巻一、目次。引用は小教編纂所編『大日本小学教科書総覧 読本篇 普及版』巻上、二瓶一次、一九三三年十一月、一七一頁）。明治二十年（一八八七）前後には、多岐の分野にわたるテーマから構成された小学用の読本が編纂され、明治八年から十年（一八七五—一八七七）頃に刊行された田中義廉編『小学読本』が、その先駆的位置にあることが指摘されている（高木まさき「田中義廉編『小学読本』の研究—大改正本から私版本へ—」、『読書科学』第四七巻第一号、日本読書学会、二〇〇三年四月、一九頁）。漢文教科書の編者達はこうした総合的な教材構成の国語の読本を参照したのであろう。近代の漢文教科書の誕生には、和文の小学校用読本の存在が大きく関わっていたと考えられる。他教科の教科書と漢文教科書との関連は主に補集Ⅱの解説で述べることにしたい。

近代の漢文教科書が古典の総集と異なるのは、教則を編集方針の中心に据え、難易度を考慮して配列し、興味を引く工夫を盛り込み、学習者への配慮を行っている所にある。難易度については、おおむね簡単な短篇から入り、難しい長篇に進むという段階が取られた。難易度の設定は編者によって異なった。伝は長いために避けられることがあり、碑や墓誌銘等は初心者に適さないという見解の教科書があったが、まだ統一はされていない。

編集の方法は文体別によるものと、文体にはあえてこだわらないものとの二つの編集方針が見られた。作文の模範であるならば、文体別のほうが学習者が自分で書く時の参考にしやすいだろう。しかし読むことに重点を置けば、学習者を飽きさせない工夫も必要になってくる。明治十年代までは書くことも重視していたので文体別の編集も学習者には便利であったが、前述したように明治二十年（一八八七）以降は学校の教則では漢文を書く指導が削られたため、漢文を読んで理解させることの比重が増えると、同じような文体を続けて教えるよりも雑然と並べたほうが興味を引きやすいという方針が中心となっていく。その方針の導入に小学読本が参照されたことは注意してよいだろう。興味を引くためには配列に工夫する他に、教材の幅を広げたことも挙げられる。明治十年代では、日本・中国・欧米の聖人・偉人の故事と名家の文章を扱った教科書が大半を占めるが、詩教材も盛り込まれ始め、他教科に関連する教材を揃えた教科書も現れた。次に明治二十年代に編まれた教科書について、配列の工夫から編集の方針を整理していきたい。

六　教材配列の工夫

これまで小学校と中学校の漢文教科書を扱ってきたが、明治十九年（一八八六）公布の「小学校ノ学科及其程度」では「読書」の学習内容から漢文が削除されたことにより、明治二十年代以降は中学校用の教科書をもとに述べる。明治十九年六月二十二日制定の「尋常中学校ノ学科及其程度」（文部省令第一四号）により、尋常中学校は五年の修業年限と定められ、巻数は五巻のものが多く、明治二十年代末から三十五年（一九〇二）頃までは十巻のものも編まれていた。一冊あたり六〇頁から一二〇頁程度の分量を、一年間で一、二冊仕上げていくような進度であった。ここではまず明治二十七年（一八九四）の「尋常中学校ノ学科及其程度」改正前までの教科書での初学者向け教材に関する編集方針について整理を試みる。

まずは文体の難易度に関する編者の判断から見ていきたい。〈285〉村山自彊『中等教育漢文学教科書』二巻は、初学者は文体を知ることが肝要であるとの判断から、明治二十年代では主流でなくなっていた文体別の編集方法を取る。そしてその難易度の順序については次のように述べている。

一　文を読むには体を識るを以て先と為す。故に本書は文章の諸体を類別し、先つ紀事を以て始め、然後ち曰《ケ》記、曰《ク》序、曰《ク》跋、曰《ク》書、曰《ク》論、曰《ク》説、曰《ク》伝、曰《ク》碑、曰《ク》墓表、曰《ク》雑著の諸体に及ぼせり（巻一、例言七頁）。

巻一はすべて事実を記した紀事から学び始める構成を採り、日本や中国の歴史上の人物の逸話から、『左伝』、『三国志演義』等、編者の考える紀事体の教材を採る。巻二はすべて、事柄や風景などを描写した記でまとめている。三巻以降が発行されたのか不明であるが、別の文体を巻三以降に採録する計画があったと考えられる。

〈179〉鈴木栄次郎『漢文読本』二巻（補集Ⅰ収録）も紀事（記事）を初めに置いた。

一、この書の体裁、順序について特に凡例はない。ただ最初の巻は簡易につとめたので、主に記事体の文を載せ、間に序・説・題跋の類を挿み、その隙間を埋めた。しかし二巻以上はこの例にならわず、進むにつれて論・賛・上書（天子に奉る文書）・表（君主や役所に奉る文書）・奏（君主に奉る文書）の類を集めた（巻一、例言表）。

歴史上の人物の事績を扱った記事体の教材を中心にして、別の文体を間に入れるという構成を取っている。

〈206〉中根淑『新撰漢文読本』上下巻（『集成』Ⅱ収録）は、序・記・論・説は初学者には難しいが、漢文を学ぶにはそれらも理解する必要があると述べており、上述の教科書と難易度に関する判断に共通するものがある。中根『新撰漢文読本』は詩を大量に採録したことが注目される。詩の教材としての意義を次のように述べている。

一、詩文の一部を拾うが、すぐれた文才というのは詩において最もよく発揮されるものである。よって本書中、多く古人の詩を採録した。いろいろな形式の詩を挙げることとする。人口に膾炙する作品は、学生は早く知らなければならない。必ずしも新奇で好まれているものを取らない所以である（巻上、凡例一丁表。訳文は『集成』Ⅰ・Ⅱ期解説、一四五頁による）。

詩は文才がよく発揮されたもので、学生は早く知るべきものであるという判断から、詩を多数採録した。前述の木沢の教科書に続き、まだ複数の古典から教材を揃えた教科書では詩があまり採録されない時期において詩の効用に着目した先駆的な位置にある教科書であると言える。

初学者向けの文体については記事体が分かり易く、最初に学ぶ文体であるという認識が複数の教科書に見られ、詩を学ぶ意義にも注意が払われるようになってきた。次に日本の作品と中国の作品とをどのように扱うかという問題について、各教科書の編集意図を見ていきたい。明治十年代では邦人の作が初学者に適しているという意見が多かった。明治二十年代でも同様の判断が見られる。〈208〉中村鼎五『日本漢文学読本』首巻四巻の入門篇である首巻では、日本人の作のみを揃えた理由を次のように述べている。

一　撰文中ニ、漢土人ノ手ニナレル文章ヲ加ヘサルモノハ、此課ノ学徒、未タ漢土ノ思想ニ乏ケレハ、自ラ其文ヲ解スル力足ラサルヲ思ヘハナリ（首巻、一丁表—裏）。

中国の文章の思想を理解するにはまだ早いとして、身近な日本の作を取り上げたと説明する。首巻を終えてから学ぶ巻一から巻四は、難易度を考慮して本邦人の事績を記したものから入り、巻三以降に中国の作品を採ったと説明している（巻一、例言一丁表）。日本の作を最初に置く理由は、初学者にとって作品の背景や教材に込められている思想が分かり易いためである。特に読みやすい歴史上の人物を題材とした記事体が好まれた。〈202〉深井鑑一郎『中等教育標註漢文入門』は歴史上の出来事を扱った教材を採録した理由をこう説明している。

一　本書多くは、歴史上の事実を採収したり。是歴史は、生徒の最も嗜好に適し、解し易く、記し易く、且つ国民として、知らざるべからざるものなればなり（凡例三丁表）。

歴史の教材は読みやすく、覚えやすいばかりではなく、国民として必須の事項であるために入門期の教材に適していると判断した。深井のこの教科書より前に編まれた、〈221〉深井鑑一郎・堀捨二郎『標註漢文教科書』四巻（『集成』Ⅱ収録）は日本の漢文から学び始め、明・宋をもって終わる。中国のそれ以上の古い時代については、別に多くの書が出ているからだという。他社の教科書を意識し自らの教科書の独自性を打ち出して入門期に扱う教材を決めたことがうかがえる。

明治十年代では明清文を取り入れた教科書があったが、中国のどの時代を扱うかにも編者によって見解が分かれていた。中国の作品を入門期の作品として扱ったのが、〈4〉秋山四郎編、那珂通世閲『漢文読本』五巻である。秋山の「例言」によれば、「西漢（前漢）以下」の「平易文字」を学んでから「西漢以上」の「高古文字」にさかのぼるべきだという意見に同意するが、難易度は時代の古さに必ずしも左右されないとして、時代を問わず読みやすいものを選んだという（巻一、例言二―三頁）。そして、『史記』、『漢書』、唐宋八大家、『孟子』、『国語』、『左伝』、諸子百家という順で教材を編集した。ここに、日本人の作は一切採られていない。

文体別の難易度、日本と中国の順序への配慮の他に、教材内容の関連性にも注意が払われ始めた。〈264〉松本豊多『漢文中学読本』六冊は、内容上関連するものを並べたという。初巻に続く巻一は頼襄「名和長年勤王」、頼襄「児島高徳書桜樹（児島高徳桜樹に書す）」と勤王の士に関する教材から始まる。児島高徳が隠岐へ流される途中の醍醐天皇を奪還しようとしたが果たせず、桜の木にその志を詠んだ詩を記したという教材である。そのため次に、韓使と筆談で日本の桜の美しさについて語り合う、稲宣義「桜花問答」が置かれ、次には桜と取り合わされる鶯をもとに修養のあり方を述べた斎藤馨「鶯説」と続く。文体を基準にするのではなく、教材の内容面の関連性にも注意が払われ始めたのである。秋山・那珂『漢文読本』の方針は普及せず、難易度から見た場合、日本を先にし、中国を後にするという順序が固まりつつあった。

以上、明治二十年代の漢文教科書の教材の配列方法に関して、各教科書の試みを見てきた。続いて教材の題材に関する各教科書の工夫を整理したい。

七　中学校の漢文科の目的と教材の選択

明治十年代に道徳教育の一翼を担うことが期待されて学校教育の場に登場した漢文は、従来の童蒙教育の延長や、道徳教育重視の背景の下で、模範となる日本・中国・西洋の偉人の故事を集めた教科書が多く編まれていた。明治二十年代においても、日本の歴史に関する教材の多くは行動の指針となる模範的な人物の事績が扱われていた。徳育に関わる教材の選択に影響を及ぼしたと考えられるのが、明治二十三年（一八九〇）に発布された「教育勅語（教育ニ関スル勅語）」である。前述の〈221〉深井・堀『標註漢文教科書』は教材の選択を次のように述べる。

一、本書に収録した文は教育勅語の精神に基づく。されば国体・勤倹・忠孝・義烈に関わるものが多いが、それは初学者をしてただ漢文を習得させるのみならず、国風の純粋な美を現さんという願いからである（巻一、凡例一丁表。訳文は『集成』Ⅰ・Ⅱ解説、一五九頁による）。

深井は〈221〉『標註漢文教科書』出版の翌年に、「教育勅語」の徳目に合致する人物の例話を集めた『修身科用教育勅語例話』（今泉定介共編、吉川半七、一八九二年十月）を編集した。同書は和文であるが、〈221〉『標註漢文教科書』収録の教材と重複する例話が収められている。深井が携わった一連の教科書と「教育勅語」との関係は補集Ⅱの解説で述べたい。

「教育勅語」に基づいた教科書は、他に〈208〉中村『日本漢文学読本』が挙げられる。教材の選択を次のように述べている。

一、この書に選んだものは、専ら勅諭に基づき、かつ教育の大旨に適した文を採録し、ただ漢文を講習するばかりではなく、学生の気節を養い、忠孝義勇の志をはげますことにある（一、斯編所レ選、一基《キ》二於勅-諭一《ニ》、且採《ツリ》下適《スル》二於教-育大《ノ》-旨一《ニ》文上《ヲ》、不三啻《タニ》講二-習《スルノミ》漢-文一《ヲ》、在《リ》レ使《ムルニ》下学-徒養《ヲシテヒ》二気-節一《ヲ》、以励《テマシ》中忠-孝義-勇之《ノ》志上《ヲ》。）（巻一、例言一丁表）。

文中の勅諭はおそらく「教育勅語」を指すのであろう。『標註漢文教科書』と同様に、漢文を学ぶだけではなく、忠孝、義勇、勤倹等の精神も学ばせることを目的としている。上記の序文に関連すると思われる「教育勅語」の該当箇所を引く。

・我カ臣民克ク忠ニ克ク孝ニ億兆心ヲ一ニシテ世々厥ノ美ヲ済セルハ此レ我カ国体ノ精華ニシテ教育ノ淵源亦実ニ此ニ存ス
・爾臣民父母ニ孝ニ兄弟ニ友ニ夫婦相和シ朋友相信シ恭倹己レヲ持シ博愛衆ニ及ホシ
・常ニ国憲ヲ重シ国法ニ遵ヒ一旦緩急アレハ義勇公ニ奉シ（「勅語」、『官報』第二二〇三号、内閣官報局、一八九〇年十月三十一日、四〇二頁）

こうした「教育勅語」の理念が漢文科にも次第に組み込まれ始めたが、中学校の漢文科では教則に「教育勅語」に基づくようには明確に記されていないので、明治二十年代においてすべての教科書が「教育勅語」に従ったのではない。明治十年代に編まれた〈220〉平井『小学中等新撰読本』の流れを汲む、幅広く題材を集めた教科書も「教育勅語」発布後に編まれていた。〈206〉中根『新撰漢文読本』は、

道徳を論じ、仁義を説くならば、他に適した書物がある。この書ではあえてそれを担わなかった（若《シ》夫《レ》論《シ》二道徳《ヲ》弁《スルハ》二仁義《ヲ》一。別《ニ》有《リ》二其書《ノ》在《ル》一焉。非《ル》三斯書之所《ニ》二敢当《テル》一也。）（巻一、序六頁）。

と、『新撰漢文読本』は道徳、仁義について重視しないと述べ、この時期では珍しい教材選択を行った。詩を多く採った斬新さについては前述した通りであるが、自然科学や西洋事情に関する教材の豊富さも目を引く。巻上冒頭の構成を見ると、王応麟（伯厚）「学問」（三字経）、朱熹（朱子）「勧学文」、趙孟頫（子昂）「看書八戒（書を看る八戒）」等の学問の心得を説く中国の教材が始めに置かれ、続いて幅広い内容を網羅したレッグ（James Legge 漢名、理雅各）『智環啓蒙』の「健康」（身体論・飲食安息論等）、「身体」（身体論・頭論等）、「農工商」（飲食論・農夫論等）、「租税」（国政論・賦税論）、「地球」（地論・地面分形論等）、「月輪」（天気諸天論・月体論）に進む。生徒には学問の姿勢をまず学ばせ、続いて卑近な題材の作品で漢文を学ばせる構成になっている。

〈294〉吉見経綸『中学漢文入門』も初学者への配慮から「国の内外、時の古今を問わず（不レ問二国之内外。時之古今一。）」材料を揃え（凡例）、ホブソン（Benjamin Hobson 漢名、合信）『博物新編』等の自然科学に関する題材も取り入れた教科書である。

題材を広げることは道徳偏重を避け、初学者の興味を引く上で有効であったと考えられる。さらに読解力を高めることにも繋がった。〈285〉村山『中等教育漢文学教科書』二巻では、中学校における漢文科の目的を次のように述べる。

抑ゝ中等教育に於ける漢文学の目的は第一読書理解力の養成と第二作文思想力の運用とを自在ならしめ、以て

吾人の智徳を充分に啓発せしむるに在るなり（巻一、例言四頁）。

村山は中学校の漢文の目的は読解力と作文をする思想力の養成にあるとした。読解力が高まらないのは、日本人の漢文のみを収めるか、中国の作品のみを集めるかのどちらかに偏っていることにあると分析し、読解力を高めるための方法の一つは題材を幅広く揃えることであると主張する。その弊害を救うために「広く材料を和漢古今諸名家の文章中に求め」、「枯単乾燥にして味ひ無く」、「趣き無き」ものは採らなかったと述べる（巻一、例言五―六頁）。飽きさせずに興味を引くためというばかりではなく、広く材料を求めることが読解力の養成にも繋がるという見解である。村山が明治二十年代に携わった中学校の漢文教科書には自然科学や西洋事情に関する教材は採られていないが、明治二十五年（一八九二）に、普通教育一般の教科書として編んだ、『普通教育文法大成漢文学読本』二巻（中嶋幹事校閲、開新堂書店、一八九二年四月）では、王韜《とう》（紫詮）による西洋事情を扱った教材やマーティン（William Alexander Parsons Martin　漢名、丁韙《い》良）の蒸気機関車等の発明や科学者の伝記を扱った教材を採っている。こうした教材選択の方法は、明治三十年（一八九七）以降に〈287〉村山『中等教育漢文読本』四編八冊、〈288〉同『尋常中学一年漢文読本』上下巻等の、幅広く題材を揃えた中学校用漢文教科書に生かされることになる。中学校の漢文教育の目的が読解力を養うことにあるととらえ、様々な内容の教材に触れることで、その目的を達成させようとしたのである。

　中学校の漢文科の目的については、深井鑑一郎も同様の認識をしていた。〈222〉『中等教育標註漢文入門』において中等教育の漢文科の目的を次のように述べている。

中等教育に、漢文科を置けるは、其の目的、漢文学の趣味を知らしめ、漢文法を評恣せしめんとの趣旨にはあらじ。主に、文字の練習と、読書理解力とを養成し、旁ら作文の資となさしむるに在り（凡例一丁裏―二丁表）。

文中に言う「作文」とは漢文ではなく明治普通文や和文のことであろう。漢字を学び、読解力を高め、作文力を向上させることが漢文の目的の一つであった。深井の場合は自然科学や西洋事情に関する教材ではなく、歴史書を中心とし、思想や名文を採るという構成を取った。読解力を高め、作文に生かすという主張は前述の村山と共通しているものの、その材料は異なっていた。

これまで、「尋常中学校ノ学科及其程度」改正前の、明治二十年（一八八七）から二十六年（一八九三）までの漢文教科書における教材の配列と題材の範囲に関するそれぞれの編集意図を見てきた。この間の教材の配列について整理すると、文体別の編集は減り、文体を問わず難易度をもとに教材を並べる方法が主流となった。まず身近である日本の作品から学び、次いで中国の作品へと進むという順序を取る教科書が増え、教材の前後の関連性を強く打ち出す教科書も現れた。題材の選択については、日本の歴史を扱った教材は読み易く、日本人として必須の内容であるため初学者用の教材として適していると見なされるようになった。歴史上の人物を描いた教材は、興味を引くという役割の他には道徳教育に資するという目的もあったであろう。「教育勅語」発布後は、そこに記された言葉に基づいた道徳教育を行うという教科書も現れたが、「教育勅語」との関係が強調されるのは明治四十年代であり、発布後ただちに教科書編集に大きな影響を及ぼしたとはまだ言い切れない。そのためすべての教科書が道徳教育重視を掲げたのではなく、詩や幅広い題材を揃えた教科書も編まれた。

文章の根幹に道徳の修養があることは明治十年代の教科書の編者も意識していたことである。『集成』Ⅱ収録の石川鴻斎『中等教育漢文軌範』の教材選択基準は、世の中の倫理に関する教えに関わらないものは採らなかったと述べている（『集成』Ⅰ・Ⅱ解説、一六九頁）。この教科書は明治二十六年（一八九三）の刊行であるが、石川はこれに先立つ『日本文章軌範』も同様の選択基準で編集を行っている。道徳の修養と文章の鍛錬は無関係ではない。「教育勅語」公布前後で漢文教科書編集や教材の選択において何が変わったのかという問題は今後の課題である。

これまで見てきた編集上の試みは、教則によって規定されたものではなく、編者達の判断によるものである。中学校の漢文教育の目的についての編者達の見解も個人的なもので教育界全体に及んだものではなく、教材の選択についてはまだ教則で定められていない。しかし明治二十七年（一八九四）の「尋常中学校ノ学科及其程度」改正によって、漢文科の位置づけと目的が定まることになる。

八　「尋常中学校ノ学科及其程度」改正後の漢文教科書

明治二十七年三月一日の「尋常中学校ノ学科及其程度」の改正（文部省令第七〇号）により、中学校の漢文教育の方向性が示された。国語及漢文科の時間増加を改正の要点とし、全五学年合計二十時間から三十五時間に増えた。その理由は、

国語教育ハ愛国心ヲ成育スルノ資料タリ又個人トシテ其ノ思想ノ交通ヲ自在ニシ日常生活ノ便ヲ給足スル為ノ要件タリ（『官報』第三一九九号、内閣官報局、一八九四年三月一日、二頁）

と説明されている。「愛国心」育成のために国語教育が重視され、漢文の時間数も増加したが、あくまでも「国語ハ主ニシテ漢文ハ客」（同上）であり、漢文自体の地位は下がった。さらに学習内容からは「書取」と「作文」が削られた。その理由については、

漢文教科ノ目的ハ多数ノ書ニ渉リ文思ヲ資クルニ在リテ漢文ヲ撰作スルニ在ラサルヲ認ムレハナリ（同上、三頁）

と説明がある。本解説ではあまり触れていないが、明治・大正期において中等教育の漢文科は度々存廃論争が持ち上

がった（注1）。漢文を和訳したもので儒家の経典等を学べば良いとする漢文科廃止論者の意見に対して、原文を学ぶ意義の正当性を訴える最も有力な根拠が失われてしまったのであり、衝撃的な改正であったと考えられる。しかし、前述の通り中学校の漢文科の目的は漢文を書くことではなく、読解力と作文の思考力を高めることにあると論じた編者がいたように、いずれはこうした規則が現れてきたと考えられる。

この改正は周知の通り、文部大臣井上毅《こわし》の漢文教育・国語教育観が反映されたものであった。井上は国語の発達していない国は進歩しないと説き、国語国文を主として漢字漢文を客とすることを主張した。井上は漢文教授の目的を、

一、支那の経学（近時の語にて哲学）は、道徳の為に必要なり。
二、支那の文字は、国語の材料として必要なり（「井上文部大臣の教育意見」、『教育報知』第四一九号附録、東京教育社、一八九四年四月、九頁）。

と説明している。漢文は道徳心を養うために欠かせないとし、次に国語発展のための材料として必要だとした。漢文の価値はあくまでも国語の発展を助けるものであるという井上の主張が国語及漢文科の主旨に反映されたのである。

その改正によって漢文教科書の編集はどのように変わったのだろうか。次に、「尋常中学校ノ学科及其程度」改正後に編まれた、複数の古典から教材を揃えた教科書の編集方針を見ておきたい。〈266〉松本豊多『漢文中学読本初歩』（補集Ⅰ収録）はすべて日本人の手になる作品で、長篇は採らなかったという。その理由を次のように述べている。

内を先にして外を後にするという意味ばかりではなく、邦人の文は、意味が分かり易く、授業の際に便利であるからである（凡例一表）。

日本のものを優先させるばかりではなく、教授の際の便を考慮して、難易度に考慮して邦人の作品を揃えたと説明している。先に見た松本の〈263〉『漢文中学読本』も日本人の作品から始まり、中国の作品に進んでいたように、同じ編集方針によって日本の作のみに絞ったのがこの教科書である。これまで見てきたように日本の作品は初級者用の教材として適しているという認識が広がりつつあり、松本も同様の選択をした。

「尋常中学校ノ学科及其程度」の改正によって方針が大きく変わったと思われるのが〈5〉秋山『中学漢文読本』（『集成』Ⅱ収録）である。日本の作品を先にし、中国の作品を後にした理由を次のように述べている。

> 世の漢学者は往々にして彼を尊び我をいやしむ傾向がある。それは平生の勉学のしからしむる所ではある。が余はこの陋習を除き、日本人としての精神を養わんと思う。これが我を先にして彼を後にする理由である（巻一、例言一丁表―裏。訳文は『集成』Ⅰ・Ⅱ期解説、一七四頁による）。

日本人としての精神を養うために、巻一から巻四までは日本の歴史・地理に関する教材を学び、巻五以降で中国の古典を学ぶという構成を取った。教材は中国の作のほうが多いが、根本である国文から始まり、末節である漢文で終わるという順序のため、日本の作をまず学ぶべきものと位置づけた。秋山がかつて編集した〈4〉『漢文読本』は全篇中国の作品であった（注2）。『漢文読本』から『中学漢文読本』への転換は「尋常中学校ノ学科及其程度」の改正の要点である、国文は主、漢文は客という規定を受けたものであろう。さらに『中学漢文読本』は、日清戦争の始まり（一八九四）とほぼ同じくして初版が編まれ、終戦（一八九五）の翌年に訂正版が検定を通過している。日清戦争によって漢文の教育はむろん、漢学の価値が問われることになった。小柳《おやなぎ》司気太《しげた》は、戦争中には仏教徒、キリスト教徒は国のために行動を起こしたのに対し、独り漢学者の行為に至りては、杳として、之れを聴くこと能はず、唯首を傾けて、六国の支那、何故にかく脆くも、敗北を取りたるかに、一驚を喫するのみ（「漢学衰退の最大源因」、『六合雑誌』第一七三号、六合雑誌社、一八九五年五月、三三頁）。

と、狼狽する漢学者の現状を述べ、今こそ漢学が奮起し時代の変化に応じねばならないことを漢学者に訴えた。ここに記されたような漢学者の姿は、漢学がもはや時代遅れのものであることを世間に示したかもしれない。日清戦争の勝利による清朝蔑視という風潮もともなって漢学の価値が問われることになり、漢文の教育にもその影響が現れたと考えられる。『中学漢文読本』は明治十年代から続く、初級者には日本人の作品を読ませたほうが良いという編集方針の系譜にある教科書ではあるが、難易度といった教育的配慮からばかりではなく、時代の要請を受けて日本人の精神を養うことを編集方針に掲げたのであろう。今見た〈263〉松本『漢文中学読本』が、「尋常中学校ノ学科及其程度」改正前の教科書と編集方針を変えていないのとは対象的に、時代の変化に対応した編集方針の転換が認められる。秋山の教科書も、まず日本の作品を学び、次に中国の作品に進むという順序を採る教科書の系譜にある。しかしそこに日本人の精神の養成が加えられた所に二十年代末の風潮が反映されている。

これまで明治十年代から二十年代の教科書をもとに、各教科書の教材の配列をどのように工夫して、初学者に配慮していたのかを見てきた。しかし易しい教材であっても、漢文の未習者に対しては原文のまま提示するだけではなく、漢文の訓点の決まりに慣れさせてから原文の学習に進むという編集方法も現れ、明治三十年代には句例が登場する。続いては易しくて短い教材から句例の登場に至るまでの、初学者に漢文の決まりを学ばせる工夫の変遷について整理していきたい（注3）。

（注1）漢文科の存廃論争については次の文献に詳しく論じられている。石毛慎一「明治・大正期の漢文科存廃論争とそ

の意義―国体論の視点から―」、『早稲田大学国語教育研究』第一九集、一九九九年三月。同『日本近代漢文教育の系譜』、湘南社、二〇〇九年二月。打越孝明「中学校漢文科存廃問題と世論―明治三十四年「中学校令施行規則」発布前後―」、『学術研究　教育・社会教育・教育心理・体育学編』第三九号、早稲田大学教育学部、一九九〇年十二月。同「明治三十年代後半の中学校漢文教育存廃論争について―第七回高等教育会議への廃止建議をめぐって―」、『皇学館論叢』第二四巻第五号、皇学館人文学会、一九九一年十月。

(注2) 秋山四郎『中学漢文読本』編集の際に『漢文読本』がどのように使われたのかについては、木村淳「明治二十年代における漢文教科書と検定制度」(『中国近現代文化研究』第一〇号、中国近現代文化研究会、二〇〇九年三月)に述べた。

(注3) 二章から八章は以下の拙稿をもとに述べた。木村淳「漢文教科書における知識的教材―明治初期から明治三十年代まで―」、『中国近現代文化研究』第九号、中国近現代文化研究会、二〇〇六年三月。同「明治・大正期の漢文教科書―洋学系教材を中心に―」、中村春作・市来津由彦・田尻祐一郎編『続「訓読」論―東アジア漢文世界の形成―』、勉誠出版、二〇〇九年十一月所収。同「清末諸家の漢文教材」、勝山稔編『小説・芸能から見た海域交流』東アジア海域叢書3、汲古書院、二〇〇九年十二月所収。

九　短篇から格言へ

短くて易しい教材にはどのようなものが選ばれていたのだろうか。ここでは各教科書の第一巻の冒頭に置かれている、生徒が最初に触れる漢文教材をいくつか見ておきたい。参照しやすい『集成』Ⅰ・Ⅱ期と補集Ⅰから選んだ。まずは文体別の編集の教科書及び作文を視野に入れた教科書の教材を文体別に挙げる。

紀事：徳川光圀(西山)「炊煙知民富(炊煙に民の富めるを知る)」〈216〉馬場『本朝名家文範』巻上、補集Ⅰ)

服部元喬（南郭）「讃岐不賀誕日（讃岐誕日を賀《いわ》はず）」〈295〉渡辺『皇朝古今名家小体文範』巻上、補集Ⅰ）

書：頼山陽「上菅茶山先生書（菅茶山先生に上《たてまつ》る書）」〈190〉竹内『初学文編』巻上、『集成』Ⅰ）

唐順之（荊川）「与季彭山書（季彭山に与ふる書）」〈270〉三島『初学文章軌範』巻上、『集成』Ⅰ）

記：作者未詳「記濹隄花夕之遊（濹隄《ぼくてい》花夕の遊を記す）」〈69〉小川『鼇頭評点　上等小学漢文軌範』巻上、『集成』Ⅰ）

塩谷世弘（宕陰）「遊墨水記（墨水に遊ぶ記）」〈59〉太田『高等小学漢文軌範』巻上、『集成』Ⅰ）

序：佐藤坦（一斎）「続雪花図説叙」〈197〉土屋『近世名家小品文鈔』巻上、補集Ⅰ）

論：方孝孺（希直）「隋文帝論」〈198〉土屋・石原『和漢小品文鈔』巻上、補集Ⅰ）

賦：菅原道真「未旦求衣賦（未だ旦《あ》けざるに衣を求む賦）」〈31〉石川『続日本文章軌範』巻一、補集Ⅰ）

表：菅原道真「辞右大臣表（右大臣を辞す表）」〈35〉石川『中等教育漢文軌範』巻上、『集成』Ⅱ）

明代の作品から日本の中世、近世の作品まで、文体も含めて教科書によって異なる作品を採っている。三章で述べたように、石川の教科書は、難しいものから学ばせるべきであるとの意図から賦や表を選んだが、その他の教科書は易しい文体を選んでいる。しかしそれらも時代が下り、漢文の未習者が対象になると最初に触れる教材としては難易度が高く入門期には適さなくなった。続いて文体別ではない教科書の巻頭の教材である。

藤田東湖「国体」（弘道館記述義・国体以之尊厳）〈221〉深井・堀『標註漢文教科書』巻一、『集成』Ⅱ）

藤田東湖「天業（一）」（弘道館記述義・宝祚以之無窮）〈7〉秋山『中学漢文読本』巻一、『集成』Ⅱ）

藤田東湖「神州建基」（弘道館記述義・宝祚以之無窮）〈266〉松本『漢文中学読本初歩』、補集Ⅰ）

いずれも国のあり方を説いた教材である。次の教材は天皇の事績を述べた教材である。

作者未詳「継体天皇」〈82〉木沢『小学中等読本』漢文巻一、『集成』Ⅰ）
作者未詳「宝字聖詔」〈18〉阿部『小学漢文読本中等科』巻上、『集成』Ⅰ）
菅亨（仲徹）「神武天皇即位」〔神武畝傍《うねい》〕〈179〉鈴木『漢文読本』巻一、補集Ⅰ）

「継体天皇」は世を正すために廉節の士を取り立て民衆を導いたことが述べられる。「宝字聖詔」は天平宝字元年に孝経を習わせる詔が出されたことをいう。「神武天皇即位」は文字通り神武天皇の即位を扱った教材である。次の教材は、学問に向かう姿勢や、妄言を謹むことを説いたものである。

朱晦庵「勧学文」〈180〉鈴木『初学文編』巻一、『集成』Ⅰ）
王伯厚「学問」〈206〉中根『新撰漢文読本』巻上、『集成』Ⅱ）
貝原益軒「言行」〔『初学知要』〔処事3〕〕〈45〉稲垣『小学漢文読本』巻一、『集成』Ⅰ）

そして、模範的な人物の事績から学び始める教科書も見られた。

頼山陽「重盛忠孝（一）」〔『日本外史』平氏〕〈263〉松本『漢文中学読本』初巻、補集Ⅰ）
角田簡《つのだ》（九華）「雪山学書〔雪山書を学ぶ〕」〈8〉秋山『中学漢文読本初歩』巻上、補集Ⅰ）

忠孝の模範であった平重盛と、貧しくても書を学んだ北村雪山から、忠孝の道徳や学問の姿勢を学ばせる教材である。これらの教材は簡単で短いというばかりではなく、生徒が心得るべき国のあり方、天皇の事績、学問の意義、模範的な人物の姿を学ばせるものであった。漢文ばかりではなく、勉学全般に関わるものを最初に置いたのであろう。文体別の教科書の巻頭教材に比べれば難易度は低いが、それでも漢文に馴染みのない生徒には必ずしも易しいとは限らない。そこでさらに短い教材として格言が用いられるようになった。

複数の古典から抜萃した、漢文科で用いる教科書の中で、格言という単元が盛り込まれた早い時期の例が、明治二十九年（一八九四）に編まれた〈152〉指原安三『漢文読本』十巻である（補集Ⅰは〈153〉の訂正再版を収録）。この教科書は格言の効用を次のように説明している。

一、初めて漢文を読むものにはきまって文字の返点は難しい。そのためこの書では初めに一句または二、三句の格言を置いた。まず一、二句についてその返点のおおよそを理解し、次第に一節、一段構成のものに及ぶ（〈153〉巻一、凡例）。

返点に慣れさせるために短い句から学ばせるという方法を実践した。その最初と最後の格言を引用する。

一、大義滅《ス》レ親《ヲ》（『左伝』（隠公四年））（大義のためには親愛関係も無視する）（〈153〉巻一、一丁表）

（中略）

一、孝弟本《ハ》無《シ》二二理一、兄弟之生《ルハ》、雖《モ》レ有《リト》二先後一、其《ノ》初《ハ》原是一身《ナリ》、薄《ク》待《ツハ》二兄弟《ヲ》一、即《チ》是薄《ク》待《ツナリ》二父母《ヲ》一。（『習是編』（友愛1））（孝悌はもと二つの道理ではない。兄弟が生まれたのは、前後があるといっても、その初めは一つの身体である。粗末に兄弟を遇することは、粗末に父母を遇するということである）（〈153〉巻一、六丁裏。文末の「父母」の上の「待」は〈153〉では「侍」に作るが、ここでは出典に即してに改めた）

このような数語のものから、長くても二行程度の格言から学び始め、漢文の訓点に慣れていく。これまで見て来たような簡単で読みやすい文をさらに簡略化し、短句、短文の教材から学び始めるという構成を取っている。指原の「漢文教授法草案」には、「徳性涵養に関する格言は殊に指示して之を記憶せしめ、丁寧に其義を敷衍して之を授くべし」と格言の指導法について述べられている（小林富三編『指原安三氏伝』小林富三、一九一八年三月、九一頁）。格言の目的はまず道徳教育にあるという認識であり、さらなる効用として初学者に読み方を学ばせることも兼ねて巻頭の教材として用いたのである。

漢文科の教科書では格言をこのように用いることは指原『漢文読本』以前にはなかったようであるが、修身科の教科書には格言を主体とした教科書も編まれていた。明治十六年（一八八三）出版の〈411〉今井『小学中等科修身格言』六巻は格言を集めた修身用の教科書である。朗読、暗誦用に格言をまとめた所に独自性が見られる。冒頭の数節を引く。

○修《ルニ》レ身《ヲ》以《テス》レ道《ヲ》。（『中庸』〔二十章〕）
身ヲ修ムルニハ必ズ善キ道理ヲ以テ本トスベシ
○直《ニシテ》而温。（『書経』〔舜典〕）
人ハ正直ニオダヤカナルベシ（巻一、一丁表―裏）

この教科書は修身用なので、道徳教育を行うために原文の横には解説としての和文が添えられている。しかしこの対比が漢文の教科書に用いられれば、漢文の構造を理解させ、漢文に慣れさせる教材となる。指原は格言の原文のみを冒頭に用いたが、漢文の文体に慣れさせるために、書き下し文を並べて示す教科書も編まれていた。次に書き下し文を用いて漢文の語法を理解させようとした教科書を見ていきたい。

十　書き下し文・和漢対照の役割

前述のように〈71〉笠間『小学中等科読本』や〈82〉〈83〉木沢『小学中等読本』等、明治十年代には仮名交り文、つまり漢文の書き下し文に近い文体の教科書とセットになったものが編まれていた。これは「小学校教則綱領」で中等科では「近易ノ漢文ノ読本」もしくは「稍高尚ノ仮名交リ文ノ読本」を学び、高等科では「漢文ノ読本」もしくは「高尚ノ仮名交リノ読本」を用いるようにと定められていたことによる。あわせて初学者への配慮も行ったのであろう。仮名交り文、時文、漢文直訳体等、編者によって名称は異なるが、漢文訓読の語法に基づいた文体の教材が、漢文の構造を理解させるために用いられた。それらをここでは便宜上書き下し文とまとめて呼ぶ。まず書き下し文の教材を入門期に用いた教科書から見ていきたい。

明治二十二年（一八八九）から二十四年（一八九一）にかけて編まれた〈93〉敬業社『漢文読本』は説明がないが、巻一の巻頭は「習慣ハ始ヲ慎ムヘシ」（西国立志編）、「益軒ノ篤行」（近世叢語）、「象ノ説」（博物新編）等、書き下し文から学ぶ構成である。七十一篇のうち五十篇が和文・書き下し文、二十一篇が漢文であり、交互に配置してある。効果については説明がないが、おそらく漢文に慣れさせるために用いられたのであろう。

書き下し文の間に漢文を挿むのではなく、完全に書き下し文から学習する教科書には〈222〉深井『中等教育標註漢文入門』がある。全百十二課のうち、最初の十九課までが書き下し文である。他には、〈297〉渡貫勇『中学漢文学初歩』二巻（補集Ⅰ収録）も、時文十二篇から入る。この時文は、中国の同時代の文章ではなく、書き下し文に近い明治普通文のことである。漢文を学ぶ前に漢文訓読の語法に基づいた文体に慣れてから、漢文に進むという意図がある。

これらの教科書は同じ作品の原文と書き下し文を掲げるのではなく、それぞれ別の教材を用いていた。同じ作品の原文と書き下し文を比較して掲載したものに、〈221〉深井『標註漢文教科書』がある。巻一に「和漢文対照」という単元を設けて、吉田兼好「仁和寺の僧」（和文）・青山延光「仁和寺僧」と作者未詳「那須与一」・柴野邦彦（栗山）「那須与一」（「記那須与市《ママ》事」『栗山逸文』）を載せている。その理由は「相互対照して熟読し理解しやすくすべく試みた」ためであるという（巻一、凡例一丁裏。訳文は『集成』Ⅰ・Ⅱ解説、一六〇頁による）。

深井『標註漢文教科書』の「和漢文対照」は巻末に置かれていたが、初めから和漢の比較を取り入れた教科書には、〈285〉村山『中等教育漢文学教科書』がある。その理由を次のように説明している。

> 殊に第一巻の始めには、彼の高等小学より遷り来る者の読書力との聯絡を着けんと欲し（所謂る小学と中学、若くは師範校とに遷る、過渡の階級、従前の如く仮名交り文を読み畢るや、直ちに一蹴して古奥艱渋なる漢文を読ましむるゆゑ、読む者は目と心と一致せず、一種異様の感覚を惹き起し、徒らに脳漿を苦ましむる如きことを、避けんが為めに、）和文漢文の対照せしものを出し、漸次進みて容易に漢文を読み得らるべき門戸を開けり（巻一、例言六頁。（ ）内は割注）。

校種間の連係に注意し、まずは和文と漢文を対照させるというねらいである。最初の数篇は和文と漢文を並べている。村山の教科書が編まれた頃の小学校の国語教科書には、「日本臣民ハ、法律ノ定ムル所ニ従ヒ、納税ノ義務ヲ有ス」という文体の教材も含まれている（「国民ノ二大義務一」、『帝国読本』巻八、集英堂、一八九三年九月。『日本教科書大系・国語（二）』近代編第五巻、一九六四年三月、五七四頁）。村山はこうした文体の教材を小学校ですでに学んできた中学校一学年の生徒には、原文を直接示すのではなく、書き下し文から学ばせることに効果があると判断した。

〈218〉羽田安政ほか『中等教育漢文軌範』前編巻一も初めに書き下し文の教材を置いた教科書である。中学生には漢文を読む力はないため、指導する方法がなければ途中で諦めてしまう。そうさせないための工夫を次のように述べる。

そこでこの書は、最初に漢文の直訳を掲げ、これを原文に繋げて、助字、虚字の運用を理解させ、あわせてこれを対照して読ませる。最後には小書き文字を加えて漢文を学ぶ（是以テ此編始メテ以テシ二漢文ノ直訳ヲ一、繋ケテ二之ニ原文ヲ一、教メレ知ラ二助字虚字ノ運用ヲ一、兼使ムレ対二読セ之ヲ一。終リニ加ヘ二副墨ヲ一、専ラ修二漢文ヲ一。）（凡例一丁表。副墨の左側に「ステカナ」）。

漢文を直訳したものとの対比によって漢文の助詞について理解させようという試みである。和漢対照は教科書の後半よりも初めのほうに置かれることが多くなった。

初学者に原文のみを提示する場合は、平易な教材から格言のような短いフレーズに変わった。和文や書き下し文を用いる方法には、初めに和文巻と漢文巻に分けた編集が行われ、次に同じ巻に和文と漢文を載せる教科書が現れた。さらに完全に書き下し文から入る方法と、原文と書き下し文を並べて示すことで、和文との比較から漢文の決まりを学ばせる方法とが編み出された。漢文教科書の編集方法について、異なる出版社や編者の間の影響関係というものは容易に論じられるものではない。これらの試みをどの程度ふまえたのかは分からないが、編集方針の変遷を眺めてみると、短句・短文の使用と和漢対照とを総合し、分量を調整して訓点の決まりの指導により重点を置いた初学者用教材として、句例が登場する。

十一　句例の登場

現時点の調査範囲の中で初めて「句例」による文法の学習を導入したのは、明治三十二年（一八九九）に編まれた〈162〉重野安繹《やすつぐ》（成斎）・竹村鍛《きとう》『新撰漢文講本入門』である。補集Ⅰに収録されているので教科書自体の説明は後述する。ここでは次の一節に注目したい。

入門巻は漢文の読み方にまだ通じていない子弟のために作った。その編集の体裁は、すべて編者の創意より出たものである。世間の読本とは書き方に異なる所がある（例言二頁）。

入門巻は編者の創意によって編まれ、世に広まっている教科書とは異なるスタイルであるという。その冒頭を少し引用する。

〔解説一〕先ヅ生徒ニ対ヒテ、漢文ニハ送リ仮名ヲ添ヘテ読ムベキモノタルコトヲ説明スベシ。左ニ顛倒ナクシテ直読シ得ベキ例ノミヲ示サン。初ニ句例トシテ短句ヲ挙ゲ、次ニ文例トシテ短文ヲ挙ゲ、共ニ仮名交リ文ニ訳シタルモノト対照ス。以下皆コレニ準ズ。

句例

日月徒ニ過グ。　日月徒《ニ》過《ゲ》。

容貌甚ダ壮ナリ。　容貌甚《ダ》壮《ナリ》（一丁表―裏）。

初めに解説が置かれ、訓点の説明を行い、続けて短句を用いた句例、短文を用いた文例と例文を示す構成である。ここで引いたのは返り点がなく直読できる例で、次にレ点、次に一二点と点を増やした例文が続くというように易から難に進む配慮がなされている。そして次に「温習」によって理解度を試す。これは返り点のみが施された、句例や文例に出ていない短い文に送り仮名を付ける練習問題である。前述の指原の格言が道徳教育も兼ねていたのに対し、重野・竹村のほうは明治三十年代前半に流行した自然科学に関する教材も豊富に用いている。確かに当時の評論によると、この教科書が入門書として斬新であったことがうかがえる。

入門たるべき性質を備へたるものは、未た不幸にして見ることを得ざるなり。此頃、重野安繹、竹村鍜、二氏の同纂に成れる、「新撰漢文講本入門」といふもの、世に出でたり。従来のものとは、大に其体裁を異にし、一見吾人の意を得たるものゝ如し（三土忠造「重野安繹竹村鍜同纂新撰漢文講本入門を批評す」、『東京茗渓会雑誌』第一九四号、東京茗渓会事務所、一八九九年三月、四二頁）。

この教科書が従来のものと大きく異なり、「入門たるべき性質」を備えているというのは、おそらく句例を指しているのだろう。『新撰漢文講本入門』の後には、別の出版者が『新定漢文読例』（補集Ⅰ収録）のような同種の教科書を編み、各教科書の冒頭にも句例や句法という単元が盛り込まれ始めた（『集成』Ⅲ解説、一〇〇頁等）。この引用文の著者ばかりではなく、句例を用いることは広く支持されたようである。次に大正四年（一九一五）に書かれた中学校教諭の一文を見てみよう。長年漢文教育に携わり、教授法について得た一条の自信を発表したいという。

その自信とは何かといふと、文法主義とでも云ふべきものである。尤も文法主義も私の創見といふわけでもなく、明治三十二三年頃から、大方の唱導によつたもので、その結果教科書の初には皆句例が掲げられるやうになつたのは、甚だ我が意を得たのであつたが、近来やゝもすると句例を重んじないで、早く多くの実例に触れしめようとする傾向があるのは、やゝ心外である（野中元三郎「漢文教授に関する卑見」、『教育界』第一五号第七号、金港堂、一九一五年五月、四一頁）。

句例という発明によって、漢文の教授にも自信を得たが、文法主義が軽視されていることに不満を述べている。ここでは「明治三十二三年頃から」句例が教科書に掲げられるようになったという箇所に注意したい。今後の調査によって句例を設けた最初の教科書が見つかるかもしれないが、明治三十二年（一八九九）に編まれた『新撰漢文講本入門』

が初学者用の教材の革新に大きな役割を果たした一冊であるとは言えるだろう。

これまで見てきた教科書の和漢対照と句例・文例は、書き下し文が初めから印刷されており、生徒にそれを作成させる練習問題ではない。初学者用とは限らないが、作業を通じて漢文の理解を深めさせる問題には漢訳・漢作文・復文があった。和漢対照や句例と同様に漢文の構造を理解させる事項なので次に取り上げたい。

十二　漢訳・漢作文・復文

明治二十年代に編まれた〈208〉中村『日本漢文学読本』は各巻の巻末に「和文漢訳課」を置き、紀行文や書信の和文と漢文を併載している。巻一の菊池純「弥陀窟記」では、まず和文の宮川春暉「三尊窟西遊記」が採られ、次に菊池の漢文が載せられている。それぞれ冒頭の一文のみ引用する。

いづの国は、するが、さがみの二国にはさまり、箱根より南海中へ二十五里出張りたる国なり。

伊-豆之《ノ》為《タル》レ国、与二駿-相二-州一相唇-歯《シ》、横《ニ》截《ル》二南海《ヲ》一、凡《ソ》二-十-五里（巻一、四十七丁表）。

巻数を追うごとに分量が増え、巻四には「和文漢訳課・後基朝臣再関東下向の事・『太平記』」という約五頁にわたる和文が掲載されている。「本課自訳漢文焉」とあり、解答を載せずに生徒達に自分で訳させようとした問題である。漢訳も次第に漢文教科書に盛り込まれるようになるが、ある程度学習が進んでから取り上げられることが多い。初めはやはり漢文訓読の語法に基づいた文体の教材が用いられた。

『日本漢文学読本』出版後には前述の「尋常中学校ノ学科及其程度」が改正され、漢文による作文や漢文の書取は

後に教則から削除された。そして、中学校を終えた後に受ける上級学校の試験問題については、

いくつかの官立学校が明治二二年に出題した漢文問題を見てみると、発足四年目の第一高等中学校は『史記』の「李将軍列伝」の白文の一節に傍訓と解釈をほどこすもの、高等商業や商船学校、士官学校などでは、『文章軌範』や頼山陽などの白文が出題され、それぞれ傍訓、訓点、句読、そして解釈などを求めている（佐藤一樹「明治の受験生と漢文─貸本目録・漢文書門をめぐって」、浅岡邦雄・鈴木貞美編『明治期「新式貸本屋」目録の研究』日文研究叢書、作品社、二〇一〇年十一月、七一─七二頁）。

という指摘があるように、中学校を終えた後の試験でも漢文を作ることは求められていなかった。しかし書く作業も授業においては積極的に取り入れられたようである。内堀維文《うちぼりこれぶみ》は東京高等師範学校附属中学において自らの教授法を実践し、〈52〉『中学漢文入門』上下巻の序文でその効果を述べている。

著者の試験によれば本書を利用して一学期を経過したる生徒は、既知の文字と文法とを運用して平易なる漢文を作為し、相当なる白文を講読し、漢文に趣味を惹き、殊に本書によらずして進み来しものに比すれば、文義の解釈に正確にして、且敏捷なるを発見せり（巻上、［緒言表］）。

『中学漢文入門』によって学習すると白文を読む力がすぐに身に付いたと手応えを述べている。特に「平易なる漢文を作為」することも練習として課していたことが注目される。『中学漢文入門』刊行後に編んだ『中等教育漢文教授法』（金港堂書籍、一九〇三年十二月。国会デジ）においても自らの教授法の実践報告を行っている。

生徒ガ白文ヲ読ムコトニ慣レ、漢文ノ構成ニ興味ヲ有シ、二年級ニ進ミタルモノ、如キハ、訓点ノ煩ヲ厭フノ傾向アリ。素ヨリ漢文ヲ作ルコトヲ目的トシタルニハ非レドモ、其組織ニ通暁セシメタルヲ以テ、自ラ漢文ヲ作為セント試ムルニ至レリ（一七九頁）。

漢文を作ることは中学校では目標とはしていないが、漢文の構造の理解が深まり、生徒が積極的に漢文を作ろうとするまでになったと、内堀は自らの教授方法の効果のほどを述べている。この引用箇所に続いて生徒が作った詩文を五篇挙げている（一七九―一八〇頁）。

内堀はどのような方法で漢文を作る指導をしたのだろうか。『中学漢文入門』巻上の「復習三」には、

一、崇神天皇が始めて人民に調役を課せられました。

（中略）

三、難きを人に責むるのは小人であります（巻上、三十八丁裏―三十九丁表）。

という短文を漢文に訳す問題が設けられている。続く「復習四」では、

左の他動詞に直接間接両目的を配して漢文を作れ。／帰す。注ぐ。売る。禁ず。結ぶ。通ず。／築く。寄す（巻上、三十九丁裏）。

という問題があり、単語をもとに自由に漢文を作ることを課している。巻下ではさらに分量を増やした問題が設けられている。『中等教育漢文教授法』に掲載された一学年末の学年試験の問題は、一、文字（既習ノ分）、二、熟語（既

習ノ文)、三、訓点(未習ノ文)、四、翻訳(応用)から成り、翻訳には「イ、一雨々ニ草ガノビマス/ロ、独リ汝ノ光栄ノミニアラズ又我帝国ノ光栄ナリ/ハ、勉強スレバ出来ナイコトハアリマセン」(一八一頁)等のような問題がある。内堀は単語による自由な短い漢文の作成や短文の漢訳を通じて漢文の作文を指導していたと考えられる。

内堀『中学漢文入門』の漢訳の練習問題には「一〇、王侯将相寧ぞ種あらんや。」(巻下、三十七丁裏)という書き下し文を漢文に訳す問題も含まれている。書き下し文を漢文に戻す復文は明治期の漢文教科書にも取り入れられていた。復文が伊藤仁斎の漢文修行に用いられたことは土田健次郎氏によって論じられ、復文の歴史的経緯と学習上の効果については古田島洋介氏による研究があるが(注1)、上述の漢訳や漢作文と関わりの深い練習問題であるので、あまり取り上げられない明治期の復文の教科書も含めていくつか事例を見ておきたい。

明治十年代には作文用として復文を中心とした教科書が編まれていた。今回参照した教科書では〈178〉杉浦正臣『漢文習文活法』上下巻と〈243〉藤本勝次郎『復文捷径』上下巻とが挙げられる。どちらも上下巻の二巻セットで、上巻に書き下し文と原文の文字数を載せ、下巻はその解答篇として原文を載せている。『漢文習文活法』は全部で三〇〇題あり、第一問目は原文四文字で、第三〇〇問は原文二八一字に直す問題である。『復文捷径』のほうは第一問から原文四十八字のまとまった分量の教材が置かれ、必ずしも原文の文字数によって配置してはいないが、最も多いもので七〇八字に及ぶものもある。杉浦『漢文習文活法』との違いは、頭注による語句の解説や、総文字数の中に置字の使用の有無や使用数を示す等のヒントがあることである(二冊とも国会デジ)。

漢文による作文も指導内容に含まれていた時期には、このような全巻の復文練習を専門とした教科書も編まれていたが、その後復文を主とした教科書は現時点の調査では確認できていない。教科書の単元として「復文」という文字が見えるのは、明治三十五年(一九〇二)発行の〈123〉国語漢文研究会『中等漢文教科書』五巻あたりからのようである。この教科書の参考書である『中等漢文教科書参考書』(明治書院、一九〇三年四月)は復文の効果について、「生徒は自然に字法句法を会得するに至るべし」(二一八頁)と説明している。

国語漢文研究会『中等漢文教科書』の復文の例は古田島氏の論考にすでに紹介されているが、ここでは別の教科書の問題を見てみたい。〈80〉簡野道明『新編漢文読本』巻二（『集成』Ⅲ所収）には、本文の一部を用いた復文の問題が数箇所に設けられている。青山延于「義家学兵法（義家兵法を学ぶ）」には、「未ダ兵法ヲ知ラズ、四字　必ズ当ニ伏アルベシ、四字」（一一頁）という問題が教材の最後にある。これは合計で四字になるというヒントを出し、本文の「未《ダ》ト知《ラ》兵《ヲ》法」「必《ズ》当《ニ》シト有《ル》伏」（同上）に戻す練習を課している。同じ巻の頼山陽「蔚山嬰守」（『日本外史』豊臣氏中）には、文字数を増やした問題が設けられている。問題と本文を並べて引く。

清正曰ハク、弾正、我ニ嘱シテ曰ハク、緩急幸ニ我ガ児ヲ援ヘト、今之ヲ敵ニ餧《くらわ》セバ、何ヲ以テカ天下ニ立タント、二十三字（一三一頁）。

清正曰《ハク》、「弾正嘱《シテ》レ我《ニ》曰《ハク》、緩急幸援《ニヘト》二我児《ガヲ》一。今餧《セバ》二之敵《ヲニ》一、何以立《ヲテタント》二天下《ニ》一。」（一二八頁）

先に見た漢訳の問題とは異なり、書き下し文を原文に忠実に戻す問題である。しかし目的は同じく漢文の構造を理解させることにあった。初めは句例のような短い例文等で漢文に慣れさせ、学年が進むとこのような問題を通じて漢文の構造についてより理解を深めさせようとしていた。

以上、初学者に漢文を理解させる編集上の工夫について、短文・短句、格言、和漢対照、句例、漢訳、漢作文、復文がどのように用いられているかを見てきた。ここでは触れなかったが、教科書における教材以外の要素には、単語の意味や重要語句を解説した語注、文体の解説や作品鑑賞に関する評語、古典の注疏の例を示す評釈例等があり、挿図も時代とともに進化する。さらに教科書とは別に字引や教授用資料も発行されていた。これらを組み合わせて、編者達は学習者を飽きさせないような努力を続けてきたのである。しかし編者達の意図は、教科書の使用を決定する文部省に必ずしも受け入れられた訳ではなかった。続いては再び明治三十年代から十年代に溯り、文部省による教科書調査の実態について整理してみたい。

（注1）土田健次郎「仁斎先生の漢文修行」、『新しい漢字漢文教育』第四〇号、全国漢文教育学会、二〇〇五年五月。古田島洋介「復文の地平—失はれた学習法の復活を目指して—」、『明星大学研究紀要【日本文化学部・言語文化学科】』第一五号、明星大学青梅校、二〇〇七年三月。他に復文については、菊地隆雄「確かな訓読力をつけるために—復文を用いて—」（『新しい漢字漢文教育』第五一号、全国漢文教育学会、二〇一〇年十一月）等を参照した。

十三　教科書調査の始まり

明治初期、教科書は自由発行・自由採択制であったが、劣悪な教科書を取り締まり、かつ自由民権運動への対策として思想統制を行なうために、文部省は教科書行政について干渉を強めた。自由発行から教科書を届け出る開申制度（明治十三年（一八八〇））、使用教科書について認可を受ける認可制度（明治十六年（一八八三））へと移り変わり、検定制度（明治十九年（一八八六））が実施された。さらに、小学校の教科書は教科書採択の際の収賄事件への対処等から、明治三十六年（一九〇三）より国定制度のもとで編集・出版が始まった。

教科書の内容については、明治十三年の五月と九月に文部省は教科書の調査を実施し、各府県に使用禁止の教科書名を通達することで統制をはかった。この後、調査結果は『調査済教科書表』として、明治十三年十二月より明治十八年（一八八五）二月まで配布された。小学校教科書と中学校及師範学校教科書の二種があり、「教科書ニ採用シテ苦シカラサル分」、「口授ノ用書ニ限リ採用シテ苦シカラサル分」、「教科書并口授ノ用書ニ採用スヘカラサル分」という見出しのもとに教科書名を記し、その適否が示されている。

『調査済教科書表』のこれまでの研究では、修身・生理書・家政書・算術・歴史（注1）等の教科書において、統制の実態が明らかにされているが、漢文においてはあまり言及されてこなかった。ここでは、『調査済教科書表』から問題視された漢文教科書をいくつか選び、その問題点を推定したい。まず、最初の調査では不合格とされ後に修正を加えることで認可を受けた〈28〉石川鴻斎『日本文章軌範』と〈411〉今井匡之纂輯、林昇校閲『小学中等科修身格言』六巻を取り上げ、削除または入れ替えられた教材から問題点を類推する。

次に明治以前の出版物であるか、改訂版が編まれなかったために異なる版の比較から不適切な箇所が特定しにくい教科書について、『日本文章軌範』等の問題箇所をもとに不採用の理由を考察する。その対象となるのは、〈484〉月性編『今世名家文鈔』、〈188〉滝川昇編・石川鴻斎序閲『纂註和漢文格評林』、〈377〉『列女伝』、〈386〉『女範』、〈393〉『日記故事大全』である。

削除理由解明の手段には、中村紀久二氏が示唆しているように『文部省示諭』が手掛かりとなる（注2）。明治十五年（一八八二）十一月二十一日から十二月五日までのおよそ二十五日間にわたって、文部省は全国の各府県の学務課長や学校長を東京に召集して学事諮問会を開催し、文部省の基本方針を説明した。その内容を記録して配布をしたのが『文部省示諭』であり、「学校等設置廃止」「教則」「学校長教員及学校設立者」「生徒」「専門教育」等の十三の項目から構成されている。

本解説との関係で言えば、「教科用図書及器械」の「選択及検査等」に記された、府県で教科書を採択する際の注意事項に注目したい。「選択及検査等」では、まず教科書の改良に関して文部省が行ってきた教科書調査や法整備のこれまでの経緯や現況、今後の計画が説明される。『調査済教科書表』については、弊害がないことを示すのみで必ずしも良質な教科書ばかりを掲載していないこと、緊急を要する小学校の教科書から着手したために、中学校や師範学校用教科書には十分に対応していないこと等の問題点を挙げている。教科書の質を高めるには現在の『調査済教科書表』による検査では限界があるため、将来的に教科書の検定を実施する考えであるが、まだ実施に至らないとして、当面遵守すべき小学校教科書の検査基準の概要を説明する。最も重視され他教科の教科書調査の指針でもあった修身科から説明が始まり、ついで各教科の注意事項が示される。この注意事項が不採用の教科書に見られるかどうか確認していきたい。まず『日本文章軌範』の入れ替えられた教材をもとに検討する。

（注1）大森正「明治13年の文部省地方学務局による教科書調査に関する考察」、『東京教育大学教育学研究集録』第一一集、東京教育大学大学院教育学研究科、一九七二年三月。国次太郎「検定制度の成立と算術教科書」、『佐賀大学教育学部研究論文集』第二四集（Ⅱ）、佐賀大学教育学部、一九七六年八月。竹田進吾「近代日本における文部省の小学校歴史教科書統制に関する基礎的考察――「調査済教科書表期」から検定期初期の分析――」、『東北大学大学院教育学研究科研究年報』第五四集、東北大学大学院教育学研究科、二〇〇六年六月。

（注2）中村紀久二「調査済教科書表　解題」、『調査済教科書表』教科書研究資料文献第二集、芳文閣復刻、一九八五年一月。『文部省示論』は、『学事諮問会と文部省示論』教育史資料1（国立教育研究所、一九七九年三月）所収のものを使用した。引用する際には当該資料の頁数を記す。『文部省示論』については、当該資料所収の佐藤秀夫「解題」を参考にした。

十四　『日本文章軌範』の不採用の理由

初版の〈28〉『日本文章軌範』三冊は、『調査済教科書表』では小学校（『調査済教科書表』教科書研究資料文献第二集、芳文閣復刻、一九八五年一月、九九頁。以下同様に復刻版の頁を記す）、中学校及師範学校（『調査済教科書表』一八三頁）ともに、第一・三冊が「教科書ニ採用シテ苦シカラサル分」と使用が認められたが、第二冊は「教科書並ニ口授ノ用書ニ採用スヘカラサル分」とされた（『調査済教科書表』一〇一、一九七頁）。改訂を加えた〈29〉『再刻日本文章軌範正編』三冊は、小学校教科書と中学校及師範学校教科書において全三冊が認可された（『調査済教科書表』一一八、二〇五頁）。

初版と再刻とを比較すると、初版第二冊の頼山陽「百合伝」と安井衡（息軒）「義人纂書序」とが、再版では頼山陽「高山彦九郎伝」と安井息軒「送釈文亮序（釈文亮を送る序）」とに入れ替わり、第三冊の林長孺（鶴梁）「烈士喜剣碑」が斎藤正謙（拙堂）「桂叢居士碑伝」に変更された。第二冊は教材が入れ替えられただけで、文字や訓点等については明らかに誤りと思われる箇所であっても訂正した形跡は見あたらない。やはり問題は削除された作品の内容自体にあることが分かる。

まず、頼山陽「百合伝」（『山陽遺稿』巻三、山本重助、一八七九年六月）の問題点を検討していきたい。この作品は、京都の祇園で茶店を営み、歌人としても知られていた梶の養女百合の伝である。この一篇によって百合という女性の名が世に広められたという。生涯の全般的な叙述ではなく、伝え聞いたいくつかの逸話によって百合という人物を描き出している。その逸話の一つに、当時まだ無名であった池大雅の人物を見抜き、娘の町（玉蘭）の伴侶として選んだ一段がある。その見識の高さを頼山陽は作品末の賛にて称えている。編者である石川鴻斎にとっては、百合のような優れた人物を扱い、なおかつ名文でもあるこの作品は教材として格好の材料であった。しかし、削除された所からすると、文部省の調査結果では不適切だと判断されたようである。

全教科に関わる内容の一つに、「異常ノ文字卑陋ノ語多ク行文拙クシテ解シ難キモノ」（『文部省示諭』八〇頁）等の文章表現に関わる禁止条項もある。読書科・作文科には特に「読書科ニ於テハ主トシテ文章ノ雅馴ニシテ趣意ノ有益ナルヲ要シ作文科ハ浮華高尚ノ文鄙猥迂遠ノ題ヲ避ケ」（『文部省示諭』七九頁）と指示がある。「百合伝」中の「倚レ門売レ笑者（門に倚り笑を売る者）」（〈28〉第二冊、伝四丁表）、つまり妓女を指すような言葉等が禁止条項に該当したのだろう。

当時の教科用図書については、「国安ヲ妨害シ風俗ヲ紊《びん》乱スルカ如キ事項ヲ記載セル書籍ハ勿論教育上弊害アル書籍」（「文部省達」第二一号、一八八〇年十二月十八日。『官令全書』第八編・明治十三年、梶原虎三郎、一八八一年四月、文部省達之部十二丁表）を採用してはならないという規定があった。大森正氏は、明治十三年（一八八〇）の文部省による教科書調査時における「風俗ヲ紊乱スル」内容について、西洋の書物を翻訳した教科書の問題事項を分析し、「やはり欧米流の開放的積極的な恋愛の場面の記述、あるいは男女の色情を抽写している記述、などの男女関係が問題にされているとみてよいだろう」（前掲「明治13年の文部省地方学務局による教科書調査に関する考察」六二頁）と指摘する。

「百合伝」にも、百合と徳山某という男性との出会いと別れが描かれている。百合は訳あって都に流れ着いた徳山某を支え、やがて二人の間には娘が生まれた。家の跡目を継ぐために帰ることになった徳山は、百合を連れて江戸に戻ろうとする。しかし、百合は自分が一緒では徳山の将来に差し障りがあると固辞し、娘とともに京都に残ったというものである。大森氏の指摘をふまえると、「百合伝」中の百合と徳山某とのくだりが、恋愛・色情に関わるとして不適切な教材と見なされた一因であろう（注1）。

次に、安井息軒「義人纂書序」は、鍋田晶山が数十年にかけて収集した赤穂義士に関する資料をまとめた『義人纂書』に寄せた序文である。序は万物を形成する気の働きを説く所から始まる。人々の心が奢侈に流れて気が衰え始めてきた元禄時代に、天が赤穂の義士たちをこの世に出したために気が勢いを取り戻したと述べる。義の尊さを教えた赤穂義士の記録をまとめ、天下の義士の気を鼓舞しようとする該書の意義を評価する。

「義人纂書序」の問題箇所の解明については、前述の『文部省示諭』に修身科の教科用書について「其志タル忠孝ニ出ツト雖モ法令ニ背キ君父ノ為メニ復讐ノ挙ヲ為シ」という条項がある（『文部省示諭』七九頁）。やや遡り明治六年（一八七三）二月七日には復讐禁止令（太政官布告第三七号）が公布されており、復讐を行うことは法令によって禁じられていた（宮沢誠一『近代日本と「忠臣蔵」幻想』、青木書店、二〇〇一年一月、三〇―三二頁）。ここに明らかなように、「義人纂書序」は、法に背き復讐の挙に出た赤穂義士を扱ったうえ、失われつつある彼らの事績をまとめることを評価しているために「国安ヲ妨害」する内容に該当したと考えられる。

再刻の際に削られた林鶴梁「烈士喜剣碑」も赤穂義士を扱った作である。喜剣は、毎日妓楼で遊び惚け、一向に仇討ちをしようとしない大石良雄を面罵したが、しばらくして大石達が吉良邸討ち入りを果したことを知ると、自らの不明を恥じて泉岳寺の義士の墓前にて切腹をしたという話が柱になっている。この作品を採録した第三冊は初版では使用が認められていた。編集者側が『再刻日本文章軌範』の出版時に法を犯し復讐を行った赤穂義士に関する記述を含んでいるために削除したのであろう。〈199〉東条永胤『近世名家文粋初編』三巻〈200〉同二編三巻は、『調査済教科書表』の小学校及び中学校及師範学校において「採用シテ苦シカラサル分」とされた教科書であるが（『調査済教科書表』一一八、二〇五頁）、その初編巻三に「烈士喜剣碑」を採っている。この作品を収めながらも認可を受けた理由は不明であり、不適切な箇所の点検は厳格ではなかったようである。

（注1）「百合伝」についての主な参考文献は次の通り。森銑三「池大雅」・「大雅遺聞」、『森銑三著作集』第三巻人物篇三、中央公論社、一九七一年三月再版。森敬三『近世女流歌人の研究』、素人社書屋、一九三五年二月。藤田徳太郎「祇園の三才女」、今井邦子編『日本女流文学評論』、越後屋書房、一九四三年五月。会田範治『近世女流文人伝』、明治書院、一九六一年七月改訂増補。野々村勝英「祇園の三才女」、吉田精一編『日本女流文学史』近世近代篇、同文書院、一九六九年三月。

十五　『小学中等科修身格言』の不採用の理由

〈411〉今井匡之纂輯、林昇校閲『小学中等科修身格言』六巻は、先に格言について述べた時に冒頭の一部を引用したが、全巻格言と解説の和文を並べて載せている教科書である。まず巻一・二・三・六のみ採用が認められ、採用不可の巻四・五は修正を加えて、〈412〉訂正版が採用可となった（『調査済教科書表』一三一、一三三、一三五頁）。削除された教材を見ていきたい。まず〈411〉巻四・五で削除された箇所を引用する。

○無《レハ》二遠慮《キリ》一必有《ス》二近憂《キヒ》一。（『論語』〔衛霊公〕）

凡テ事ヲ為スニ目前ノコトノミニテ遠キ先キマデノ考ヘナキトキハ必ズ足モトヨリ心配ゴトガ起ル者ナリ

○不レ知《ヲ》為《ラヨ》レ不《ト》レ知《ラ》是《レ》知《レルナリ》也。（『論語』〔為政〕）

知ラヌコトハ負ケ惜ミナク知ラヌト云フガ反テ道理ヲ知ル者ナリ

○虎‐魄不レ取《ラ》二腐‐芥《ヲ》一。（『三国志』〔呉書・虞翻伝〕）

琥珀ハ塵ヲ吸フ性ナレトモ腐ツタ塵ハ吸ハズ況シテ人ノ性ハ善ナル者ユヱ謂ハレナキ財貨ハ妄リニ取ル可ラズ

○磁‐石不《ハ》レ受《ケ》二曲‐鍼《ヲ》一。（『三国志』〔呉書・虞翻伝〕）

磁石ハ鉄ヲ吸フ性ナレトモ曲ツタ針ハ吸ハズ況シテ人タル者ハ必ズ邪曲ノコトヲ為ス可ラズ（巻四、一丁裏―二丁表）

これらは続けて記されている箇所で、訂正版ではまとめて削除され、代わりの教材を入れずに後ろの教材を前に詰めて編集された。この四条がなぜ削除されたのか判断するのは難しい。しかし次の二条は推定がしやすい。

○児‐婦‐人《ノ》口《ハ》不レ可《ラ》レ用《ウ》。（『漢書』〔王陵伝〕）

児女子ノ言フコトハ多クハ信用ナリ難キ者ユヱ能ク心ヲ用キテ取捨スベシ（巻四、十五丁表）

○六‐親不レ和《シテ》有《セ》二孝‐慈一。（『老子』〔十八章〕）

父母兄弟夫婦ノ六親不和合トキニ当リテ孝行ノ子ヤ慈善ノ父母ガ果シテワカルモノナリ（巻四、二十一丁表）

『漢書』の例は、子供と女性の言うことは信用ができないという表現が問題視されたと考えられる。『老子』の例は、六親の不和の時にこそ孝行や慈善が分かるという内容であるため不適切であると判断されたのであろう。次は孝行を説いた一節である。

○父‐母在《ストキハ》不㆓許《スニ》㆑友以《ニテ》㆒㆑死《ヲ》。（『礼記《らいき》』〈曲礼上〉）
生死ヲ共ニスル信友アリト雖モ父母ノ存生中ハ一命ヲ捨ルコトヲ約束ス可ラズ

この一条が削られた後の余白には、最後の一条を移動して埋めた。「一命ヲ捨ル」ことを禁止しているのだが、表現自体が問題になったのであろう。『文部省示諭』には、「児童ノ徳性ヲ涵養スルヤ之ヲシテ温良着実タラシムルヲ主トスヘキヲ以テ夫ノ詭激ノ言論及ヒ奇僻激烈等ニシテ中道ヲ過クルノ行為ノ如キ」（『文部省示諭』七九頁）書籍は避けるように示された。行きすぎた道徳の実践例が該当したのであろう。『小学中等科修身格言』は削られた理由が分からない箇所を除くと、女性・子供を蔑視したような箇所、誤った孝行の実践の仕方、行きすぎた道徳の実践を述べた所が問題視されたのである。

十六　『今世名家文鈔』と『和漢文格評林』の問題点

〈486〉月性『今世名家文鈔』八巻は篠崎弼（小竹。巻一・二）、斎藤拙堂（巻三・四）、阪井華（虎山。巻五・六）、野田逸（笛浦。巻七・八）の文を収める。これは古典をそのまま用いた教科用図書であるが、学校教育の場で使う際に問題があると見なされた。『調査済教科書表』では刊年・出版者ともに「未詳」と記載されており、どの版のものを調査したかは分からない。中・師範学校の読書科では、巻二・八のみが「採用スヘカラサル分」となり、それ以外の六冊は使用が認められた（『調査済教科書表』二一五、二一七頁）。

〈188〉滝川昇編、石川鴻斎序閲『纂註和漢文格評林』乾坤は、作文用のテキストであるため、語釈の他に文の構成や展開の仕方について一篇ごとに詳細な解説があり、文体別に一一八篇を収める。中・師範学校の作文科で使用が認められたが、表の欄外にやや横長の■印が付されている（『調査済教科書表』二三六頁）。これは、「教授ノ際省クヘキ条項等アルカ故ニ之ヲ採用セント欲スルトキハ特ニ伺出ツヘシ」（『調査済教科書表』中師第一〇号、凡例）とあり、一部に不適切な内容があることが示されている。

前者は明治以前に出版された書籍でもあり、文部省の調査の結果をふまえて再編集はされていない。後者も改訂版が出ていないため、『日本文章軌範』のように修正の前と後との比較はできないが、『日本文章軌範』で削除された教材と先行研究の成果をふまえながら問題点を検討してみたい。

まず注意を引かれるのは、二点ともに赤穂義士関連の教材を収めていることである。『今世名家文鈔』巻二に、篠崎小竹の「書義人録後（義人録の後に書す）」が採られている。「義人録」は、室直清（鳩巣）『赤穂義人録』（秋田屋市兵衛等、一八六八年序を参照）を指す。文中の次のような箇所が不適切であったと考えられる。

大石氏は法を犯して、主君の怨みをはらした。忠と言って良い（大石氏乃犯レ法而遂二君之忿一。謂レ忠猶可。）。法がもしも義をさまたげるのであれば、君子はそれを犯すこともやむを得ない（法若害レ義。君子或不レ得レ不レ犯焉。）（巻二、四十九丁表）。

義のためにならば法令に背くことも容認するような表現を含み、作品自体も赤穂義士を称賛するものであるため、問題視されたと見てよいだろう。〈188〉『纂註和漢文格評林』にも赤穂の義士を扱った岡本知充（晤叟。教科書では悟叟とする）「書義人録後（義人録の後に書す）」が採られている。文中には次のような一文がある。

赤穂の諸士は心をすり減らし身を酷使し、その忠義の心は人々を感動させた。志はすでに遂げたが、天の裁きに従ったことを哀しむ（余嘗哀《テム》二赤穂諸士《ノ》焦《シ》レ思《ヲ》労《シ》レ身《ヲ》精忠感《シ》レ人《ヲ》、志已《ニ》遂《ケ》而天討従《フ》一レ之《ニ》也。）（巻下、六十七丁裏）。

切腹を命じられた赤穂の義士に同情的な表現である。赤穂義士を扱い、かつ否定もしていない教材は不認可の要因の一つとなった可能性が極めて高い。

次に、大森氏は「国安ヲ妨害スル」内容として革命を肯定する記述も危険視されたことを指摘している（前掲「明治13年の文部省地方学務局による教科書調査に関する考察」六〇―六四頁）。不認可となった『今世名家文鈔』巻八には、殷周革命を扱った野田笛浦の「周公東征論」が収められている。次のような箇所が問題視されたのではないだろうか。

周に従った者は、ただ殷の紂《ちゅう》の暴挙を嫌っただけである。民が嫌悪したのは紂であり殷ではない。今彼らの嫌悪した者を除いたのだ（其帰レ周者。特厭二殷紂之暴一而然也耳。夫民之所レ厭紂也。非レ殷也。今其所レ厭者除矣）（巻八、四丁表）。

暴君は排除して構わないとも受け取れる箇所である。この作品も体制を覆して革命を容認するものとして問題視されたのであろう。

傍証として、一部不採用となった小川亮・味岡正義編、高原徹也校正『仮名挿入和漢名家文章軌範』上中下巻（内藤伝右衛門、一八八〇年十月）を見てみたい。これは全巻漢字交文の小学校の作文科用の教科書であり、平易な作品一三四篇を文体別に収録する。本文中には頭注等はなく巻末に「字解」を載せる。巻上・下の二冊が不採用となり（『調査済教科書表』一六一頁）、紀行文等の教材を多く収めた巻中のみが認可を受けた（『調査済教科書表』一五四頁）。ただし、誤字が多いために使用の際に注意を要することを示す▲印がつけられており、条件つきでの認可である。

殷周革命に関連するものとしては、巻上に安積信（艮斎）「伯夷論」（原文は『艮斎文略』続巻二、須原屋源助ほか、一八五三年参照）が採られている。文中には「殷紂暴虐ニシテ生民塗炭、武王天ニ順ヒ而シテ人ニ応ズ師ヲ興シテ以テ之ヲ討ス天下其レ孰カ驩欣《かんきん》鼓舞シテ之ヲ感戴セサラン」（巻上、七十六丁裏）という箇所がある。たとえ暴虐であっても君主が討たれて人々が歓喜するという内容は治安を乱すものとして不適切と判断されたのであろう。

また、「武王ノ挙ノ若キハ無道ヲ誅シテ以天下ヲ救フ之ヲ聖人ニアラズト謂フハ不可ナリ」（同上）と、紂王を討伐して天下を救った武王を称える箇所もある。一篇の主旨は、むしろ武王を諌めた伯夷のほうをより徳が高いと称賛するのであるが、暴君は討伐すべきであるという表現自体が問題になった箇所の一つであろう。不採用となったこの『仮名挿入和漢名家文章軌範』にも殷周革命に言及した教材を収めている所から『今世名家文鈔』巻八では、「周公東征論」も「国安ヲ妨害」する内容に該当したと考えられる（十四・十六章は、木村淳「文部省の教科書調査と漢文教科書―『調査済教科書表』を中心に―」、『日本漢文学研究』第五号、二松学舎大学日本漢文教育研究プログラム、二〇一〇年三月をもとに述べた）。

十七　『列女伝』、『女範』、『日記故事大全』の問題点

次に、後に高等女学校や女子師範学校用の教科書で有力な教材となる『列女伝』を取り上げる。〈377〉劉向『新刻古列女伝』六巻三冊と『新続列女伝』上中下巻一冊は小学校と中・師範学校で採用が認められた（『調査済教科書表』六〇、一八一頁）。しかし『新刻古列女伝』巻七・八の一冊は「小学校教科書ニ採用スヘカラサル分」とされた（『調査済教科書表』六一頁）。この教科書の問題点を考えるために、小学校、中・師範学校ともに「口授ノ用書ニ限リ採用シテ苦シカラサル分」とされた〈378〉松本万年編、松本荻江校正『標註劉向列女伝』三巻の編集方針を確認しておきたい（『調査済教科書表』一二八、二一二頁）。

『標註劉向列女伝』は「劉向の名を冠するとはいえ、別の『列女伝』も含めた恣意的な編纂本である」（山崎純一『列女伝』上、明治書院、一九九六年十二月、九頁）と評されている。『列女伝』の本来の意図を歪めた編集方法には問題が

あるが、漢文教材の変遷を考察するうえでは注目すべき改編が見られる。それは巻七に収録された、世を乱した悪女の伝記である孽嬖《げっぺい》伝の削除である。毒婦の逸話は勧善懲悪には役に立つが、美言善行が人心を動かすには及ばないために削ったと説明がある（巻一、凡例一丁裏）。文部省の教科書調査においても同様に孽嬖伝は問題視された。採用不可となった『列女伝』巻七と巻八には孽嬖伝が含まれている。巻七が孽嬖伝、巻八は続列女伝である。巻八は様々な徳目に分類される二十人の女性の伝記であるが、そのうち三人が孽嬖に分類されるため、同じく問題視されたと考えられる。『標註劉向列女伝』が採用を認められたのも編集の段階で孽嬖伝に類する箇所が削除されていたためであろう。孽嬖伝中の悪女や毒婦の逸話は「風俗ヲ紊乱」し、「教育上弊害アル」と判断されたものと考えられる。

『調査済教科書表』を用いた時期の教科書調査は、全教科において治安維持という側面が強かった。思想統制のために始まった教科書の点検ではあるが、孽嬖伝は文部省ばかりではなく、教育者側も不適切であると見なした要素が含まれており、両者の認識が一致した事例である（上記の内容は木村淳「漢文教材の変遷と教科書調査—女子漢文教科書を中心に」、『中国近現代文化研究』第一七号、中国近現代文化研究会、二〇一六年三月をもとに述べた）。

〈386〉曹大家著、王相箋註、西坂衷［訓点］『校訂女四書』四冊のうち、『女誡』『女論語』『内訓』は、中学校師範学校で採用が認められたが（『調査済教科書表』二〇九頁）、『女範』は小学校、中・師範学校ともに採用不可であった。『内訓』には上記の武王の紂王討伐、妲己《だっき》、褒姒《ほうじ》を扱っているが採用は認められた。同種の内容でも不適切と判断されない事例の一つである。この四冊のうち不認可となったのは『女範（女範捷録）』である。これまで見てきた不適切とされた内容をもとに不採用の理由を推測したい。

孝行篇には父親を殺した相手を討ち取った趙氏は孝行の模範として挙げられているが、問題視された復讐に及んだ人物である（『女範捷録』八丁表—裏）。忠義篇に見える南宋の毛惜は官妓で、金に降った諸将の宴席に呼ばれて歌を所望されたが、元は宋の武将とはいえ、今や賊に投降し、賊の仲間となった連中のために歌など歌うものかと拒否して殺されてしまった（『女範捷録』十六丁裏）。前述の「百合伝」と同様に、毛惜は忠義の精神を実践した人物であったが、官妓という身分と表現が問題になったのであろう。

貞烈篇には、夫の死後、再婚を迫る両親に対して耳と鼻をそぎ落として操を守った夏侯氏の娘が登場する（『女範捷録』九丁裏）。ここも「奇僻激烈等ニシテ中道ヲ過クルノ行為ノ如キ」（『文部省示諭』七九頁）に該当すると見なされたのではないか。孝行篇には祖母に自分の肝を捧げた張二娘や、夫と父の身代わりとなって自分の首を賊に斬らせた陳氏が孝行の模範として挙げられている（『女範捷録』八丁裏―九丁表）。「父母ニ供養スルカ為ニスルモ其所行ノ法令ニ犯触スルカ如キ」（同上）という内容も不適切とされ、法律に抵触したものではないが、命と引き替えに夫と父を救ったという箇所は生徒に学ばせるようなものではないと判断されたのであろう（『調査済教科書表』一七三、一三四頁。なお『女範』については、山崎純一『教育からみた中国女性史資料の研究―『女四書』と『新婦譜』三部書―』、明治書院、一九八六年十月を参照した）。

最後に〈393〉張瑞図校、鎌田環斎校正『日記故事大全』上中下巻について触れておきたい。全巻が採用不可であり（『調査済教科書表』六一頁）、問題箇所の検討が難しい。四章で述べたように〈83〉木沢『小学漢文読本』は、『日記故事（日記故事大全）』から現代の教育に適切と思われる二百数篇の教材を採った教科書である。『小学漢文読本』は全巻の使用が認められているため、選ばれた教材には問題がなかったと考えられる。木沢が採録しなかった約一三〇篇が問題点を推測する手がかりを与えてくれるだろう。ここではそのすべてを検討する余裕がないので、数篇のみ取り上げたい。

前述の『内訓』に見られた再婚を断るために鼻をそいだ夏侯氏の娘の逸話は、妻道類にも「却父断鼻（父を却け鼻を断つ）」（巻七、十九丁裏―二十丁表）として収められている。妻道類は全部で十九篇あるが、『小学漢文読本』は五篇のみ採録された。採録しなかった箇所は、夫への貞節を示すために刀で片方の目をえぐり出す「盧氏剔目（盧氏目を剔《えぐ》る）」（巻七、二十丁裏）等で、やはり過激な描写が問題視されたと考えられる。しかし囚われの身となり投降を迫られたが、胸を切り開いて忠誠心を見せた、明の濮真《ぼくしん》を扱った臣道類の「剖心示虜（心を剖《さ》き虜に示す）」（巻七、九丁表―裏）

は、『小学漢文読本』にも採られ、問題視されていない。教科書による扱いの違いがここにも見られるが、やはり行きすぎた徳目の実践例が問題となったと考えられる。

『小学漢文読本』が積極的に採らなかった箇所には不可思議な現象を扱った故事も挙げられる。例えば、闢邪類の「邪僧自死」(巻五、一丁裏―二丁表)は、唐の太史令傅奕《ふえき》が邪僧を打ち破る故事である。傅奕は人を死なせてまた蘇らせる邪僧がいると聞き、そうした妖術は邪であり正には勝てないと言い、自分に術をかけさせた。するとはじめは感覚がなくなったが、まもなく邪僧が倒れて息絶えてしまった。妖術は正しい人間には通じないことを述べた逸話である。やはり常軌を逸した「詭激ノ言論」(『文部省示諭』七九頁)に該当する箇所であろう。ここまで見てきた『日記故事大全』の例が問題になった直接の箇所であると言いきれないが、行きすぎた徳目の実践例、怪異に関する記述が不適切な箇所と見なされたと考えられる。

以上、『調査済教科書表』で採用が認められなかった理由として教科書の内容に、恋愛、復讐、革命、過激な描写、怪異等の不適切な箇所が含まれると推定してきた。教材の変遷を探り、学校という場で古典がどのように取捨選択されて読み継がれてきたかを考える手がかりとなるだろう。明治十九年(一八八六)に検定制度が始まると治安維持のためという目的ばかりではなく、どのような漢文教材を読ませるべきかという視点が強まっていく。次に検定制度の概要と点検項目について見ていきたい。

十八　教科書検定制度の始まり

認可制度には認可までに時間を要するといった不備もあり、明治十九年には検定制度が始まった。その経緯は次のようにまとめられている。

認可制度は府県において教科書の採択を決定してから、文部省の認可を受けて実際に使用するまでに相当の期間を要し、はなはだ不便な制度であるとして、むしろ検定制度を要望する声もあった。一方文部省でも早くから検定制度を実施する意図をもっていた。そこで教育の国家統轄が強化されるようになった森〔引用者注――有礼《ありのり》〕文相の時代から教科書の検定制度が実施されるに至ったのである。検定制度は小学校のみでなく師範学校・中学校の教科書について実施したが、特に小学校の教科書については厳格に行なった（文部省『学制百年史（記述編）』、帝国地方行政学会、一九七二年十月、三〇四頁）。

こうして検定制度が始まり、小学校用教科書は明治三十六年（一九〇三）から国定となるが、中学校等は昭和二十三年（「教科用図書検定規則」全面改正・文部省令四号、一九四八年四月三十日）まで検定制度のもとで発行・採用が続けられてきた。

明治十九年五月十日には「教科用図書検定条例」（文部省令第七号）が公布され、同年十二月には「教科用図書検定要旨」が公示された。検定の要旨は、「該図書ノ教科用タルニ弊害ナキコトヲ証明スルニ止マリ即国体法令ヲ軽侮スルノ意ヲ起コサシムヘキ恐アル書又ハ風教ヲ敗ルヘキ憂アル書若クハ事実ノ誤アル書等」（『官報』第一〇三四号、内閣官報局、一八八六年十二月九日、九七頁）を採用しないとした。それを廃して二十年（一八八七）に制定された、小・中・師範学校用の教科書を対象とした「教科用図書検定規則」（文部省令第二号、一八八七年五月七日）でも同様に、「第一条　教科用図書ノ検定ハ止《た》タ図書ノ教科用タルニ弊害ナキコトヲ証明スルヲ旨トシ其教科用上ノ優劣ヲ問ハサルモノトス」（『官報』第一一五四号、内閣官報局、一八八七年五月七日、六三頁）と検定の指針が示された。この第一条が二十五年（一八九二）三月二十五日に改正され（文部省令第三号）、「師範学校令中学校令小学校令及教則ノ旨趣ニ合シ教科用ニ適スルコトヲ認定スルモノトス」（『官報』第二六一八号、内閣官報局、一八九二年三月二十五日、二六一頁）と定まった。

しかし明治二十年代前半では教則には具体的な規定がなく、教材の選択や教科書の構成は編著者達の判断に委ねられていたことは前述の通りである。

調査を経て検定済となった教科書は『官報』に公示され、さらにそれをまとめて『検定済教科用図書表』として各府県に配布された（『検定済教科用図書表』八冊、教科書研究資料文献第三―九集、芳文閣復刻、一九八五年十二月―一九八六年一月を使用。引用の際には復刻版の頁数を記す）。『検定済教科用図書表』に掲載された、明治二十年から二十五年（一八九二）までに検定を通過した中学校の漢文科の教科書には、丸本・抄本型の教科書では、〈429〉木山鴻吉『増訂正評註文章軌範』三巻、〈430〉同『増訂続評註文章軌範』三巻、〈452〉頼山陽『頼山陽増評八大家文読本』十冊、〈424〉原田由己『標箋正文章軌範』七冊、〈422〉同『訓点謝選拾遺』上中下巻、〈567〉大槻修二・大槻文彦『刪修近古史談』四巻等がある。

複数の古典から材を取り、文体別にまとめる編集方法を取った教科書では、〈215〉馬場健『本朝名家文範』上中下巻、〈270〉三島毅（中洲）『初学文章軌範』上中下巻、〈296〉渡辺碩也『皇朝古今名家小体文範』上中下巻、〈30〉石川鴻斎『再刻日本文章軌範正編』三冊、〈32〉同『続日本文章軌範』三冊が検定を通過した。そして複数の古典から材を取り、文体に拘らない編集方法を取った検定済教科書には、〈73〉笠間益三『中学用読本』漢文三巻、〈180〉鈴木重義『初学文編』三巻がある。

これらはすべて検定制度開始以前に編集された教科書であり、〈34〉『再刻日本文章軌範正編』や〈180〉『初学文編』のようにすでに採用が認められていたものも含まれる。明治十九年（一八八六）六月二十二日制定の「尋常中学校ノ学科及其程度」（文部省令第一四号）により、尋常中学校は五年の修業年限と定められた。しかし三巻もの教科書が多く、修業年限にあわせて学年ごとに一巻ずつ学び終えるというような対応がまだできていない。おそらく改正に合わせて五巻もの教科書の編集と出版が始まったが、国次太郎氏が文部省年報に記された検定済教科用図書数をもとに、「明治23年から25年にかけて検定業務の停滞は明らかに読みとれる。」と指摘しているように（「教科書検定制度と算術教科書―明治20年代前半を中心に―」、『佐賀大学教育学部研究論文集』第二五集（Ⅱ）、佐賀大学教育学部、一九七七年八月、一五七頁)、明治二十六年（一八九三）頃までは、明治二十年以降に編まれた教科書の検定業務には時間を要した。
検定を希望する発行者は所定の書類と手数料を添えて、教科書を二部文部省に提出した。検定に用いられた教科書には、明治二十四年（一八九一）頃から整理番号や書誌事項、検定年月日が書きこまれた。明治二十六年（一八九三）からは、図Iのように（　）の箇所が空欄になっている赤い判が第一巻の標題紙等に押され、そこに必要事項が書き込まれている。

検定済とならなかった、つまり認可されなかった教科書には、この欄外に黒または朱で「不認可」の文字が書き加えられている。「尋常中学校」の欄は明治三十三年（一九〇〇）頃から「中学校」に変更される。この他には、書架の番号を示すラベルや題簽に「不」という文字の小さなスタンプが押されていることがある（国次太郎「算術教科書と教科書検定制度—明治20年代後半を中心に—」、『佐賀大学教育学部研究論文集』第二七集（I）、佐賀大学教育学部、一九七九年八月、七一—七二頁）。

修正意見の記された付箋は教科書の上下、問題のある箇所の行の近くに貼られていることが多い。大半は細長い白紙で、大きさはコメントの量によって違いがある。修正意見は黒または朱の墨で記されており、それに対して別の担当者が後から意見を書き入れる場合もある。○や△が書き込まれていることがあり、これは先に記された修正意見に対する賛同や反対等の意見を示したものであろう。付箋にのみ意見が記されているものと、付箋に加えて該当箇所に黒または朱の傍点・傍線や、書き込みのある場合もある。また、付箋がなく、誤字脱字や訓読の誤りを教科書に直接記入したものも少なくない。修正意見を形態上から見ると、

①付箋にのみ記入

図I　検定年月日等が記された判

（　）図甲（　）号附属（（　））冊
明治（　）年（　）月（　）日検定
尋常中学校（　）科

②付箋に加え、問題の箇所にさらに傍線・傍点等を記してあるもの。
③教科書に直接の記入されたもの。付箋があっても該当箇所を示すだけで何も書かれていない。

という三種にまとめられる。今回調査した分については、一定の時期を除いて修正意見の記入法や付箋の上下の位置、墨の色は教科書によって異なり、漢文科全体として統一はされていない。

修正意見の付箋については他教科では研究が進んでいるが（注1）、漢文科についてはまだ不明な点が残されている（注2）。補集Ⅰに収録した教科書で修正意見が残されているものについては解題で紹介し、続いては〈7〉秋山四郎『中学漢文読本』十巻に付けられた修正意見がどのように反映され、検定済になったのかを整理してみる。

（注1）国次太郎「検定制度の成立と算術教科書」、『佐賀大学教育学部研究論文集』第二四集（Ⅱ）、佐賀大学教育学部、一九七六年八月。同「数学教科書と教科書検定制度―明治20年代を中心に―」、『佐賀大学教育学部研究論文集』第二六集（Ⅰ）、佐賀大学教育学部、一九七八年八月。同「算術教科書と教科書検定制度―明治30年代を中心に―」、『佐賀大学教育学部研究論文集』第二八集№1（Ⅱ）、佐賀大学教育学部、一九八〇年七月。同「数学教科書と教科書検定制度―明治30年代前半を中心に―」、『佐賀大学教育学部研究論文集』第二九集№1（Ⅱ）、佐賀大学教育学部、一九八一年七月。中村紀久二『検定済教科用図書表　解題』教科書研究資料文献第三集の二、芳文閣、一九八五年十二月。同『教科書の社会史―明治維新から敗戦まで』、岩波書店、一九九二年六月。竹田進吾「田中義廉編『改刻日本史略』への文部省付箋」、『東北大学大学院教育学研究科研究年報』第五二集、東北大学大学院教育学研究科、二〇〇四年三月。同「近代日本における文部省の小学校歴史教科書統制に関する基礎的考察―「調査済教科書表期」から検定期初期の分析―」、『東北大学大学院教育学研究科研究年報』第五四集、東北大学大学院教育学研究科、二〇〇六年六月。甲斐雄一郎『国語科の成立』東洋館出版社、二〇〇八年十月。

（注2）以下は漢文教科書の検定時の付箋について触れたものである。浅井昭治「旧制中等学校の漢文教材と方谷・中洲の詩文」、『三島中洲研究』二号、二松学舎大学21世紀COEプログラム事務局、二〇〇七年三月。同「（増補改稿）旧制中等学校における漢文教科書と山田方谷と三島中洲の詩文」、『二松学舎と日本近代の漢学』、二松学舎大学21世紀COEプログラム事務局、二〇〇九年三月。

十九　『中学漢文読本』が検定済になるまで

秋山四郎『中学漢文読本』十巻の初版から訂正再版発行までの編集過程を整理してみる。

明治二十七年八月二十五日
—明治二十八年三月十四日　初版〈5〉発行
明治二十八年八月四日　訂正再版A〈6〉発行
明治二十八年八月十七日　初版〈5〉検定不認可
明治二十九年八月四日　訂正再版B〈7〉発行
明治二十九年八月十七日　訂正再版B〈7〉検定済

訂正再版A〈6〉は現時点では教育図書館のみ所蔵が確認できた。初版〈5〉の検定日の前に発行されているが、初版で問題視された教材が削除されているので、教科書に記された発行日の前に結果が伝えられた可能性もある。単に奥付の印刷ミスかもしれないが、正確なところは分からない。訂正再版B〈7〉は〈6〉の教材構成をそのまま引き継いで編集された。この時期に検定を担当していたのは文部省の大臣官房である。訂正再版A〈6〉の調査の担当はサインを元に判断すると荒野文雄が該当する。しかし訂正再版B〈7〉のほうは担当者が不明である。

　文字や句読点に関する修正意見については、すべて検討する余裕がないので一例のみ挙げると、初版〈5〉巻二には安積信「細川忠興夫人（細川侯夫人）」中の「実望之外幸也」という箇所の「望之外」の右側に朱の傍線が引かれ、上部には「○（朱）」のみ記された付箋がある（〈5〉二・三十二丁裏。修正意見の引用は、教科書の番号、巻数、丁・頁数、付箋の位置、墨の色の順に記す。以下同じ）。参照した出典のテキストでは、「実意外之幸也」とあり（安積信『烈婦伝』有不為斎叢書甲集、河内屋喜兵衛、刊年不明、五丁表）、「望」と「意」の違いはあるが、修正意見の指摘のように「望之外幸」と作るのは誤りであろう。訂正再版A〈6〉では「実望外之幸也」（まことに望外の幸いである）と修正された。訂正再版B〈7〉では「実望外之幸也」と修正され、「之」の送り仮名の「ノ」が削られた。

　初版の修正意見が付けられていない箇所でも訂正されていることがある。初版〈5〉と訂正再版A〈6〉では巻九の三十丁裏と三十五丁裏に「凡」という文字があるが、訂正再版B〈7〉ではいずれも「凡」に改めている。初版から訂正再版Bまでの巻九では、この二箇所のみ異同が見られ、ほかの箇所はすべて「凡」のままである。字体の統一という意識は今日ほど強くなかったと考えられ、別の文字についても異なる字体が混用されているが、「凡」について、なぜこの二箇所だけ修正が加えられたのかは分からない。しかし、訂正再版B〈7〉は初版の修正意見のない箇所についても修正を加えていたという編集上の特徴がうかがえる。

　このように、訂正再版A〈6〉の修正箇所は初版〈5〉に付けられた修正意見の内容と重なる箇所がある。訂正再版B〈7〉は訂正再版A〈6〉にさらに訂正を加えて編まれたという関係にあり、初版の修正意見は部分的に反映され、修正意見が付けられなかった箇所も再吟味している。

　初版に採られた斎藤拙堂「擬豊太閤征韓檄（豊太閤の征韓の檄に擬《なぞら》ふ）」は、問題があると修正意見が付いて削除された唯一の教材であり、「此文注意　○推」（〈5〉四・二十四丁表・上・朱）と付箋で指摘されている。「○推」とはこの教科書に限らず付箋中にしばしば出てくるが、おそらく○印はすでに付けられた修正意見に対して別の担当者が同意を示したものであろう。この箇所も「此文注意」というコメントに対して賛同の意を表していると考えられる。ただし付箋には注意すべき具体的な事項は記されておらず、教科書に直接傍線が記入された箇所がそれを示しているようである。訂正版の〈7〉では、この一篇のみが削除されて、代わりに採られた作品はない。では、どこに問題があったのか。誤字等に関する二箇所の傍線を除いて、表現上差し障りがあって傍線を施されたと思われる箇所をすべて列挙する。

・「汝君臣」（汝君臣）
・「汝穢貊。稟レ性頑冥。鴞音稍革。而獣心未レ改。不レ知二礼儀一。不レ弁二華夷一。」（汝夷狄《いてき》の穢貊《わいばく》は、天性頑冥で、悪習がやや革《あらた》まったが、獣心はいまだ改められず、礼儀を知らず、華夷の区別をわきまえていない。）
・「屈レ膝称レ臣。曾不二以為一レ恥。」（膝を屈して臣と称し、かつて恥とも思わなかった。）
・「汝」（汝）
・「敢犯二大順一。」（あえて大いなる順道を犯す。）
・「醜二爾二虜之徳一。」（爾二虜の徳を憎む。）
・「殲二爾十万之衆一。」（爾ら十万の衆を殲滅する。）
・「汝猶執迷。曾無二悔心一。不下馳二一介一来謝上。獲二戻於我大邦一多矣」（汝はなお頑迷で、悔いる心を持ち合わせていない。取るに足りない者を走らせて謝罪をさせない。我が大邦で多くの罪を犯している）（以上巻四・二十四丁表）
・「汝小国不レ知レ師二我大国一。」（汝ら小国は我が大国に従うことを知らない。）
・「汝祖李成珪躬戕二二君一。窃二拠其位一。王法所二必誅一。汝昖為二其裔孫一。雖二兢兢修一レ徳。猶恐二其不一レ免。今又頑然不レ知二自戒一。酗二于酒一。漁二于色一。」（汝らの祖李成珪は自ら二君を殺し、その位を奪い取り、王の掟によって誅せられた。時が経ち、汝らはその遠い子孫となった。慎重に徳を修めたとはいえ、それを免れないことをおそれている。今なお頑冥に自らを戒めることを知らず、酒に酔いつぶれ、色を漁っている。）（以上巻四・二十四丁裏）

ここに引いた箇所からも想像できるように、この文は「拙堂の徳を損なうものかもしれない」（斎藤正和『斎藤拙堂伝』大山信義、一九九三年七月、一一五頁）と評されるほどに対外進出を志向した一篇である。戦前の漢文教科書はすべてこうした作品を載せているという印象を抱く人があるだろうが、外国の蔑称を含む教材は不適切であると判断されていた。この一篇のみが削除されたところから見れば、不認可を決めた要因の一つになったと考えられる。問題視された教材を削除して『中学漢文読本』は検定済となった。

なお、〈7〉秋山四郎『中学漢文読本』十巻は漢文教科書の中で検定済教科書第一号であるという説明がなされることがある。おそらく検定制度が始まって、最初に検定を通過したという意味であろう。しかし『検定済教科用図書表』に基づき、検定済の年月日の順番から判断すれば、中学校の漢文教科書の中で最初に検定を通過したのは〈215〉馬場健編『本朝名家文範』上中下巻であるが、検定を通過した順番と編集方針や教材の変遷とには強い関連性が認められないので順番についてはこれ以上触れない。順番はさておき、秋山の教科書が検定を通過したということは手堅い編集方法と教材選択の適切さも関わっているのだろう。秋山の教科書は〈8〉『中学漢文読本初歩』の例言にあえて新機軸を打ち出さずに編集したと説明があるように（後述）、斬新な編集方針はあまり取らず、むしろ他の教科書が試みた方法を取り入れる傾向にある。秋山は長い期間にわたって教科書編集に携わっており、発行順に読んでいくとその時折の流行が取り入れられているため、漢文教科書編集の時期ごとの特徴がよく分かる。ここに秋山の教科書を読む面白さの一つがあると考える。また、今は準備不足で十分に述べられないが、その教材選択の特色については明治期全体の教材の流れをふまえて改めて考えてみたい。

さて、明治期全般の中学校用の漢文教科書に対しては主に次の事項について点検が行われたと考えられる。

①誤字・脱字はないか。ただし活字の字体の統一は今日ほどに重視されていなかった。教材化の際に人名や年号を追加する場合もあり、出典との異同の確認も行われた。

②訓読の仕方の適切さ。訓読については「漢文教授ニ関スル調査報告」が明治四十五年（一九一二）三月二十九日発行の『官報』（第八六三〇号）に掲載されるまで基準がなく、教科書調査の担当者の見解によって点検が行われていた。大まかな傾向としてはあまりに繁雑な送り仮名には修正が求められた。

③編集上の問題がないか。全体の構成に関して、教材の内容に偏りがないかどうか、点検がなされた。また、編者が原文に手を加えてしまったために意味が分かりにくくなった箇所についても修正が求められた。

④文章が漢文の格に合っているか。文章が拙劣であると見なされた作品は教材として不適切とされた。また、出典の分かりにくい箇所を修正するような指示もあった。

⑤詩の平仄や押韻が正しいか。

⑥不適切な呼称の指摘。侮蔑的呼称や時代にそぐわない呼称について修正意見が付けられた。

⑦表現・内容の難易度が適切か。難読文字が含まれていないか、教材に含まれる思想の内容が高度ではないかが点検された。

⑧教材の内容に誤りがないか。自然科学や地理・歴史に関する教材には事実誤認があるという指摘がしばしばなされた。

⑨性的な表現・内容が含まれていないか。

⑩生徒の志を育てる上で有益かどうか。また、生徒に不適切な行為を勧めていないか。喫煙、授業中の居眠り、博打などに関するものは削除されることがあった。

⑪怪異に関する内容、残酷な内容や過度に不自然な内容を含んでいないか。
⑫生徒が興味を持つ内容かどうか。
⑬白話文（口語体の文章）や時文（中国の同時代の文章）等を載せていないか。中学校の漢文の知識だけでは読み切れない『水滸伝』等の白話小説や時文を扱うべきではないとされた。
⑭国定教科書の記述と矛盾がないか。明治末の南北朝正閏論に関する点検項目で、正統ではない北朝の元号を使用した場合は修正が求められた。

『調査済教科書表』時期に不適切とされた教材の内容と比べると点検項目は多くなったが、治安の安定よりも中学生に学ばせる教材や教科書の適切さに重点が移っている。文部省の調査の担当者の見解と出版者側との見解とに差が生じた場合には修正を求められることがあり、場合によっては検定を通過しなかった。⑭の内容は確かに思想統制の一環と認められるだろう。しかし南朝を正統と矛盾する記述を修正すれば、作品自体の魅力や面白さは伝えることができていた。

これまでは文部省側の見解について確認してきたが、次に大槻磐渓『近古史談』をもとに出版者側の教科書調査に対する認識を見ていきたい。

二十　『近古史談』改訂の経緯

大槻磐渓『近古史談』（山城屋佐兵衛、一八六四年十一月）を明治の小学教則に合わせて教材を刪修、つまり削除、修補したものが〈565〉大槻如電・大槻文彦刪修『刪修近古史談』である。『調査済教科書表』では小学校及び中・師範学校で採用が認められている（『調査済教科書表』一一一頁、一八三頁）。この教科書をもとに、出版側が教科書調査の内容をどのようにとらえていたのかを検討したい。

『刪修近古史談』の目次を見ると『近古史談』の刪修した箇所が明記されている。修補したのは、旧版で忌諱に関わるとして幕府より削除を命じられた箇所であるという。削除したものは「書中の鬼狐・怪異もしくは復讐等に関するもの」（「篇中事之渉於鬼狐怪異若復讐等者」第一冊、題辞裏）であると説明されており、『調査済教科書表』でも問題視された箇所を適切に削除したために採用が認められたのであろう。具体的に削除された箇所は、鬼狐・怪異に関するものに「勇婢」、「利休之霊」（以上巻二）、「内藤勇断」（巻三）があり、復讐に関するものは「節婦一」「節婦二」「女子復讐」（以上巻四）がある。

検定制度開始後にさらに修正を加えて編まれた〈569〉『刪修近古史談』には巻末の広告に類似品に注意するように断り書きが記されている。出版社側の不適切な教材への認識が分かるとともに、『近古史談』の改版の経緯も記されているので次に引用する。

> 旧版ニハ妖怪・復讐及ビ婦人ニ関セル談等アリテ、学校ノ教科書ニハ不都合ナレバ、文彦先生原文ヲ或ハ刪リ或ハ修メテ、更ニ前年幕府ニテ刪リシモノヲ補ヒテ、刪修ノ二字ヲ冠ラセテ版権ヲ得テ、且文部省ノ検定済教科書トナレリ。然ルニ此刪修本ノ盛ニ諸学校ニ採用セラルヽヲ見テ、旧版ヲ其侭ニ改刻シテ刪修本ニ紛ラカシテ売ル猾賈アリ。然レドモ旧版ニハ妖怪・復讐・恋慕等ノ事アリテ検定モナシ。サレバ本書ヲ教科書ニ採用セラレントスル向ハ、善ク刪修ノ二字アル本、版権アル本、検定済ノ文字アル本ニ注目セラレ購求セラレンコトヲ冀《こいねが》フ（巻末、「大槻文彦先生著書目録」）

『近古史談』の「妖怪・復讐・恋慕」に関する記述を含むものを編集者側が不適切であると見ていたことが分かる。

本書こそが『近古史談』の中で最も教科書として適していることを訴え、他の不適切な教科書を採用しないように注意をしている。例えば、『刪修近古史談』で削除した「勇婢」「節婦一」「節婦二」を採録した〈573〉大槻如電『補正近古史談』上下巻のような教科書を指しているのだろう（『近古史談』については、若林力『近古史談全注釈』、大修館書店、二〇〇一年十一月を参照した）。

先に引いた『刪修近古史談』では「鬼狐・怪異・復讐」を削除し、検定制度開始後は「妖怪・復讐・恋慕」と、恋慕が加わった。『調査済教科書表』が用いられた時期から引き続き検定制度下においても問題視されたのは怪異と恋慕であり、出版者側の認識と一致している。例えば『近古史談』の編者が教科書調査の対策として複数の教材を削除した際に残しておいた「怪猴」と「舞妓阿国」は、別の教科書の編集者が『近古史談』を出典として教科書に採録したが、検定制度下において問題視され、その修正版では削除されている（木村淳「漢文教材の変遷と教科書調査―明治後期を中心に（三）」、『中国近現代文化研究』第一五号、中国近現代文化研究会、二〇一四年三月、同「漢文教材の変遷と教科書調査―明治三十年代前半を中心として―」、『日本漢文学研究』第六号、二松学舎大学日本漢文教育研究プログラム、二〇一一年三月を参照のこと）。文部省と『近古史談』の編者との認識にずれが見られるのは、「復讐」に関する教材である。明治十年代に問題視された「烈士喜剣碑」は検定制度下において「義」を学ぶ教材として採録数を増やした。「復讐」は治安を乱すものではなく、忠義を貫く行為として読みかえられた。さらに、かつて問題視された革命の記述も検定制度下では扱いが変わった。革命を扱ったために問題視された題材である武王の紂王討伐は、武王を制した伯夷のほうがより重視されて、伯夷に関する教材も年を追うごとに増えていく。韓愈の教材の中でも明治四十年代に採録数を増やす、義士のあり方を説いた「伯夷頌」は、明治四十五年（一九一二）公布の漢文訓読の決まりを定めた「漢文教授ニ関スル調査報告」の例文として、『日本外史』楠氏、斎藤正謙「遊箕面山遂入京記」とともに掲載される。復讐を扱った教材は社会の治安を乱すという側面が不適切とされていたが、時代が変わり命を賭けて忠義を尽くし、義を守る人物が着目されることになったのである。殷周革命を扱った教材では、武王から伯夷叔斉兄弟へと焦点が移された。こうした変化が明治期の漢文教育に求められたものの変遷を表していると考えられる。なお明治十年代で問題視された教材が、明治三十年代でどのように扱われていくのかについては、補集Ⅱの解説で述べてみたい（注1）。

（注1）十八・十九・二十章の内容は、すでに注記したものの他に次の拙稿をもとに述べた。木村淳「明治二十年代における漢文教科書と検定制度」、『中国近現代文化研究』第一〇号、中国近現代文化研究会、二〇〇九年三月。同「漢文教材の変遷と教科書調査―検定制度初期の教科書を中心に―」、『中国文化』第六八号、中国文化学会、二〇一〇年六月。同「漢文教材の修正意見―明治三十年代前半を中心に」、『中国近現代文化研究』第一二号、中国近現代文化研究会、二〇一一年三月。同「漢文教材の変遷と教科書調査―明治後期を中心に」、『中国近現代文化研究』第一三号、中国近現代文化研究会、二〇一二年三月。同「漢文教科書における時文教材―明治期の検定制度との関わりから」、『中国文化』第七〇号、中国文化学会、二〇一二年六月。同「漢文教材の変遷と教科書調査―明治後期を中心に（続）」、『中国近現代文化研究』第一四号、中国近現代文化研究会、二〇一三年三月。同「漢文教材の変遷と教科書調査―『日本外史』を中心に」、『中国近現代文化研究』第一六号、中国近現代文化研究会、二〇一五年三月。

おわりに

これまで、漢文が教科や学習内容として明治十年代に教育課程に組み込まれてから、明治二十年代末までの漢文教科書をもとに、教則を参照しながら編集上の特色を整理し、さらに初学者への配慮に関する各教科書の試みについては明治三十年代の教科書も用いて述べてきた。そして編者達の教材選択について文部省がどのような判断を下していたのかを確認してきた。教科の目的と授業時数に関する教則の規定を把握し、文部省の教科書調査の点検項目を整理することは教科書の編集方針や教材の考察に有効と考えられる。しかし、具体的な教材名を記した教則は少なく、文部省の教科書調査は不適切な箇所については理由を探ることができるが、問題のない教材には何の意見も記されない。

問題視されずに定番の教材となった作品の採録状況は、教則や教科書調査の側面からだけでは十分に明らかにできない。解説で触れた赤穂義士や伯夷を扱った教材も次第に採録数を伸ばすが、漢文教科書だけを見ていてもその変遷の要因がつかみきれない。問題のない定番教材の採録状況を明らかにするには、漢文教科書、漢文教育を明治期全体の教育の中に位置づけ、同時期の他教科の教材の傾向と比較することで推定できるだろう。他教科との関連については補集Ⅱで述べたい。また、補集Ⅰで小中学校の教科書を取り上げたのは、それらの学校の漢文教科書が、明治期の教科書編集において数多くの試みが行われた場だからである。蓄積された編集の技法がどのように高等女学校や師範学校用の教科書に生かされるのか。小中学校と高等女学校・師範学校用の教科書で教材に違いは見られるのか。補集Ⅱではこうした問題についても触れ、『集成』Ⅲ期で扱われた明治の女子学校・師範学校の漢文教育の状況について補うことにしたい。

補集Ⅰ　解題

はじめに

解題では各教科書について次の内容に関する若干の説明を加えた。「底本・編者」には使用したテキストと編者の略歴や参考書等を述べた。「編集方針」には各教科書の凡例を訳出し、補足説明を加えて編集上の特徴を述べた。訳出する際に、補足説明を行った箇所は（　）で示した。「修正意見」には文部省の教科書検定において調査の担当者が記した修正意見が現存している場合、教材の変遷に関わるものを選んで載せた。文字や訓点に関わるものは割愛した。「参考文献」は注記した文献の他に掲載すべき資料がある場合、必要に応じて記した。「目次」には教科書の目次を載せ、体裁は各教科書に従った。教科書に番号が記されている場合はそのまま使用し、番号がない教科書は、解説の都合上、算用数字を付した。目次と本文とで教材名が異なる場合、出典と同じ教材名をまず記し、続けて必要に応じて（　）内に別タイトルを記した。出典が確認できない場合や、編者が命名したものは目次の表記を優先させた。著者名は解題の目次内で異なる表記が複数ある場合等は最初に出た箇所に号や名前を記し、中国の作者は王朝名を記した。「異同」には版によって教材の異同がある場合、変更箇所を記した。

1　近世名家小品文鈔（土屋栄）

底本・編者

土屋栄編『近世名家小品文鈔』上中下巻、東京・土屋栄、明治十年（一八七七）五月十六日版権免許（〈197〉）。巻上：二十三丁、巻中：三十四丁、巻下：三十丁。本文は返り点と句読点のみで語注、作者小伝等はない。編者の「例言」

の他に川田剛（甕江）の序を収める。『調査済教科用図書表』では小学校、中学校・師範学校での使用が認められていた。改訂版には、校訂再版（東京・小林喜右衛門、長野・西沢喜太郎、明治十五年（一八八二）三月二十八日校訂再版）と大字三版（東京・小林喜右衛門、長野・西沢喜太郎、明治十八年（一八八五）三月大字三版御届）がある。検定制度開始後は大字三版が師範学校用として検定済となっている（明治二十一年（一八八八）三月二十一日検定済）。編者の土屋栄には、補集に収録した『和漢小品文鈔』の他に、大沼枕山閲『清百家絶句』上中下巻（万青堂、一八八二年十月）等の著作がある。

本書については、五十川左武郎《いかがわさぶろう》（訒堂。一八三五―一九〇二）講義、安田敬斎・佐伯仲蔵筆記『近世名家小品文鈔講義』上中下巻（錦城書楼、一八八六年二月）が刊行されている。五十川左武郎、名は淵、字は士深、備後福山の人。藩学で関藤藤陰、江木鰐水、森田節斎に学び、後に昌平黌に入り、助教となる。その後大阪府師範学校教諭等をつとめ、晩年は福山誠之館の嘱託講師として漢文や修身を教えた。小品の詞章は世に及ぶもの稀であったと評される。著に『竹雨山房文鈔』三巻、『文界一滴』などがある。

『近世名家小品文鈔講義』は頭注に作者の説明や語句の解説を載せ、割注に提綱・眼目・文線・過度・伏筆等の評語によって文を味わうポイントが記されている。例えば佐藤一斎「続雪花図説叙」のタイトルの後には、次のような解説が見られる。

首段綱ヲ提《あ》ケ、次段承接シテ、古河侯ガ世人ノ如ク雪ノ大観ノミヲ賞セズシテ、把翫《がん》細思シテ、君子格物究理ノ学ニ適当スルコトヲ叙シ、一結ニ至リ、侯ノ辞ヲ以テ総収ス、而シテ主意ハ、微可レ慎二句ニアリ（巻上、一丁表）。

文中の「把翫細思」は本文の一節である。本文の割注には、「把翫細思云々、全文ノ提綱」と評語を用いて鑑賞のポイントが示されている。講義録や解説書が残されている漢文教科書は極めて少なく、作品を解釈する上でも参考になる。

東京大学総合図書館の鴎外文庫は、鴎外の『近世名家小品文鈔』への墨筆書入を画像で公開している（http://rarebook.dl.itc.u-tokyo.ac.jp/ogai/data/E44_384.html 2016/10/06 閲覧）。その内容については合山林太郎氏による論考がある（『幕末・明治期における日本漢詩文の研究』、和泉書院、二〇一四年二月）。鴎外の文学を考察する資料であるが、かつて『近世名家小品文鈔』がどのように読まれていたのかを理解する手がかりにもなるだろう。

編集方針

土屋栄の「例言」から編集方針を見ていきたい。

一、昨年の夏、休暇を賜ったがすることもなく、たまたま書箱の底に冊子を一冊見つけた。これはかつて手写した、近世の名家の小品文であった。客に出版を勧める人がいた。これは私が若き学生の日に、朗誦・熟読に便利なように採録したものである。良いものを捨てて悪いものを残してしまったことも免れないだろう。しかし私が見るに、おおむね美しい玉であり、箱の塵にしてしまうこともない。そこで客の勧めに従って、数篇を抜萃し、小品文鈔と題し、出版することにした。

一、小品とは、題・跋・賛・銘と趣のある字句が簡単で短い小篇である。今この書は必ずしもそれに限らず、収録したものは、数百言に及ぶものもあれば、議論に関するものもある。すべて王（納諫）氏『蘇長公小品』、何（偉然）氏『屠赤水小品』に拠った。

一、この書は朗誦・熟読に役立てるものである。そのため部門を分けて諸家を列挙した。読者は順番の前後によって、文章の等級を評さないでほしい。

一、初めこの書を編んだ時は、名家の著に関しては、その人の生没にかかわらず、得たものを収録した。今読むと、その存命者は、わずか一、二名にすぎない。そこですでに没した人に限定し、存命者は割愛した。

一、近世の文章によって名を知られた人物はここに収めただけに止まらない。この書は耳目の及んだもののみを収録した。その他は続編に収めようと思う。

一、書中の伝記を記した人は八、九割である。ある人は誤りや遺漏が頻出し、門生や子孫によって訂正し、ある人は遺稿・全集によって正し、校閲も苦労した。しかし仕事も忙しく、一年が経ってしまったが、まだ詳しく調べられていない。読者に指摘していただければ幸いである。

明治十年（一八七七）丁丑夏五月耐堂主人土屋栄烟嵐静処にて識す

まだ教育課程に漢文が組み込まれていない時期に編集されたものであり、当時の公教育の学校で学ぶ生徒を念頭に置いて教材選択をしたというよりも、自分が学生の時に学んだものから名品を選んだので、結果的に学生向けの教本になったようである。

小品文の定義として『蘇長公小品』（蘇軾撰、王納諫評選、布川通璞校『蘇長公小品』四巻、一八四六年跋刊本。長沢規矩也編『和刻本漢籍文集』第四輯、汲古書院、一九七九年十二月所収のものを使用）と『屠赤水小品』（屠隆（赤水）著、何偉然選、陸雲龍評『屠赤水小品』上下巻、江戸・官板を参照）をふまえたと述べている。『蘇長公小品』は蘇軾の小品を集めたもので、賦・序・記・伝・啓（短い手紙）・策問（官吏登用試験の試問の文章）・尺牘・頌・偈《げ》（仏の徳をたたえた韻文）・賛・銘・評史・雑著・題跋・詞・雑記の文体を収める。『屠赤水小品』は、明の屠隆（赤水）の作品集であり、序・記・賦・伝・書・論・銘・賛・跋・文（主に祭文を収める）・誄《るい》（死者を祭る文）・哀辞（死者を弔う文）の文体を収める。これらをもとに編者は序・論著・説・記・書牘・伝・題跋・賛銘・碑、墓表・祭文・雑著の文体に分けて編集した。その選択の適切さによって、検定制度開始後も教科書としての使用が認められたのであろう。しかし初学者向きとは見なされず、中学校ではなく師範学校用として採用された。

参考文献

玉井源作「五十川訊堂」、『広島県人名辞典　芸備先哲伝』、歴史図書社、一九七六年一月。

森田雅一執筆「第六章」、誠之館百三十年史編纂委員会編『誠之館百三十年史』巻上、誠之館百三十年史刊行委員会、一九八八年十二月。

合山林太郎「第三章　青少年期の森鴎外と近世日本漢文学」、『幕末・明治期における日本漢詩文の研究』、和泉書院、二〇一四年二月。

目次

巻之上
○序
1　続雪花図説叙　佐藤一斎（坦）
2　名山図叙　佐藤一斎
3　送大槻士広西游序　松崎慊堂（復）
4　清書画名人小伝序　篠崎小竹（弼）
5　松陰快談序　長野豊山（確）
6　城西遊記序　安積艮斎（信）
7　送駒留伯盛移居沼津序　安積艮斎
8　嘉永二十五家絶句序　斎藤拙堂（正謙）
9　林谷山人詩集序　野田笛浦（逸）
10　碧筠詩巻序　野田笛浦
11　東坡外伝序　川北温山（重憙）
12　送松本実甫序　川北温山
13　送岡永世襄序　安井息軒（衡）
14　克庵紀行序　藤森弘庵（天山）
15　刪訂文致引　塩谷宕陰（世弘）
16　近古史談引　塩谷宕陰
17　書画帖引　塩谷簣山（誠）
18　墨場必携弁言　佐藤一斎
○論著
19　論信陵君　長野豊山
20　白起論　長野豊山

21　読菅右府伝　斎藤拙堂
22　読諸葛武侯伝　塩谷簣山
○説
23　猫狗説　頼山陽（襄）
24　木阪生名字説　坂井虎山（華）
25　老子猶龍説　川北温山
26　棋説　塩谷簣山
巻之中
○記
1　近水楼記　佐藤一斎
2　寒秀痩寿書房記　佐藤一斎
3　桃花園記　古賀侗庵《とうあん》（煜）
4　蓬蒿廬記　長野豊山
5　奇石亭記　長野豊山
6　自来亭記　坂井虎山
7　万緑亭記　坂井虎山
8　遊漢辨記　坂井虎山
9　梅谿遊記（元九首録四　二　三　四　六）　斎藤拙堂
10　養魚記　安積艮斎
11　遯窩記　安積艮斎
12　越谷桃花記　野田笛浦
13　原田亀太郎遺像記　森田節斎（益）
14　大黒像記　川北温山
15　山水小景記　藤森弘庵
16　茗釁廿勝小記　塩谷宕陰
○書牘
17　与久保仲通　柴野栗山（邦彦）
18　与林長孺　長野豊山
19　与坪仲隣　柴野碧海
20　与河田某　柴野碧海
21　答正夫書　坂井虎山
22　与土井某　森田節斎
○伝
23　紀那須与市事（訳平家物語）　柴野栗山
24　紀新寨之捷　中井竹山（積善）
25　紀俗伝猿島復讐事　中井履軒（積徳）
26　粥蕎麺者伝　中井履軒
27　蹲鴟子伝　頼山陽
28　烈幼女阿富伝　森田節斎

巻之下

○題跋

1 題訪戴図 中井履軒
2 題五松軒詩後 柴野栗山
3 書日光山詩後 柴野栗山
4 跋大場祺甫登岳紀行 柴野栗山
5 題爛柯図 古賀精里（樸）
6 題費灡図画 古賀精里
7 題寒江独釣図後 佐藤一斎
8 跋浅草八勝図後 佐藤一斎
9 題近人画帖 頼山陽
10 跋米庵楽志論 頼山陽
11 題自書画後 頼山陽
12 題寒江独釣図 頼山陽
13 書諱辨後 頼山陽
14 題四君子画 松崎慊堂
15 題富士山図 古賀侗庵
16 題画 古賀侗庵
17 紀春琴横巻山水跋 篠崎小竹
18 題静寄余筆後 長野豊山
19 跋米元章貞孃墓歌帖 長野豊山
20 跋福姫図賛 坂井虎山
21 書画帖跋 安積艮斎
22 題赤壁図後 安積艮斎
23 題琴滴檐詩巻 安積艮斎
24 題南嶺後赤壁図 野田笛蒲
25 題洋舶図 斎藤竹堂（馨）
26 書輿地全図後 斎藤竹堂
27 雪灘奇賞跋 川北温山
28 題群盲評古器図 川北温山
29 題阿万徳夫文藁 塩谷宕陰
30 題妍醜一覧（記大石内蔵助大野九郎兵衛事） 塩谷宕陰
31 題隔靴論首 塩谷宕陰
32 題瀑布図 安井息軒
33 跋大統歌 塩谷簣山

○賛銘

34 陶靖節画賛 柴野栗山
35 楠廷尉賛 佐藤一斎
36 武将賛三十首録四（太公 孫臏 韓信 岳飛） 頼山陽

37　竹林七賢賛　塩谷宕陰
38　加藤公像賛　塩谷宕陰
39　筆匣銘　古賀精里
40　硯匣銘　佐藤一斎
41　硯蓋銘為月岡子宗　佐藤一斎
42　書室銘　古賀侗庵
○碑
43　三口橋碑　安積艮斎
○墓表
44　故讃岐柴仲吉墓表　柴野栗山
45　久保桑閑翁墓表　柴野碧海
46　山路延太郎墓表　森田節斎
○祭文
47　祭石丈山文　柴野栗山
48　王文成公三百年忌辰祭告文　佐藤一斎
49　祭亡妹阿佐登文　坂井虎山
○雑著
50　示塾生　柴野栗山
51　龍吟　松崎慊堂
52　食喩　篠崎小竹
53　水喩　斎藤竹堂

異同
上26「棋説」は大字三版では題名を「棋記」とするが同じ教材である。

2　和漢小品文鈔（土屋栄・石原嘉太郎）

底本・編者

土屋栄・石原嘉太郎編、南摩綱紀閲『和漢小品文鈔』上中下巻、東京・小林喜右衛門、長野・西沢喜太郎、明治十八年（一八八五）七月二十三日版権免許・明治十八年十月出版（〈198〉）。巻上：三十四丁、巻中：三十三丁、巻下：三十八丁。本文は句読点と返り点のみで注釈等はない。

土屋栄は「1　近世名家小品文鈔」の編者である。もう一人の編者、石原嘉太郎については経歴等未詳。奥付には「新潟県士族」とある。南摩綱紀《つなのり》（一八二三―一九〇二）、名は三郎、後に八之丞。字は士張。号は羽峰。東京大学教授、女子高等師範学校教授。『集成』Ⅲに『新撰女子漢文読本』を収録する。詳しくは同解説を参照されたい（一一九―一二二頁）。南摩の序によれば、『近世名家小品文鈔』は人々が競って購入したために、版木の文字が摩滅した。そこで中国の文章も加え、初学者に作文の道を知らしめようとしたという。

編集方針

編者の「例言」を見てみよう。

一、この書は児童・初学者のためのものである。そこで長篇で学びにくいものを避けて、簡単で短く分かり易いものを採った。小品と名付けた所以である。

一、我が朝は寛政から明治まで、彼の朝は唐・宋から明・清までの間に、碩学・鴻儒が輩出し、名篇・傑作が数え切れないほど生まれた。今は目にしたものだけを収めた。そのうえ巻数には限りがあるので、残すべきものを残さなかったという譏りを免れない。

一、書中に収録したものは、彼の国はその年代に基づき、我が国はその没年順に従った。もとよりその順番によって文の等級を定めてはいない。

一、書中の作者名の記載は、邦人は姓と号とし、漢人は姓と名とした。そして目次中には邦人の名前と郷里を注記した。近いものを詳しくし、遠いものを省くという意味で、他意はない。

明治十八年（一八八五）六月　編者識す

『近世名家小品文鈔』と異なるのは、初学者のために編んだという言葉が盛り込まれ、中国の作品をも採録し、「碑」を削り代わりに「引」を収めた所にある。『近世名家小品文鈔』ほどに版を重ねなかったことには、『和漢小品文鈔』が編まれた明治十八年頃の教科書編集の傾向も関わっているだろう。明治十年代末は十年代初めよりも平易な編集が求められ、訓点や語釈なども整備して初学者への配慮が求められるようになっていた。収録された教材では明・清の作を多く収める。また日本の作でも「22　蝸説　松崎慊堂」や「23　藤説　斎藤竹堂」のように、後の教科書にも多数収録される作品も含まれている。『近世名家小品文鈔』とあわせて明治期の漢文教材の選択を考察する上では注目すべき教科書である。

目次

巻之上

○論

1 隋文帝論 明・方孝孺
2 漢高帝論 清・魏礼
3 論高祖斬丁公 清・王懋竑
4 張良有儒者気象論 清・袁枚
5 漢文帝論 清・方苞
6 卞和論 清・尤侗
7 孟嘗君論 清・裘璉
8 平重盛知盛論 中井履軒
9 王安石論 中井履軒
10 論明智光秀 川北温山
11 范増論 斎藤竹堂
12 浅井長政論 岡田鴨里（僑）
13 浮田氏論 岡田鴨里
14 読項羽本紀 斎藤竹堂
15 読読孟嘗君伝 塩谷宕陰

○説

16 羆説 唐・柳宗元
17 愛蓮説 宋・周茂叔（敦頤）
18 鼠説 明・胡儼
19 筆説 明・童品
20 猴説 清・梁玉縄
21 習説 尾藤二洲（孝肇）
22 蝸説 松崎慊堂
23 藤説 斎藤竹堂
24 不食河豚説 吉田松陰（矩方《のりかた》）
25 柚説 佐久間象山（啓《ひらき》）
26 角觝説 星野著《き》山《ざん》
27 御馬説 安井息軒

○序

28 槐陰読書図序 明・劉基
29 羅両峰登岱詩小叙 清・朱孝純
30 也園送春詩序 清・黄石牧
31 汪樸廬聖湖詩序 袁枚
32 田山人詩序 北禅（大典顕常）
33 唐詩礎序 北禅
34 寧静閣一集序 篠崎小竹
35 江南竹枝序 野田笛浦

36　城西遊記序　安積艮斎
37　竹外二十八字詩序　森田節斎
38　東海道中詩叙　大槻磐渓（崇　清崇）
39　温飛卿詩集序　林鶴梁（長孺）
40　送何堅序　唐・韓愈
41　送梅聖俞帰河陽序　宋・欧陽修
42　贈林梅所序　宋・文天祥
43　送譚舟石之官楡林序　清・李良年
44　送王進之任楊州序　清・汪琬
45　送広瀬生西遊序　尾藤二洲
46　送久保清太朗東役序　吉田松陰
47　送足代生游伊予序　斎藤竹堂
○引
48　古瓦譜引　佐藤一斎
49　書画帖引　佐藤一斎
50　英和字典引　大槻磐渓
巻之中
○記
1　楽閑堂記　元・呉澄
2　友梅軒記（友梅楼記）　劉基
3　横碧楼記　劉基
4　無怒軒記　清・李紱
5　峡江寺飛泉亭記　袁枚
6　橋西草堂記　篠崎小竹
7　自来亭記　坂井虎山
8　蹇斎記　藤田東湖
9　雲煙楼記　斎藤拙堂
10　松濤庵記　斎藤拙堂
11　楽山窩記　塩谷宕陰
12　静古館記　林鶴梁
13　看竹図記　清・朱彝尊
14　土佐経隆蘇武図記　柴野栗山
15　書灯記　北禅
16　書函柳記　奥野小山
17　先公手沢太宰府都府楼瓦硯記　佐久間象山
18　狩虎記　塩谷宕陰
19　記承天寺夜遊　宋・蘇軾
20　新城遊北山記　宋・晁補之
21　西山看梅記　明・馮夢禎

22 遊野圃記　清・廖燕
23 三日集清陰亭記　古賀精里
24 記旧游　長野豊山
25 観棊記　野田笛浦
26 山房観楓記　斎藤拙堂
27 桐渓聴蛙記　藤森天山（弘庵）
○書牘
28 与王深父書　宋・王安石
29 寄何燕泉書　明・王守仁
30 与四無上人（与四生上人）　廖燕
31 与高望公　廖燕
32 与神田実甫書　頼山陽
33 与上甲師父書　斎藤竹堂
34 与頼山陽書　斎藤拙堂
35 与谷藤川二子書　森田節斎
36 与塩谷毅侯　林鶴梁
○賛
37 韓幹画馬賛　蘇軾
38 赤壁図賛　方孝孺
39 杭中丞双渓像賛　明・唐順之
40 陶淵明賛　清・趙皇梅
41 楠公賛　柴野碧海
42 痤硯銘　韓愈
43 器物銘并序（枕銘　席銘　鏡銘　櫛銘）　明・王禕
44 扇銘　方孝孺
45 研銘　北禅
巻之下
○書後題跋
1 書李百薬汎愛寺碑後　欧陽修
2 書梅聖愈河豚魚詩後　欧陽修
3 書戴嵩画　蘇軾
4 書范中立万山積雪図後　長野豊山
5 書揷秧図後　斎藤竹堂
6 題李生壁　韓愈
7 題鳳翔東院王画壁　蘇軾
8 題燕郭尚父図　宋・黄庭堅
9 題画菜　黄庭堅
10 題宗成樹石　黄庭堅
11 題曾無逸百帆図　宋・楊万里

12 題竹石贈方南明六十　明・徐彷
13 題顧尊実収蔵黄孝子真蹟　明・徐枋
14 題褚遂良書唐文皇帝哀冊墨蹟　方孝孺
15 題顔魯公書放生池石刻　方孝孺
16 題范寛江山秋霽図　明・文徴明
17 汪秀峰春游小詠題詞　清・王昶《ちょう》
18 題学詩図巻　清・邵長衡《しょうちょうこう》
19 題黄鶴楼　清・兪長城
20 題桃源図　中井履軒
21 題楠公訓子図　中井履軒
22 題伊達子奐蔵清人花卉巻　頼山陽
23 題富士山図　古賀侗庵
24 題画　古賀侗庵
25 題源二位猟富士野図　斎藤竹堂
26 題亀石図　佐藤一斎
27 題司馬温公撃甕図　斎藤拙堂
28 題湖帆飽風図　藤森天山
29 題両岸一覧図　塩谷宕陰
30 題藺相如奉璧図　安井息軒
31 題華山人百花画巻　林鶴梁

---

32 題某生書画帖首　林鶴梁
33 跋酔翁吟　欧陽修
34 跋章友直草虫　楊万里
35 跋李成山水　楊万里
36 跋胡琴窗詩巻　文天祥
37 黄山谷墨蹟跋　廖燕
38 跋富士牧猟図扇面　柴野栗山
39 縮本日本輿地図跋　柴野栗山
40 跋月仙上人画帖　北禅
41 跋百翁図　北禅
42 跋池貸成臨董文敏倪法山水　頼山陽
43 跋福姫図賛　坂井虎山
44 霧島紀行跋　安積艮斎
45 握月担風巻跋　斎藤拙堂
46 跋赤坡別宴図　塩谷宕陰
47 松影上人書画帖跋　大槻磐渓
48 海嶽詩嚢跋　大槻磐渓
49 源廷尉収弓図　斎藤竹堂

○紀伝

50 紀輪囤之戦　明・馮夢龍（子猶）

51　紀青砥左衛門事　中井履軒
52　紀川中嶋之戦　中井履軒
53　紀楠正成守赤坂事　頼山陽
54　紀貞婦某氏事　林鶴梁
55　蝜蝂伝　柳宗元
56　東昌孝伝　李良年
57　程婆伝　中井履軒
58　金衣公子伝　斎藤竹堂
59　忘却先生伝　斎藤拙堂
○墓表誌銘
60　伊東孟翼墓表（伊藤孟翼墓表）　頼山陽
61　藤田翁墓表　柴野碧海
62　豊山長野先生墓表　林鶴梁
63　呉省曾墓誌銘　袁枚
64　女瑟墓誌銘　林鶴梁
65　亡友能見子矯墓碣　川北温山
66　女孟墓碣銘　森田節斎
○祭文
67　合祭先考妣文　廖燕
68　祭忠烈藤堂君文　斎藤拙堂
69　祭坂井虎山文　奥野小山
○雑著
70　三戒（臨江之麋　黔之驢　永之鼠）　柳宗元
71　考祥文　方孝孺
72　戒妖文　方孝孺
73　雲喩　斎藤竹堂
74　潮喩　斎藤拙堂
75　福神盗　塩谷宕陰

3　続日本文章軌範（石川鴻斎）

底本・編者

石川鴻斎批選、沈文熒《しんぶんけい》（梅史）・黄錫詮（鈞選）・王治本（桼園）評『続日本文章軌範』七巻三冊、東京・稲田佐吉、明治十五年（一八八二）九月十六日版権免許・明治十五年十一月出版のものを底本とした（〈31〉）。改訂版に〈32〉明治二十一年（一八八八）十一月訂正版、明治二十一年十一月二十日検定済がある。初級と改訂版で教材の異同はない。五十一篇の教材を採録し、秋月種樹《たねたつ》と王治本の序、石川鴻斎の跋を収める。返り点は全巻に施され、送り仮名は部分的に見られる。圏点もあり、匡郭内の上段と篇末には評語が付されている。補集Ⅰ解説の十四章で触れた〈28〉『日本文章軌範』七巻三冊、〈29〉〈30〉『再刻日本文章軌範』七巻三冊の続編として編まれた。さらに『日本文章軌範』と『続日本文章軌範』をもとに編まれたのが、『集成』Ⅰ収録の〈35〉『中等教育漢文軌範』である。

石川鴻斎（一八三三―一九一八）、名は英、字は君華、別号に芝山外史・雪泥居士。三河国（愛知県）豊橋の商家に生まれる。石川鴻斎の経歴等については参考文献に挙げたロバート・キャンベル氏等の研究があり、また『集成』Ⅰ・Ⅱの解説に述べられているので参照されたい。石川が編集・校閲も含めて携わった漢文関係の教科書には、〈33〉『日本八大家文読本』八巻四冊、〈34〉『評註和漢合璧文章軌範』四巻、〈188〉『纂註和漢文格評林』上下巻、〈358〉『纂評箋註蒙求校本』上中下巻、〈413〉『高等修身小学』四冊、〈426〉『正続文章軌範諺解』正七巻続七巻六冊、〈427〉『正続文章軌範正解』正七巻続七巻六冊、〈455〉『纂評精注唐宋八大家文読本』二十二巻十二冊等がある。ほかに国語関係の教科書には、高津元善編、石川・木村成粛《ママ》校訂『小学読書入門』上下巻（前田円、一八八七年四月）、鳥羽林平編・発行、石川校閲『小学入門』二巻（一八八七年十二月）等があり、修身の教科書には『初等小学修身篇』五巻（前田円、一八八二年九月）、木沢成粛編、石川校訂『修身小学中等科』六巻（鳳文館、一八八四年三月序）等がある。

明治四年（一八七一）に日本は清国と「日清修好条規」を締結し、明治十年（一八七七）年には初代中国駐日公使団が来日し、十二月に横浜の外務省出張所にまず滞在し、翌十一年（一八七八）一月に芝増上寺の月界院に設置された公使館に移った。石川鴻斎もこの地を通じて公使館のスタッフと筆談による交流を持った。『続日本文章軌範』に付された序文や合評からもその一端がうかがえる。評者には日本は石川鴻斎の他に、安積艮斎、小野湖山、亀谷省軒、川田甕江、坂井虎山、塩谷宕陰、重野成斎、島田篁村、瀬川小峰、中村確堂、南摩羽峰、三島中洲、横山叔遠、依田百川、鷲津毅堂の名が見える。中国側は沈文熒、黄錫詮、王治本の他に、何如璋、黄遵憲、王藩清(琴仙)らが評語を残している。

編集方針

石川鴻斎による「凡例」の内容から編集方針を見ておきたい。

一、前編が寛永(寛政か)三博士(古賀精里・尾藤二洲・柴野栗山)以降、幕府の遺民に至るまでの二十二家を選んだのは、謝(枋得)氏『文章軌範』に唐宋の文を多く載せていることにならったのである。この書が寛平(八八九—八九八)、延喜(九〇一—九二三)の紳士から維新以後の草莽の士に及ぶ、五十数家を選んだのは、雛(守益)氏の続編が秦・漢より明に及ぶ四十数家を選んだことにならった。そのため文に諸体があるのは、古今の違いによるものである。読者はそれらが入り交じっていることを訝しく思わないでほしい。

一、元和偃武(一六一五)の乱によって豊臣氏が滅んだ後、詩文で名をなす者は数え切れない。文化・文政(一八〇四—一八三〇)の際に諸儒が輩出し、一時の隆盛を極めた。しかし文と名とは並ぶものではなく、完璧なものを選ぶことは非常に難しい。しばらく後人に譲り、この書の続編を待ちたい。

一、この書は近人の文を多く収めた。文章の学は、日々進歩している。まして華人が我が国に客寓したことは、古にはなかったので、批評を求めた。互いに研究して学問を発展させるのである。世間ではしばしば、古今の人物には互いに関連がなく、今が古に及ばないことを知らないのかと言う。しかし古が今に及ばないのではないか。読者は自ずと理解することだろう。

一、近世の学者は、一篇の不完全な文を作り、むやみに粗末なものを載せて、世間に誇る。王荊公（安石）のいう奇花の英を拾うというものである。芳しい香りは愛でるべきものであるが、その根本がしっかりしていなくてはならない（「上部学士書（部学士に上る書）」に「譬之擷奇花之英、積而玩之、雖光華馨香、鮮縟可愛、求其根柢済用、則蔑如也」とある）。この書は初めに古今の人の駢儷文《べんれいぶん》を載せた。文を学ぶ者は様々な文体を知らなければならない。四六《しろく》駢儷文や排比・対偶ならなおさらである。学は淵源がなければ上手くいかない。初学の徒は繁から簡に入り、難から易に入れば、間違いはないのである。

鴻斎石川英誌す

『続日本文章軌範』は石川鴻斎編、沈文熒・黄遵憲（公度）合評『日本文章軌範』の続編として編まれた。『日本文章軌範』は前述の通り初版の一部が採用不可となり、修正を加えた『再刻日本文章軌範』が採用可となった（初版は国会デジ）。やはり日中の文人の序文や評語を収め、沈文熒・黄遵憲の他に、安積艮斎や森田節斎らの名が見える。『日本文章軌範』はその名の通り謝枋得『文章軌範』に合わせて巻数と収録作品を全七巻・六十九篇とし、さらに宋の時代に編まれた『文章軌範』が唐宋の古文を主に採ったように、石川鴻斎も近い時代である寛政年間以降の江戸の文章を採った。続編の『続日本文章軌範』では、それより古い寛平・延喜期と、維新以後の文を収めたのも、明の『続文章軌範』が先秦から明代までの作を採ったのに合わせている。難易度の順序を、難より易に入ると設定した所にもこの時期では他に例を見ない編集上の特色である。明治期漢文教科書掲載の日本漢文教材は江戸の作品が中心であるが、それ以前の作品も収められており、評語も含めて味読すべき教科書の一つである。

参考文献

島田久美子「解説」、同注『黄遵憲』中国詩人選集二集第一五巻、岩波書店、一九六三年二月。

実藤恵秀「明治日中文人の交遊」、「王治本の金沢での筆談」、「王治本の日本漫遊」、『近代日中交渉史話』、春秋社、一九七三年七月。

佐藤保「黄遵憲と日本」、伊藤虎丸ほか編『近代文学における中国と日本―共同研究・日中文学関係史―』、汲古書院、一九八六年一月。

同「黄遵憲と日本漢学者―日本における黄遵憲研究序論―」、『国学院中国学会報』第三八輯、一九九二年十月。

ロバート・キャンベル「東京鳳文館の歳月（上）」、『江戸文学』第一五号、ぺりかん社、一九九六年五月。

同「東京鳳文館の歳月（下）」、『江戸文学』第一六号、ぺりかん社、一九九六年十月。

同「復興期明治漢文の移ろい―出版社鳳文館が志向したもの―」、岩波書店『文学』第七巻第四号、一九九六年七月。

同「在野十年代の視程――儒者石川鴻斎年譜稿抄」、国文学研究資料館編『明治開化期と文学』、臨川書店、一九九八年三月。

陳捷『明治前期日中学術交流の研究―清国駐日公使館の文化活動―』、汲古書院、二〇〇三年二月。

小倉斉「石川鴻斎とその時代」、小倉斉・高柴慎治訳注『夜窓鬼談』、春風社、二〇〇三年十二月。

目次

第一冊

第一巻　賦類

1 未旦求衣賦　菅原道真
2 初冬於都督大王書斎同賦唯以詩為友応教　大江匡衡
3 錫春秋園賦　藤森弘庵
4 卜居賦　春田九皐《きゅうこう》
5 弔桜賦　土井《どい》聱牙《ごうが》（有恪）

第二巻　記類

6 梧月軒記　室鳩巣（直清）
7 楽山亭記　新井白石（君美）
8 三日集清陰亭記　古賀精里
9 釣遊記　中井履軒
10 陸奥国盤水天工橋記　松崎慊堂
11 猪神童桃郎伝記　長野豊山
12 後園栽梅記　安井息軒
13 葆光亭記　曽我耐軒
14 紀松木某復讐事　芳野金陵（匏宇）
15 椿原書院記　大槻磐渓
16 高山仲縄祠堂記　川田甕江（剛）
17 木魚庵記　藤野海南

第二冊

第三巻　序類

1 陪左丞相東閣聴源皇子初学周易　都良香《みやこのよしか》
2 広陵問槎録序　荻生《おぎゅう》徂徠《そらい》
3 嵐山樵唱集序　服部南郭（元喬）
4 贈三谷恂甫序　佐藤一斎
5 送古岳師序　藤森弘庵
6 竹外二十八字詩序　森田節斎
7 北条氏跋　頼山陽
8 贈黒沢元正叙　塩谷宕陰
9 書海国図志後　安井息軒
10 東湖遺稿序　林鶴梁
11 瓊矛余滴序　重野成斎
12 酒史新編序　青山鉄槍（延寿）
13 国史紀事本末序（国史紀事本末後序）　青山鉄槍
14 書茗釁書生名簿後　岡鹿門（千仞）
15 地山堂詩集序　岡鹿門
16 近世日本外史序　南摩羽峰

17　湖山近稿序　三島中洲（毅）
18　評本文章軌範序　亀谷省軒
19　送吉嗣拝山序　亀谷省軒
20　明治鉄壁集序　阪谷《さかたに》朗廬（素《しろし》）
21　譚古書余序　岡松甕谷（辰）
22　政学概論序　菊池三渓（純）

第四巻　碑類

23　陳雲漳墓誌銘　野田笛浦
24　丹羽伯弘墓碣銘　安井息軒
25　佐瀬得所翁遺徳碑　重野成斎（安繹）
26　紀恩碑　中村正直

第三冊

第五巻　書類

27　示春斎　林羅山（道春）
28　答木村希黯　太宰春台
29　擬与留学生仲麻呂書　劉（古賀）穀堂
30　答牧信侯論道徳気節書　斎藤拙堂
31　対世子策問　青山拙斎（延于）
32　与山田琳卿書　塩谷宕陰
33　与西阪夢錫書（与西坂夢錫書）　安積信
34　与小松生論出処書　林鶴梁
35　答某文学書　鷲津毅堂

第六巻　論類

36　時宜論　貝原篤信（益軒）
37　論学弊　柴野栗山
38　甲越論　古賀精里
39　大江広元論　頼山陽
40　蒲生氏郷論　青山延光（佩弦斎）
41　野見宿禰論　斎藤竹堂
42　豊太閤論　松林飯山（漸）

第七巻　雑類

43　詰眼文　三善清行
44　擬家大連檄　荻生徂徠
45　奇童（奇童説）　伊藤東涯（長胤）
46　雲喩　斎藤拙堂
47　原儒　安積信
48　題擲冕服図　川田甕江
49　吊菅公文　藤田東湖（彪）
50　上野臨幸雅頌（上野臨幸雅頌并序）　石川鴻斎
51　孔廟頌　徳川光圀

4　本朝名家文範（馬場健）

底本・編者

馬場健編『本朝名家文範』上中下巻、大阪・森本専助ほか、明治二十五年（一八九二）年十一月二十日第三版〈216〉を使用。巻上：四十二丁、巻中：四十四丁、巻下：四十三丁。全巻返り点があり、送り仮名は一部に施されている。語注や評語はない。川田剛の序を収める。初版は〈214〉明治十八年（一八八五）四月二十四日版権免許・明治十八年六月四日改題御届・明治十八年九月出版。訂正再版（〈215〉明治二十年（一八八七）八月三日訂正再版）が中学校用教科書として検定済となった（明治二十年八月二十日検定済）。補集Ⅰに収録した第三版の教材は訂正再版と同じで初版と異なる。

馬場健（龍洲）は、初版の封面に「大阪　大学分校教員馬場健先生編輯」とあり、『大学分校一覧』の職員の欄を見ると「修身　和漢文　馬場健　福岡士族」と記されている（大学分校編・発行『大学分校一覧』一八八六年二月、八六頁。国会デジ）。なお、「大学分校予備科用書表」の修身の欄を見ると、一学年と二学年は『論語』、三学年は『大学』『中庸』を学ぶ。大学分校に限らないが、四書の中でも『孟子』を外して教える学校は少なくなかった。和漢文の漢文は、一学年は『正文章軌範』、二学年は『春秋左氏伝』、三学年は左伝に加えて『謝選拾遺』を学ぶというカリキュラムである。

さて、馬場は『本朝名家文範』の他に、和文による修身の教科書『先賢遺範　嘉言之部』八巻（松村九兵衛、一八八二年九月―一八八三年二月）を編んでいる。「学問の道はまず不変の道徳を明らかにし、道徳を修めてから文芸を語るべきである」（原文「学問之道先明彝倫修道徳而後可以言文芸矣。」、巻一序表）と述べている。やはり明治期の他の教科書編者と同じく、文芸の根本には道徳があるという考え方がある。

編集方針

馬場による「例言」を見ていきたい。

一、この書に収めたものは、私が手写して朗誦・熟読に備えたものである。今はその簡単で短いものを選び、子弟の作文の模範として供する。

一、収録したのはおよそ五十数家で、文体は統一していない。王（世貞）李（攀《はん》龍）の古文辞の遺流であってもそれぞれ一、二篇を収め、近い時代の書物と賢人を明らかにした。

一、漢文を学ぶものは、漢人の文を読んだほうが良い。しかし文理は奥深く、風俗も異なり、初学者はすぐには分からない。そこで今本朝諸家の文を集め、初学者の入り口としたのは、所謂疎から精に入るということである。

一、部門を分けて諸家を並べたのもすべて難易長短によって順序としたのであり、必ずしも文の巧拙に関わるものではない。

一、近頃の文集は、わざと批点・評語を施し、くどくどと飾り付けている。好みが異なれば、評価もそれに伴って異なる。私はあえて顰みにならわず、先賢の優劣をつけなかった。

馬場健撰

日本の作品のみに絞ったことを初学者への配慮であると説明している。圏点に教育的効果を認めず、優劣をつけることを避けたという。文中の王李の古文辞は明代の文学の一流派で、文は秦・漢、詩は盛唐・漢・魏を典型として、それらを模倣することを唱えた。日本では荻生徂徠が古文辞学を提唱して広まった。巻上「2　倹薄率物　服部南郭」、「44　恵美堂記　山県周南」、「45　皎月亭記　太宰春台」、「63　香禅師詩題覧古記　荻生徂徠」等が該当する。後述する鈴木栄次郎の教科書に付けられた修正意見によれば、服部南郭らの文章は生徒に学ばせるべきではないと判断した調査の担当者もいた。ここで古文辞の作品を採ったと断り書きをしていることも、当時はそうした認識があったことを背景としていると考えられる。

修正意見

初版〈214〉の巻之中と下に付箋が残されている。この教科書の調査を担当したのは、辻橋秀雄、田中登作である。辻橋秀雄は、国次太郎「検定制度の成立と算術教科書」(『佐賀大学教育学部研究論文集』第二四集(Ⅱ)、佐賀大学教育学部、一九七六年八月)に経歴等がまとめられている(一七三頁)。田中登作は竹田進吾「田中義廉編『改刻日本史略』への文部省付箋」(『東北大学大学院教育学研究科研究年報』第五二集、東北大学大学院教育学研究科、二〇〇四年三月)に略歴や在任期間がまとめられている(三九二頁)。

まず文字の訂正を求めた例である。

【巻下49】佐藤一斎「題蘐園讌集図(蘐《けん》園讌《えん》集図に題す)」は、「在二次公之側一。疑然端坐。腰レ刀手レ箑。熟二‐視子和一。而顰蹙者。太宰純徳夫。」(次公〔山県周南〕の側にいて、落ち着いて正座し、刀を手にし、扇を手に持ち、子和〔平野金和〕を凝視して、眉を寄せているのは、太宰純である)という一節の「疑然」に朱の傍点があり、付箋では「疑然ハ愛日楼文ニモカクアレトモ熟考スルニ凝然ニ作ラザレバ端坐ノ形容ニナラズ(黒)推問スヘシ(朱)(辻橋・登作印)」とある(三十六丁裏・上)。訂正版では付箋の指示通りに「凝然」に変更された〈215〉巻下・三十六丁裏)。この時期は上部に貼られている付箋の強制力が強かったため変更されたのであろう。この教科書の以下の付箋は下部に付けられたもので強制力が低いこともあり、すべて修正されなかった。

続いては文章の質が劣るという意見である。

【巻下5】芳野弴宇「阿経伝」は、夫が精神に異常をきたし、暴力を振るうようになっても、ひたすら義を全うしようとする阿経の姿を描いた作である。同類の逸話を他に一篇載せ、世の臣下というものはよく阿経を見習って君主に仕えるべきだと説く。この教材には、「本伝文章観ルニ足ラズ（辻橋印）」とあり（五丁表・下・黒）、さらにタイトルの上にも朱点がある。

次は教材中の外国の侮蔑的呼称について修正意見が付けられた例である。

【巻中11】藤田東湖「新選年表序」には、「洋夷云云ノ語東湖氏ニシテ之ヲ発スルハ敢テ咎無ラザルモ今日ニ於テ是等ノ文ヲ誦読セシムルハ不穏（辻橋印）」と意見が付き（八丁表・下・黒）、さらに、本文「洋夷」の右側に朱の傍点がある（八丁表・裏二箇所）。

【巻中19】川北温山「送松本実甫序（松本実甫を送る序）」には、「外夷ノ語穏ナラザルモ其ノ何所ト指名シタルニ非レバ稍軽キニ似タリ（辻橋印）」と意見が付き（十六丁表・下・黒）、さらに、本文「外夷」の右側に朱の傍点がある。

【巻下50】徳川斉昭「上琵琶表（琵琶を上る表）」の付箋には、「魯西亜人ヲ鄂虜トスルコト不穏（辻橋印）」とあり（三十七丁裏・下）、本文「鄂虜」の右側に朱の傍点がある。

この三例はすべて、作品の内容よりも文中の「夷」や「虜」という言葉が問題となった。竹田進吾氏は、田中義廉編『改刻日本史略』の付箋には、「墨夷」などの「欧米人に対する侮蔑叙述で問題視されたのは計9点ある」と指摘する（「近代日本における文部省の小学校歴史教科書統制に関する基礎的考察―「調査済教科書表期」から検定期初期の分析―」、『東北大学大学院教育学研究科研究年報』第五四集・第2号、東北大学大学院教育学研究科、二〇〇六年六月、五五頁）。他教科でも注意すべき内容であり、漢文の場合にも教材で学んだ語彙を使って作文をすることも視野に入れ、中学生が使用する言葉ではないと判断したのではないだろうか。ただし、「送松本実甫序」は〈295〉『皇朝古今名家小体文範』にも採録されているが（巻上、四十一丁裏）、修正意見が何も記されていないように、必ずしも修正すべき箇所とは見なされなかった。

記述内容が問題視されたのは次の例である。

【巻中33】中井積徳「雑説二」には「虎ノ食人性也トイフコト不穏（登作・辻橋印）」とあり（二十八丁表・下・黒）、本文の「虎之食レ人。性也。」の右側には朱の傍点がある。つまり虎が人間を食べることは本性であるという内容が不適切とされた。

【巻中40】篠崎小竹「食河豚説（河豚を食らふ説）」には、「食河豚云云ノ数語不穏（辻橋印）」という意見に加え（三十二丁表・下・黒）、本文の「猶下食二河豚一。而終生無上レ恙。或能祛二結積之痼疾一。」（河豚を食べれば終生無事でいられるようである。あるいはなかなか治らない病気を取り除くことができる）という箇所の右側に朱の点がある。河豚を食べると病気が治り、生涯元気でいられるという箇所が事実として合わないと判断したのであろうか。

道徳的に問題があるという意見が付けられたのは次の教材である。

【巻中12】藤森弘庵「山舒公詩鈔序」は、文中に引かれた山舒公（小野湖山）の詩「自嘲」「男児志願是功名。一二-酔紅裙一也有レ情。我愛楊州狂杜牧。善評二風月一善談レ兵。」（男児の願いは功名であるが、美女に酔いしれる情もある。私は揚州の狂杜牧を愛し、風月を好み、兵を語るのを好む）に対して、「一酔紅裙云云ノ句風教ニ害アリ（辻橋・登作印）」との意見が付き、付箋に「一酔紅裙」の四文字を記し、注意を促す見が付けられ（いずれも九丁裏・下・黒）、さらに、本文「一二-酔紅裙一也有レ情」の右側に朱の傍点がある。中学生には道徳上不適切であるという見解である。

以上は修正されなかった例である。巻上の修正意見の残された教科書を現時点では確認できていないが、唯一削除された林鶴梁「僧月仙」〔紀月仙事（月仙の事を紀す）〕には何らかの修正意見が付けられたのだろう。

伊勢の僧侶月仙は絵画に長け、注文を受ける時は必ず先に値段の交渉から入るため批難を受けていたが、意に介さなかった。ある有名な芸者が、いくらでも払うと言って注文をし、月仙を呼びつけた。月仙が絵を仕上げて赴くと、ちょうど宴会のさなかであった。芸者は月仙を中に入れて座らせると、その席に金を投げつけて次のように言い放つ。

…曰、金以買レ画也。噫売レ画人。不レ足レ歯矣。所レ売之幅。不レ足レ掲焉。於レ是。脱二衣裳一。進立レ乎二稠人中一。

自解二其裩一。代レ幅。掲二壁上一。因笑曰。雖レ不レ獲二雅軸一。亦獲二佳裩一。（金で絵を買おうといっても、そもそも絵を売る人間は大したものではない。売る絵画は、掲げるまでもないと言った。そして、服を脱いで、人々の間に入り立ったまま、自らその下帯を解き、絵の代わりに、壁に掲げた。そして笑って、良い軸は得られなかったが、良い下帯は手に入ったと言った。）
（〈214〉巻上、十四丁表―裏）

服を脱いで下帯を絵の代わりに壁にかけ、壁の絵を身につけ、良い軸は手に入らなかったが、良い下帯は手に入ったと言う。その場の者はみな目を覆っていたが、月仙は顔色一つ変えなかった。作品は続けて月仙が絵で稼いだ金は貧しい人々を救うために使われていたことを明かし、辱めに耐えて苦行を行う様は仏陀のようだと月仙を称賛する。月仙が施しを行ったことは生徒の手本になりうるものであるが、引用したような場面は生徒が学ぶには道徳的にもふさわしくないと判断されて削除されたのであろう。

目次

巻之上
○紀事
1　炊煙知民富　徳川西山（光圀）
2　倹薄率物　服部南郭
3　観舞妓流涕　安積艮斎
4　竹股兼光　中井履軒
5　武夫自薦　尾藤二洲
6　七戦七魁　藪孤山（慤）
7　風流宥罪　徳川西山
8　元将先遁　大橋訥庵（順蔵）
9　茶山寛厚　広瀬旭荘
10　教而刑之　安積艮斎
11　鶴羹戯謔　大槻盤渓（磐渓　清崇）
12　蝘蜓感節婦　頼山陽
13　烈女挺身蔽母　安井息軒
14　取鯉死諫　中井履軒
15　騎士献蝋書　広瀬旭荘

16 丹醸男山　頼春水
17 公判無私　長野豊山
18 沈南蘋画法　田能村竹田
19 一語鼓舞士心　斎藤竹堂
20 英雄罵碩儒　塩谷宕陰
21 奇士出杓収銭　安積澹泊（覚）
22 勇士辞殉　中井履軒
23 鶯雛学音　柴野栗山
24 烈婦蓮月　林鶴梁
25 陽坡之狐　伊藤東涯
26 片山北海　頼春水
27 観花知其為人（観花識其為人）　斎藤拙堂
28 紀侯護癜　安積艮斎
29 魚商止茶毘　蒲生君蔵（君平　修静）
30 滑稽止微行　藪孤山
31 紀貞婦某氏事　林鶴梁
○記
32 遊摂州記　伊藤仁斎
33 遊月波楼記　阪井虎山（坂井虎山）
34 遊館山寺記　林鶴梁

---

35 遊須磨記　頼春水
36 狸穴観菊記　柴野碧海
37 釣遊記　中井履軒
38 小鶴丘観月記　斎藤竹堂
39 桐渓聴蛙記　藤森弘庵
40 古処書房記　尾藤二洲
41 楽山窩記　塩谷宕陰
42 皆可園記　斎藤拙堂
43 別春居記　林鶴梁
44 恵美堂記　山県周南（孝孺）
45 皎月亭記　太宰春台
46 漱玉園記　亀田鵬斎
47 鼎梅軒記　斎藤拙堂
48 材木厳記　林鶴梁
49 隣花楼記　室鳩巣
50 松涛庵記　斎藤拙堂
51 種龍園記　森田節斎
52 三計塾記　安井息軒
53 蘿径記　羽倉簡堂
54 寒秀痩寿書房記　佐藤一斎

55 青虹館記 大槻磐渓
56 古岳庵記 森田節斎
57 水月楼記 佐藤一斎
58 至楽窩記 斎藤拙堂
59 竹化石記 後藤松陰
60 江月琴記 藤沢東畡（甫）
61 霊芝記 斎藤竹堂
62 古杯記 長野豊山
63 香禅師詩題覧古記 荻生徂徠

巻之中

○序

1 紫文製錦序 頼山陽
2 江南竹枝序 野田笛浦
3 魏批孟子牽牛章序 森田節斎
4 芙蓉私印譜序 柴野栗山
5 中葉集序（中葉集叙） 斎藤拙堂
6 克庵紀行序 藤森弘庵
7 東渓画譜序 柴野栗山
8 擬雲根志序 中井履軒
9 夜航詩話序 斎藤拙堂
10 咏岳集序 後藤松陰
11 新選年表序 藤田東湖
12 山舒公詩鈔序 藤森弘庵
13 竹外二十八字詩序 森田節斎
14 豹皮録序 篠崎小竹
15 本学提要序（本学提綱序） 斎藤拙堂
16 続消寒集序 安積艮斎
17 弈譜序 塩谷宕陰
18 送広瀬生西遊序 尾藤二洲
19 送松本実甫序 川北温山
20 送寿安還郷序 中井履軒
21 送小田廷錫序 頼山陽
22 送岡永世襄序 安井息軒
23 送橋本大路序 篠崎小竹
24 贈高山仲縄序 樺島石梁
25 贈三谷恂甫序 佐藤一斎
26 送頼承緒序 長野豊山
27 送山路正夫序（送山地正夫序） 松崎慊堂
28 寿石田伯孝母氏七十序 長野豊山

○引
29 書画帖引　塩谷簣山
30 删定文致引　塩谷宕陰
31 僊桃詩画帖引　斎藤拙堂
32 花信小引　松崎慊堂
○説
33 雑説三（雑説一　雑説二　雑説三）　中井履軒
34 醜女説　藤沢東畡
35 猿説　斎藤竹堂
36 捕雀説　頼山陽
37 鍾馗説　斎藤竹堂
38 駱駝説　斎藤拙堂
39 習説　尾藤二洲
40 食河豚説　篠崎小竹
41 佳蘇説　斎藤拙堂
42 鼠説　頼山陽
43 為善最楽説　佐藤一斎
44 蝸説　松崎慊堂
45 闘茶説　斎藤拙堂
46 駿馬説　長野豊山
○書
47 上備前侯書　森田節斎
48 与大久保子親書　藤田東湖
49 復足立酔石書　斎藤竹堂
50 復林定卿書　篠崎小竹
51 復国嶋子長書　篠崎小竹
52 復藤井雨香書　森田節斎
53 復豫堂老侯書　塩谷簣山
54 薦学生某書　塩谷宕陰
巻之下
○伝
1 無腸翁伝　村瀬栲亭
2 程婆伝　中井履軒
3 女丈夫伝　古賀侗庵
4 金衣公子伝　斎藤竹堂
5 阿経伝　芳野匏宇（金陵）
6 忘却先生伝　斎藤拙堂
○論
7 藤原信西論　栗山潜鋒（愿）

8 源頼朝論　林鵞峰
9 神功皇后論　頼山陽
10 范増論　斎藤竹堂
11 源義家論　安積澹泊
12 陳平論　篠崎小竹
13 三善清行論　松林飯山
14 和気清麿論　頼山陽
15 北条氏康論　安積艮斎

○墓誌銘

16 久保桑閑翁墓表　柴野碧海
17 天山老侯第八女碑陰記　佐藤一斎
18 烈士喜剣碑　林鶴梁
19 力士雷電之碑　佐久間象山
20 鶴堂藪翁墓碣銘　奥野小山

○文

21 祭忠烈藤堂君文　斎藤拙堂
22 王文成公祭告文　佐藤一斎
23 祭亡妹阿佐登文　阪井虎山
24 祭袈裟孺人文　巌垣彦明
25 祭阪井虎山文（祭坂井虎山文）　奥野小山

○書後題跋

26 雪灘奇賞跋　川北温山
27 題雲煙衆妙巻　広瀬淡窓
28 題画　古賀侗庵
29 崑山印譜跋　巌垣彦明
30 題楠公訓子図　中井履軒
31 題四君子画　松崎慊堂
32 題円山仲選画巻　柴野栗山
33 題備後三郎図　大橋訥庵
34 霧嶋紀行跋　安積艮斎
35 題自書画後　頼山陽
36 題桃源図　中井履軒
37 題亀石図　佐藤一斎
38 題楠公画像　藤田東湖
39 跋先君蘭亭帖　篠崎小竹
40 書栗山贈高山仲縄書後（書柴栗山贈高山仲縄書後）　藤森弘庵
41 題爛柯図　古賀精里
42 頼千秋蔵詩扇帖後　柴野栗山
43 題富士山図　古賀侗庵

44 題赤壁図後　安積艮斎
45 書地獄図後　安井息軒
46 題南嶺後赤壁図　野田笛浦
47 蘭亭帖後　古賀精里
48 書孟母断機図後　安井息軒
49 題蘐園讌集図　佐藤一斎
○雑
50 上琵琶表　徳川景山
51 潮喩　斎藤拙堂
52 雲喩　斎藤拙堂
53 読読孟嘗君伝　塩谷宕陰
54 読名花有声画　藤田東湖
55 読留侯伝　斎藤竹堂
56 鼠戒　帆足万里
57 傷児敬　塩谷簀山
58 弓矢銘（弓矢銘并序）　樺島石梁
59 意錦　帆足万里

異同

初版に収められていた林鶴梁「僧月仙」は、上36林鶴梁「紀貞婦某氏事」に入れ替えられた。模範にならない女性の逸話から貞淑な女性を扱った教材への変更である。

5　皇朝古今名家小体文範（渡辺碩也）

底本・編者

渡辺碩也《さくや》編評『皇朝古今名家小体文範』上中下巻、大阪・岸本栄七、明治十九年（一八八六）四月十七日版権免許を用いた〈295〉。明治二十一年（一八八八）四月十五日発行の訂正再版〈296〉が検定済となった（明治二十一年六月二日検定済）。巻上：四十三丁、巻中：四十四丁、巻下：四十三丁。本文は返り点のみで送り仮名はなし。圏点と割注の他に、匡郭の枠外に評語が施されている。菊池三渓の序を収める。

編者は渡辺碩也（一八三三―一八九三）、字は知非子、伊勢（三重県）津藩士。土井聱牙に学び、藩校有造館の教授となる。維新後は内務省に勤めた。著に『明清名家文雑鈔』三巻（豊住伊兵衛、一八八二年三月）、漢文の文集『知非子影』上下合本（駒田彦之丞、一九〇五年八月。国会デジ）、作文の教科書『今体初学文範』四冊（博文堂、一八八〇年一月）、『今体初学文範』第一編二冊（宝雲堂、一八八八年三月改正二版）等がある。

編集方針

「例言」を見ていきたい。

一、この書は小体と名付け、短文を主としたのは、初学者の学習のために作ったからである。間に一、二の長篇に近いものがあるのも進度に合わせて学び易くするためである。紀・伝・銘・誌及び韻文は、すべて簡略にした。

一、収録した文章は、故人か存命者かを問わず、手にした書によって書き写し収録した。三巻で終えるので、遺漏はあるが、想定の通りである。

一、選んだ文は簡単で短いものを主とし、時に省略した。これも初めから終わりまで初学者にあまり必要でないと判断した所である。書中のこうしたものは百のうち二、三にすぎない。すべて題の下に節略と記した。ただ紀事の部は、非常に多い。簡を求めるためにやむをえなかった。どうしてむやみに諸先生が適切にまとめた分量を割愛するだろうか。

一、門を分けて配列したのは初学者に見やすくするためであり、長短によって順番を決めたのではない。

一、この書は、主に初学者を利することを目的としたので、浅学を顧みずに、欄外に評を記し、句の間に注を入れ、字の横には一重丸、二重丸を施した。繰り返し付けているのは、すべて文法の要点を示し、学習者に分かり易くしようとしたのである。無駄な点によって汚していると思わないでいただければ、幸いである。

明治十九年（一八八六）第八月　渡辺碩也識す

初学者用に小体文を揃えた教科書である。分かり易くするために批評と割注、圏点を用いたと説明がある。邦人の作のみであるが、題材は道徳教育に資するものばかりではなく、巻上「24英国風俗之概」、「25米国居室之概」のように西洋事情を述べたものも含まれていることにも特色がある。

修正意見

教科書調査の担当は前述の辻橋秀雄である。まず巻上「例言」の「所㆓収録㆒諸文、不㆑問㆘其為㆗賓天与㆓現存㆒先生㆖、」（収録した文章は、故人か存命者かは問わなかった）という箇所に、「賓天トハ如何ナルコトニヤ　死シタル人ノコトニテモイフカ語意ニ於テモシラズ（辻橋印）」と付けられた（例言表・下・黒）。「賓天」は皇帝や天皇が崩御したことを指すので、物故した作者に使うことは不適切であるために付箋が貼られたのだろうが、未修正である。

【巻上27】菊池純「新井白石」（『国史略』三篇巻一、「中御門・享保十年」）には、「君美、初赤貧、篋中止㆓青銭三百米

三斗ニ而已」(君美(新井白石)は、昔は極めて貧しく、小箱には銅銭三百と米三斗だけしか入っていなかった)という一節に、「篋中ノ字野史ニヨリタルナランガ三百銭三斗米ヲ容ル、器ニ適セズ(辻橋印)」という修正意見が付けられた(十丁裏・下・黒)。「篋」は小さな器なので、この箇所にはそぐわないとするが、出典である『国史略』(五車楼、一八八〇年十二月)も、『先哲叢談』(前編巻五、(新井白石5)、『近世文芸者伝記叢書』第一巻、ゆまに書房、一九八五年八月所収、二五二頁)、『近世叢語』(巻二一、言語8。『近世文芸者伝記叢書』第八巻、ゆまに書房、一九八五年八月所収、八九頁)、『野史』(巻二九九、「儒林列伝・新井君美」、『野史』巻五、吉川半七、一九〇六年二月、二八五三頁)等も、確認したテキストではすべて「篋中」に作り、不自然ではなさそうである。ここも未修正であった。

目次

巻之上

○紀事

1　讃岐不賀誕日　服部元喬(南郭)
2　奢者不久　中井積善(竹山)
3　直実宜愛好　中村正直
4　豊公不拘細故　大槻崇(磐渓)
5　良基廉直　頼襄(山陽)
6　茶　安積覚(澹泊)
7　村上帝留意于政　藤沢恒
8　以詩蒙知　松崎復(慊堂)
9　尚倹戒奢　岡千仞(鹿門)
10　織田信長修道路　岡千仞
11　安藤直次哭子　岡千仞
12　鏡　山田球(方谷)
13　利休　大槻崇
14　池貸成　釈顕常(大典顕常)
15　山中鹿介拝月　岡千仞
16　英一蝶　菊池純(三渓)
17　高倉帝仁厚　藤沢恒
18　伊達様　岡千仞
19　不強請画(二宮元輔不強請画)　塩谷世弘

20 木賊次郎　依田百川（朝宗　学海）
21 七歳孝女　紀徳民（細井平洲）
22 成瀬奇獄　大槻崇
23 武官庇貧児　中村正直
24 英国風俗之概　岡本監輔
25 米国居室之概（米人居室之概）　岡本監輔
26 徳川秀忠美事　大槻崇
27 新井白石　菊池純
28 折箭戒諸子　大槻崇
29 孝子伝吉　芳野世育（金陵）
30 秀郷陽候将門　山県禎
31 賞善射者　大槻崇
32 重文学　岡千仞
33 止殉死　岡千仞
34 羅馬人居室之概　岡本監輔
35 倫敦一巨商改行　中村正直
36 熊沢助八　林長孺
37 浪華烈女　安井衡（息軒）
38 画宅諭家人　依田百川
39 折妖巫解民惑　依田百川
40 徳川吉通　大槻崇
41 清正読論語　大槻崇
42 伊達政宗言行　岡田僑（鴨里）
43 僧意戒　藤沢甫（東畡）
44 睡時間可惜　中村正直
45 売醴者　土井有恪（聱牙）
46 萩藩貞婦　林長孺
47 助殺鶴者命　大槻崇
○序
48 六如居士集序　斎藤正謙（拙堂）
49 玉池社稿序　林長孺
50 小日向氏書画帖序　寺門某
51 訴訟法要説序　三島毅（中洲）
52 民法撮要序　蒲生弘
53 克庵紀行序　藤森大雅（弘庵）
54 透軒遺稿序　鱸元邦
55 群瞽図巻摹本序　林長孺
56 仏山詩鈔序　林長孺
57 筆譜序　佐藤坦（一斎）
58 江南竹枝序　野田逸（笛浦）

59　林谷山人詩集序　野田逸
60　竹窓夏課序　森田益
○引
61　澡泉余事小引　重野安繹（成斎）
62　玉川吟社小稿引　堤正勝
63　花信小引（節略）　松崎復
64　書画帖引（節略）　佐藤坦
○送序
65　送棚橋大中序　篠崎承弼（弼　小竹）
66　送人赴仏国博覧会序　猪野中行
67　贈植原公平序　藤森大雅
68　送駒留伯盛移居沼津序　安積信
69　送赤川士泉序　松本衡
70　送松本実甫序　川北重熹（温山）
71　送足代生遊伊予序　斎藤正謙
巻之中
○書牘
1　与大久保子親書　藤田東湖
2　復藤本箭山書　中村和
3　与久保仲通　柴野邦彦（栗山）
4　与林長孺　長野確
5　書泛舟巻後与五弓士憲　阪谷朗廬（素）
○記
6　桐渓聴蛙記　藤森大雅
7　糕土記（節略）　小橋勲
8　種竹記　佐藤楚材
9　記三浦氏草桜　藤森大雅
10　四河記　林長孺
11　材木厳記　林長孺
12　石巻山記　林長孺
13　記舟行　林長孺
14　記立干　斎藤正謙
15　遊瀑渓記　高鋭一
16　遊漢弁記　坂井華（虎山）
17　久地村探梅記　鱸元邦
18　記旧游　長野確
19　遊館山寺記　林長孺
20　下岐蘇川記（節略）　斎藤正謙
21　記和州梅渓（節略）　藤沢甫

22 遊墨水記　塩谷世弘（宕陰）
23 汎蘆湖記　日下寛
24 御嶽游記　中村正直
25 四得録（節略）　林長孺
26 名和公画像記　森田益
27 静古館記　林長孺
28 三計塾記　安井衡
29 皆梅園記　斎藤正謙
30 有為塾記　蒲生弘
31 海月楼記　野田逸
32 随隠亭記　安井衡
○論
33 立志論　頼襄
34 楠正成論　斎藤馨（竹堂）
35 宇多帝之言可為百世法（節略）　頼襄
○読
36 読名花有声画　藤田彪（東湖）
37 読項羽紀　林長孺
38 読文天祥正気歌　芳野世育
39 読新文詩　川田剛（甕江）
○喩
40 痘喩（節略）　安井衡
41 食喩　篠崎承弼
42 雲喩　斎藤正謙
43 雪喩　斎藤正謙
44 水喩　斎藤馨
45 鏡喩　重野安繹
巻之下
○説
1 老子猶龍説　川北重熹
2 養竹説　土井有恪
3 釣鯉説　市村水香（謙）
4 快字説　篠崎承弼
5 乳説　土井有恪
6 不倒翁説　高鋭一
7 捕鼠説　土井有恪
8 虎屋説　藤沢甫
9 紙鳶解　藤沢甫
10 遠州薑説　林長孺

11 去陳言説　林長孺
12 猫説（節略）　野田逸
13 捕鯨説　斎藤正謙
14 佳蘇説　斎藤正謙
15 闘茶説　斎藤正謙
16 河豚説　松本衡
17 筍説　巽耀文
18 藤説　斎藤馨
19 虚心平気説　尾藤孝肇（二洲）
20 蝉説　斎藤正謙
21 煙草説　斎藤正謙
22 駱駝説　斎藤正謙
23 為善最楽説　佐藤坦
24 蝸説　松崎復
25 駿馬説（節略）　長野確
26 文説（節略）　安井衡
27 紙鳶説（節略）　野田逸
○書後題跋
28 源廷尉収弓図　斎藤馨
29 題軽気球図　菊池純

30 書小楠公鏃書摺本後　松本衡
31 書自書大字後　頼襄
32 題武禅居士画　頼襄
33 書富岳図後　生野《いくの》克長
34 題軽気球図　石津勤
35 題群盲評器図　高銑一
36 題群盲評古器図　川北重熹
37 題帰去来図後　佐藤楚材
38 書孟母断機図後（節略）　安井衡
39 書独立瀟湘八景詩巻後　藤森大雅
40 題椿山山人画梅譜　大槻崇
41 題東台送別巻　川田剛
42 源平戦争図　斎藤馨
43 題耕織図（節略）　安井衡
44 題楠公訣子図　松林漸（飯山）
45 書柴栗山贈高山仲縄序後　藤森大雅
46 著色瓜蔬図　田能村竹田
47 題湖帆飽風図　藤森大雅
48 題南嶺後赤壁図　野田逸
49 題岩泉翁八十寿詞巻首　大槻崇

50 題孟母三遷図　斎藤正謙
51 題運甓図　斎藤正謙
52 題楠中将画像　斎藤正謙
53 為僧玄常題書画帖首　林長孺
54 題管鮑行賈図　斎藤正謙
55 霧島紀行跋　安積信
56 題司馬温公撃甕図　斎藤正謙
57 題子陵加足帝腹図　田中重彦
58 題郝子廉投銭井中図　土肥実匡《さねまさ》
59 題亀石図　佐藤坦
60 書万山積雪図後　長野確
61 題六君子文粋後　長野確
62 題賽華嶽（節略）　斎藤正謙
63 題韓文公画像　林長孺
64 題某生書画帖首　林長孺
65 題華山人百花画巻　林長孺
66 題菊畦翁書画帖　林長孺

○雑類

67 左衛門尉楠公髻塚碑　森田益
68 畑六郎左衛門事略（節略）　安積信
69 女瑟墓誌銘　林長孺
70 僧方壺伝　林長孺
71 近松門左衛門伝　中村正直
72 紅勘伝　信夫《しのぶ》粲《あきら》

6　漢文中学読本（松本豊多）

底本・編者

松本豊多《まつもととよた》『漢文中学読本』は最初、初巻・巻一下・巻二上下・巻三上下の合計六冊で刊行された（〈263〉吉川半七、明治二十五年（一八九二）九月二十三日―明治二十六年（一八九三）六月十三日発行）。その後、巻一下（明治二十五年九月二十四日発行〈264〉）は教材を入れ替え、巻一と巻名を改めて訂正二版が編まれた（明治二十六年九月二十四日訂正二版）。そしてさらに訂正を加えて訂正三版が編まれた（明治二十六年十月十五日訂正三版〈265〉）。補集Ⅰの底本は、初巻、巻二上下、巻三上下の五冊は初版を用い、巻一は訂正三版を用いた。しかし、底本とした初巻・巻一・巻二上下は、奥付の広告に、補集Ⅰに収録した明治二十八年刊行の『中学漢文読本初歩』の広告が掲載されているので、実際の刊行は二十八年以降の可能性が高い。

初巻：四十一丁、巻一：五十一丁、巻二上：四十九丁、巻二下：五十丁、巻三上：五十二丁、巻三下：五十二丁。巻二上まで返り点、送り仮名が施されているが、巻二下以降は返り点のみである。匡郭の中は二段で、上段には数は少ないが語釈が付けられている。語釈は主に別売りの語句の説明を中心とした参考書、鹿島喜平治著、松本豊多閲『漢文中学読本参考書』（吉川半七、一八九四年七月）が担っている。

編者松本豊多の略歴については、青山大介氏が明らかにしている（「松本豊多『四書辨妄』による服部宇之吉批判―『漢文大系・四書』に見える安井息軒の政治思想―」、『台大日本語文研究』第三〇期、国立台湾大学出版委員会、二〇一五年十二月）。氏の研究をもとに簡単に紹介すれば、松本豊多は安房（千葉）の生まれで、生年は一八四八年と考えられ、卒年は不明。しかし一九一八年頃までは存命であったことが確かであるという。安井息軒の晩年の高弟として知られ、明治以降は東京の中学校で修身科の教師をつとめ、その講義内容は『朱熹小学修身問答』（奎文堂、一八八三年三月）に問答体形式でまとめられている（国会デジ）。その他の事績や著作については青山氏の論考を参照されたい。

編集方針

「凡例」を見てみよう。

一、この書は、前者の文に、内容に関連があるか、もしくはそれに類するものを選び、順次書き写して出来上がった。つとめて内容を繋げて、最初から最後まで対応させた。これが編集の要点である。

一、第一学年、第二学年の二学年の生徒に授けるものは、邦人の文のみを取り、第三学年以上になってから、初めて漢人の文を取った。内より外に及び、易より難に進むのである。

一、書中に一章について数節に分けたものもあり、数節を合わせて一章にしたものもある。抄録、刪定したものは授業の便宜をはかったので、勝手に割愛したのではない。

一、第一・第二の両学年では、一時間に一葉（二頁）または一葉半（三頁）教えるものとして、第三学年以上は一葉半もしくは二葉（四頁）として一学年の合計を設定した。各巻の紙数にばらつきがあるのは、そのためである。

一、およそ傍訓はつとめて邦語の正しい規則に従った。初めは詳しく、後半は省略した。魚を得て筌《うえ》を忘れるというようになってほしい。

編者識す

訓点の段階的指導と一時間の授業数を考慮して編集されている。そして内容の関連性にも注意を払っていることが編集上の特色として注目される。教材の作者は藤田一正（幽谷）、藤田東湖、朱舜水、会沢正志斎等、水戸学関係の人物が目立つ。内容は歴史上の人物の故事を中心として紀行文・碑文・説等の文体を混ぜ、少ないながら詩も採って構成している。訂正二版までは「凡例」の第五番目に次の一条が入っていたが、訂正三版では削除された。編集方針を探るために参考になると思われるので引用する。

一、第四年級以上は、漢人の文のみを取り、邦人の文を混ぜることで、文を学ぶ我の者に彼の国から取ったことを知らせようとした。漢人から取ったのは、明清から虞夏に及び、古今の文では体裁に違いがあることを学ばせるためである（一、第四年級以上。専取二漢人之文一。雑以二邦人之文一。使レ知二我之学レ文者。取二則於一レ彼也。其取レ於二漢人者一。自二明清一以及二虞夏一。使レ知二古今之文。体裁自異一也。）（巻一、凡例一丁裏）。

初めは日本人の作から入り、巻三には唐・宋・明・清の作を収めた意図がこの削除された箇所から分かる。

修正意見

教科書調査の担当者は不明である。〈263〉巻二上の「第廿七　楠子国政二　塚田虎」には「楠子国政　二」（楠子国政）「随分漫冗ノ文ナリ」（二十七丁表・下・朱）という修正意見が付けられたが、削除されなかった。

参考文献

宮崎市定「論語を読んだ人たち・漢文大系本と四書弁妄」、『論語の新しい読み方』、岩波書店、一九九六年五月。

青山大介「松本豊多『四書辨妄』による服部宇之吉批判―『漢文大系・四書』に見える安井息軒の政治思想―」、『台大日本語文研究』第三〇期、国立台湾大学出版委員会、二〇一五年十二月。

目次

初巻
第一　重盛忠孝一　頼襄
第二　重盛忠孝二　頼襄
第三　蒲生賢秀勇武　飯田忠彦
第四　蒲生君平伝一　蒲生重章
第五　蒲生君平伝二　蒲生重章
第六　林子平伝一　斎藤馨
第七　林子平伝二　斎藤馨
第八　高山仲縄祠堂記一　川田剛
第九　高山仲縄祠堂記二　川田剛
第十　松平定信執政　角田《つのだ》簡（九華）
第十一　毀相良城　源照矩
第十二　横須賀侯正議　続三王外記
第十三　四河記　林長孺
第十四　三方原之戦（三形原之戦）一　中井積善
第十五　三方原之戦二　中井積善
第十六　信玄勝頼死亡　角田簡
第十七　小宮山友信赴難　頼襄
第十八　峡中紀行一　荻生徂徠
第十九　峡中紀行二　荻生徂徠
第二十　木曾紀行　斎藤馨
第二十一　犬山新川　斎藤謙
第二十二　野火止渠（野火止鑿渠）　大槻清崇
第二十三　止引水後　大槻清崇
第二十四　吾妻橋　東条耕（琴台）
第二十五　流灯会之碑　成島弘
第二十六　紙鳶利用　菊池純
第二十七　垂松鷲　安井衡
第二十八　殺鶴之獄　大槻清崇
第二十九　石谷十蔵　大槻清崇
第三十　酒井金三郎　大槻清崇
第三十一　鈴木清助殉難碑一　佐倉孫三
第三十二　鈴木清助殉難碑二　佐倉孫三
第三十三　千葉佐倉紀行　細川潤
第三十四　鴻台之戦　頼襄
第三十五　小田原之役　大槻清崇
第三十六　雛僧三条　大槻清崇
第三十七　板倉重宗　塩谷世弘
第三十八　兄弟止訟　林長孺

第三十九　熊沢伯継　塩谷世弘
第四十　池田光政　角田簡
第四十一　因幡伯耆紀行　青山延寿《のぶとし》（鉄槍斎）

巻一
第一　名和長年勤王　頼襄
第二　児島高徳書桜樹　頼襄
第三　桜花問答　稲宣義（稲生《いのう》若水）
第四　鶯説　斎藤馨
第五　本邦七美説一　貝原篤信
第六　本邦七美説二　貝原篤信
第七　本邦七美説三　貝原篤信
第八　北条時宗殲元寇一　頼襄
第九　北条時宗殲元寇二　頼襄
第十　北条時頼　青山延于《のぶゆき》（青山延宇　拙斎）
第十一　儒者蓄髪　青山延光
第十二　琉璃殿　青山延光
第十三　明暦之火一　青山延光
第十四　明暦之火二　青山延光
第十五　与家渓琴報震災書一　菊池純
第十六　与家渓琴報震災書二　菊池純
第十七　藤田東湖先生一　青山延光
第十八　藤田東湖先生二　青山延光
第十九　登駿河台望嶽詩　藤田彪
第廿　登富士山記一　沢元愷
第廿一　登富士山記二　沢元愷
第廿二　登富士山記三　沢元愷
第廿三　望琵琶湖　斎藤正謙
第廿四　遊宇治　斎藤正謙
第廿五　稚郎子譲位　巌垣松苗（謙亭　東園）
第廿六　高津宮　山県禎
第廿七　平安京　巌垣松苗
第廿八　織田信秀献修繕費（織田信秀献大内修繕費）　作者不詳
第廿九　信長営皇宮神廟　飯田忠彦
第三十　柳沢吉保請修山陵　飯田忠彦
第三十一　荻生徂徠　原善（念斎）
第三十二　峡中紀行　荻生徂徠
第三十三　川中島之戦　中井積善
第三十四　題不識庵撃機山図詩　頼襄

第三十五　鳥居勝高死節　頼襄
第三十六　谷村計介碑一　谷干城《たてき》
第三十七　谷村計介碑二　谷干城
第三十八　谷村計介碑三　谷干城
第三十九　題台湾凱旋図後　江馬欽
第四十　浜田弥兵衛一　斎藤正謙
第四十一　浜田弥兵衛二　斎藤正謙
第四十二　鄭成功一　作者未詳
第四十三　鄭成功二　作者未詳
第四十四　鄭成功三　作者未詳
第四十五　山田長正一　斎藤正謙
第四十六　山田長正二　斎藤正謙
第四十七　駿相紀行一　斎藤馨
第四十八　駿相紀行二　斎藤馨
第四十九　記二宮謹次事　農業雑誌
第五十　平賀源内　片山達
第五十一　火浣布　東条耕
第五十二　川智翁祠銘　中村兼志
第五十三　大谷休泊紀功碑　揖取素彦
第五十四　躑躅岡　細川潤

第五十五　新田義貞滅鎌倉　青山延于

巻二上

第一　進学三喩（録一）　柴野邦彦
第二　三計塾記　安井衡
第三　習説　尾藤孝肇
第四　捕鯨　斎藤正謙
第五　熊野　北畠《きたばたけ》恭
第六　那智瀑　北畠恭
第七　游箕面山遂入京記　斎藤正謙
第八　遊天王山記　市村謙（水香）
第九　秀吉誅光秀　中井積善
第十　元就誅晴賢一　頼襄
第十一　元就誅晴賢二　頼襄
第十二　大江匡房　巌垣松苗
第十三　後三条天皇　青山延于
第十四　延喜之治　青山延于
第十五　菅原道真　青山延于
第十六　鏡背輿図記　頼襄
第十七　清正守蔚山一　川口長孺

第十八　清正守蔚山二　川口長孺
第十九　錦山神祠改建記一　安井衡
第廿　錦山神祠改建記二　安井衡
第廿一　観不知火記一　菊池純
第廿二　観不知火記二　菊池純
第廿三　肥前紀行　斎藤馨
第廿四　過筑後河詩　頼襄
第廿五　菊池氏　東条耕
第廿六　楠子国政一　塚田虎
第廿七　楠子国政二　塚田虎
第廿八　楠子国政三　塚田虎
第廿九　楠公墓記　貝原篤信
第三十　湊河　斎藤馨
第三十一　義経襲一谷　清絢
第三十二　壇浦之戦　中井積善
第三十三　那須宗高射扇一　柴野邦彦
第三十四　那須宗高射扇二　柴野邦彦
第三十五　高綱宇治川先登一　頼襄
第三十六　高綱宇治川先登二　頼襄
第三十七　佐野了伯聴平語　作者未詳
第三十八　阿部忠秋逸事一　菊池純
第三十九　阿部忠秋逸事二　菊池純
第四十　游国府台記　芳野世育
第四十一　刀根川　安積信
第四十二　吾孺国　巌垣松苗
第四十三　蝦夷志序　新井君美（白石）
第四十四　田村麻呂平蝦夷　巌垣松苗
第四十五　日本武尊平熊襲　青山延于
第四十六　日本刀　坂田大
第四十七　勧諭子弟　藪弘篤
第四十八　静思精舎記一　松崎復
第四十九　静思精舎記二　松崎復

巻二下

第一　忠孝無二　藤田彪
第二　戸田忠真忠正　青山延光
第三　川井正直純孝一　藤田一正
第四　川井正直純孝二　藤田一正
第五　闇斎拒往教（山崎闇斎拒往教）　原善
第六　野中兼山　藤田一正

第七　有待楼記一　安井衡
第八　有待楼記二　安井衡
第九　土佐日記新解序一　頼襄
第十　土佐日記新解序二　頼襄
第十一　歌聖堂記　頼襄
第十二　恵美子堂記　山県孝孺（周南）
第十三　釣鯉説　市村謙
第十四　記良秀事　伊藤仁斎（維楨）
第十五　雪舟伝　山県孝孺
第十六　瓢箪　安積覚
第十七　豊臣太閤論一　青山延光
第十八　豊臣太閤論二　青山延光
第十九　狩虎記一　塩谷世弘
第二十　狩虎記二　塩谷世弘
第二十一　島津氏征琉球（島津家久征琉球）　中井積善
第二十二　沖縄志後序（沖縄志序）　重野安繹
第二十三　蹲鴟子一　頼襄
第二十四　蹲鴟子二　頼襄
第二十五　甘藷先生　原善
第二十六　採薬物記序（採薬筆記序）　青木敦書

第二十七　阿部将翁　東条耕
第二十八　吉田了以一　林道春（羅山）
第二十九　吉田了以二　林道春
第三十　伊能忠敬一　佐藤坦
第三十一　伊能忠敬二　佐藤坦
第三十二　広輿図記　尾藤孝肇
第三十三　倚軨小玩序　木下業広《なりひろ》
第三十四　桶峡之役　中川積善
第三十五　石川丈山論信長秀吉　原善
第三十六　信長焚叡山　中井積善
第三十七　叡山（遊比叡山）　斎藤正謙
第三十八　将門之反　頼襄
第三十九　秀郷事実考　野中準
第四十　唐沢山記　大森惟中
第四十一　日光山一　佐藤坦
第四十二　日光山二　佐藤坦
第四十三　筑波山　佐藤坦
第四十四　瑞龍山　安井衡
第四十五　水戸義公一　藤田一正
第四十六　水戸義公二　藤田一正

第四十七　彰考館記　田犀
第四十八　藤田幽谷先生一　会沢安（正志斎）
第四十九　藤田幽谷先生二　会沢安

巻三上
第一　故河摂泉三州守贈正三位近衛中将楠公賛
明・朱之瑜（舜水）
第二　朱之瑜　原善
第三　寿蔵碑陰銘　徳川光圀
第四　読日本史　松崎復
第五　与会沢恒蔵書　林長孺
第六　与韓愈論史書一　柳宗元
第七　与韓愈論史書二　柳宗元
第八　答劉秀才論史書　韓愈
第九　記旧本韓文後　欧陽修
祭欧陽文忠公文　王安石
重刻欧陽文忠公全集序　清・李振裕
第十　真賞楼記　朱彝尊
第十一　黄州快哉亭記　蘇軾
第十二　赤壁之戦　三国志

第十三　前赤壁賦　蘇軾
第十四　後赤壁賦　蘇軾
第十五　小赤壁石記　佐藤坦
第十六　小赤壁記　頼襄
第十七　上楽翁公書一　頼襄
第十八　上楽翁公書二　頼襄
第十九　上枢密韓大尉書　蘇軾
韓琦　清・黄永年
第二十　昼錦堂記　欧陽修
第二十一　耕読堂記一　木下業広
第二十二　耕読堂記二　木下業広
第二十三　送木下士勤序一　安井衡
第二十四　送木下士勤序二　安井衡
第二十五　送安井仲平東游序　塩谷世弘
第二十六　游松島一　安井衡
第二十七　游松島二　安井衡
第二十八　陸奥国盤水天工橋記　松崎復
第二十九　厳島　斎藤馨
第三十　毛利元就論　青山延光
第三十一　渡辺浄忠府君功徳碑　山県孝孺

第三十二　王彦章画像記一　欧陽修
第三十三　王彦章画像記二　欧陽修
第三十四　名和公画像記　森田益
第三十五　千種氏古幟記　安井衡
第三十六　楠氏論賛一　頼襄
第三十七　楠氏論賛二　頼襄

巻三下

第一　張巡守雍丘　資治通鑑
第二　張中丞伝後序一　韓愈
第三　張中丞伝後序二　韓愈
第四　段太尉逸事状一　柳宗元
第五　段太尉逸事状二　柳宗元
第六　文天祥一　清・陳宏緒
第七　文天祥二　陳宏緒
第八　正気歌　文天祥
第九　和文天祥正気歌有序　藤田彪
第十　東湖遺稿序　林長孺
第十一　乞出師劄　宋・岳飛
第十二　岳忠武王小伝　明・単恂

第十三　洞庭之戦　南宋書
第十四　西湖　清・孫嘉淦
第十五　過南昌　孫嘉淦
第十六　下岐蘇川記　斎藤謙
第十七　鏡説　山田球
第十八　魏徴薨　唐書
第十九　房玄齢諫伐高麗疏　唐書
第二十　浅野長政諫太閤親征朝鮮　中井積善
第二十一　太閤遊醍醐　中井積善
第二十二　暮春南亜相山庄尚歯会詩序　菅原是善《すがわらのこれよし》
第二十三　題蘐園讌集図　佐藤坦
第二十四　錦里先生文集序（錦里文集序）　柴邦彦
第二十五　観雷亭記　祇園瑜
第二十六　楽論　宋・蘇洵
第二十七　伶官伝叙論　五代史
第二十八　一行伝叙論　五代史
第二十九　鄭遨張薦明伝　五代史
第三十　送廖道士序　韓愈
第三十一　謁南嶽　孫嘉淦
第三十二　游黄渓記　柳宗元

第三十三　始得西山宴游記　　柳宗元
第三十四　鈷鉧潭西小邱記　　柳宗元
第三十五　道州毀鼻亭神記　　柳宗元
第三十六　象祠記　　王守仁
第三十七　鼻亭辨　　清・姜宸英
第三十八　洞庭　　孫嘉淦
第三十九　岳陽楼記　　宋・范仲淹

異同

初版の巻一下と訂正二版の巻一に収められていた「山田長政伝一～五　関口正隆」は、訂正三版の巻一では「第四十二―第四十四　鄭成功一―三　作者未詳」「第四十五・第四十六　山田長正一・二　斎藤正謙」に変更された。

7　漢文読本（鈴木栄次郎）

底本・編者

鈴木栄次郎編『漢文読本』二巻、東京・小林八郎、明治二十六年（一八九三）八月三十一日発行のものを用いた〈179〉。底本の巻之一は検定済と記されており、日付は検定が行われた日だが、実際には不認可であったと考えられる。巻之一：四十六丁、巻之二：四十六丁。二巻すべて返り点、送り仮名が施され、圏点も付けられている。匡郭内は二段で、上段には語注や段落分け等の解説が記されている。篇末には摘註として難しい語句について音と意味の注釈が載せられている。序文を寄せたのは大村斐夫《あやお》（一八一八―一八九六）、字は桐陽、『南游二十八字詩』（宝多益吉、一八八四年四月）等の著作がある。

鈴木栄次郎の経歴は不明であるが、高度な漢学の素養を身に付け、学術的功績を残した人物を輩出した東京帝国大学古典講習科漢書課の卒業生の中にその名前が見える。本補集Ⅰの解説では前述した深井鑑一郎や堀捨次郎も卒業生である。古典講習科については、町泉寿郎「三島中洲と東京大学古典講習科の人々」（『三島中洲の学芸とその生涯』雄山閣、一九九九年九月）等を参照されたい。

編集方針

それでは、「例言」を見てみよう。

一、この書は初級の漢文の読本である。そのため平易で簡単な文を選んで編集した。入門の初めは、自ら理解できるようにと願う。

一、この書の作品は、生徒のことを考慮した。そのため選んだ文は、世の倫理に関する教えに役立つものにした。

読書の余暇にも、補益するところがあろう。

一、この書に載せたものは、すべて古の賢人の文であり、間に拙作を挿んだ。玉石混交の誇りを免れないとしても、編者の意図を表そうとしたのである。

一、この書の体裁、順序について特に凡例はない。ただ最初の巻は簡易につとめたので、主に記事体の文を載せ、間に序・説・題跋の類を挿み、その隙間を埋めた。しかし二巻以上はこの例にならわず、進むにつれて論・賛・上書（天子に奉る文書）・表（君主や役所に奉る文書）・奏（君主に奉る文書）の類を集めた。

一、毎章の題の下に、作者の姓名を挙げ、二章以上にわたるものは略した。その引用書は、初学者に必要がないので削除した。

一、文中には原題を改め、さらに題名を付けたものがあり、必ずしも旧題に従わなかった。文中に節略または抜萃したものがある。しかし内容を損わない箇所のみである。要するにその主旨は失っていない。

一、文中の事柄は関係があるものと難しい字句とは、別に篇末に注を施し、題意、文法の評語は枠の上に掲げた。二つを合わせて参照することで講読に便利なようにした。

一、この書に載せた文は、おおむね簡易平明で、難易・精粗の区別はないが、長短の差を無くすことはできない。そのため長編は数章に分け、章はまた数段に分けて長さを均等にして勉強に便利にした。篇名を名付けたのはそのためである。

一、最初の巻は特に簡略を主として、ただ句読、訓点、段落を示しただけである、二巻以上は、次第に諸家の文集の例にならう。

批点用例

一、佳境用　、

一、主意用　〇

一、大段用　」
一、小段用　一
明治二十五年（一八九二）七月　編者識す

文体別の難易度の配慮があり、巻一・二では記事体の文を載せ、序・説・題跋を間に挿入したと説明がある。記事体の歴史上の人物の逸話が多く収められている。巻三以降の計画が記されているが、未見である。本補集Ⅰに収めた『新撰漢文講本入門』の姉妹編『新撰漢文講本』のように、明治三十年代には生徒の興味をひくために自作の教材を用いる教科書が現れるが、その先駆けといった位置にある。

修正意見

明治二十四年（一八九一）七月、文部省では大臣官房において「教科用図書検定ニ関スル事項」を行うことが定められた（「文部省官制」勅令第九三号、『官報』号外、内閣官房局、一八九一年七月二十七日）。『文部省職員録』や『職員録(甲)』を元に、鈴木『漢文読本』に残されたサイン等から判断すると、調査の担当は佐藤誠実《じょうじつ》、荒野文雄、滝川亀太郎、山崎哲蔵が該当するだろう（担当者の経歴については、滝川政太郎「佐藤博士の律令学　一　佐藤誠実略伝」滝川政太郎編『佐藤誠実博士律令格式論集』汲古書院、一九九一年九月。水沢利忠「瀧川亀太郎」、江上波夫編『東洋学の系譜』第二集、大修館書店、一九九四年九月等を参照した）。なお滝川亀太郎は、前述の鈴木栄次郎と同じく東京大学古典講習科漢書課の卒業生である。

検定制度が始まったばかりであるせいか、調査の担当者どうしで激しい議論が交わされた。まずは教科書全体に関わる付箋から、比較的穏当な意見を見てみよう。

（前略）其採録ノ文章拙劣ナル者多ク選択頗ル蕪雑ナリ然レトモ本書ハ中学教科用ニシテ且文部省之ニ対スル教則大綱ヲ示サヽル今日ニ於テ森厳ナル淘汰ヲ加フルハ稍穏カナラサルニ似タルヲ以テ所挙ノ点ヲ指示シテ検定ヲ与フ可キカ（巻一・序一丁表・上・黒）

この意見を記した人物は、問題の多い教科書であることを認めながら、検定の基準となる教則の趣旨があまり詳細ではないため、審査も厳しくしないようにと提案する。「中学教科用ニシテ」という言葉からは、中学校では小学校ほどに厳密に検定が行われていなかったことも読み取れる。しかし、他の担当者は認めようとせず、厳しい意見が続く。

此書収ムル所ノ文章必シモ選択セシモノニアラズ且ツ菅亨又ハ服部南郭等ノ文ハ今時漢文ノ手本トハナシタクナシ注意ヲ要ス（荒野印）（巻一・序一丁表・下・黒）

此篇載スル所ノ文スヘテ百余篇而シテ服部元喬菅亨ノ文ヲ収ムルコト実ニ三十三篇ノ多キニ居ル皆文字拙劣ニシテ漢文ノ模範トスヘカラス殊ニ服部ノ文ハ所謂李王古文辞ノ体ニシテ決シテ漢文ノ正体トイフベカラズ又藤原粛伊藤維楨ノ文ノ如キモ皆未タ和習ヲ脱セサルモノ而シテ本書之ヲ収ムルコト亦若干篇ナリ（巻一・序一丁表・下・朱）

此ノ書採録ノ文章蕪雑拙劣ナルコト前ニ述ヘタルカ如シ尚之ヲ検定指示セサルヲ得サルカ（巻一・序一丁裏・下・朱）

服部元喬（南郭）などの古文辞学派の文、藤原粛（惺窩）・伊藤維楨（仁斎）のような和習のする文章、そして菅亨（仲徹）等を漢文の模範にふさわしくないと述べている。

次に『漢文読本』の「例言」については次のような意見が付けられた。

例言ノ文甚タ拙往々読ミ難キ所アリ以テ此ノ書ノ価値ヲ知ルヘシ（巻一・例言一丁表・下・朱）

こうした意見からも総合的に合格の水準には満たなかったことがうかがえる。

続いて各教材について、作者別に修正意見の多い順に見ていきたい。教材名の後に検定時のコメントを記す。

○服部南郭

【巻一第六】「保昌雅量」（『大東世語』言語4）、「第六第七拙文二」（三丁裏・上・黒）。第六はこの教材で、第七は伊藤仁斎「遊摂津（摂津に遊ぶ）」（遊摂州記（摂州に遊ぶ記））である。

【巻一第十二】「義家学兵法（義家兵法を学ぶ）」（『大東世語』識鑑11）、「拙」（六丁裏・上・黒）。

【巻一第十三】「義光授笙（義光笙を授く）」（『大東世語』賞誉8）、「拙」（七丁表・上・黒）。

【巻一第十八】「源頼朝大度」（『大東世語』識鑑16）、「拙」（九丁裏・上・黒）。

【巻二第三】「藤原在衡」（『大東世語』識鑑5）、「拙」（二丁裏・上・黒）。さらに教材の「摘註」にある「天慶」の項目の解説「村‐上‐天‐皇ノ年‐号也」に対して「天慶ハ朱雀帝ノ年号ナリ（朱の丸）」（二丁裏・下・黒）という修正意見が付けられた。

【巻二第四】「僧西行」（『大東世語』徳行12）、「拙」（三丁表・上・黒）、「西行ヲ行ト云フハ何ソヤ徂徠流ノ俗儒支那ヲ崇尚スルノ余リ姓名ノ各二字アル者ハ之ヲ断シテ一字ト為シ以テ漢文ニ似タリト為ス何等ノ陋見何等ノ僭妄今日ニ於テ改删ヲ命シテ可ナリ」（二丁裏・下・黒）。

【巻二第十一】「保昌鑑識」（『大東世語』識鑑6）、「拙」（七丁裏・上・黒）。

【巻二第二十一】「平宗盛」（『大東世語』言語28）「平‐氏既《ニ》自《ミラ》没《セリ》レ海《ニ》。宗‐盛父‐子独《リ》被《テ》レ囚《ハ》入《リヌ》レ京《ニ》。」（平家の一族はすでに西海に入水した。宗盛父子だけが囚われて京に送られた。）という冒頭の箇所に対して「宗盛父子独被囚トハ事実ニ違ハサルカ」（十六丁表・下・黒）という意見が付けられた。壇ノ浦の戦の後に平宗盛と子の清宗だけが捕らえられたというのは事実と違うという見解である（引用箇所の訳文は、政岡依子訳〔言語28〕「『大東世語』「言語篇」注釈稿（承前）」『早稲田大学大学院教育学研究科紀要』第一七号、早稲田大学大学院教育学研究科、二〇〇七年三月、一六頁）。

○菅亭（仲徹）

【巻一第一】「神武天皇即位」〔神武畝傍〕、「鸕鷀草葺不合尊《うがやふきあえずのみこと》ヲ鸕鷀尊ト書ハ漢文ニシテモ余リナルカ如シ」（一丁表・下・朱）。教材の「鸕鷀尊」という箇所について漢文的な表現ではないとした。

【巻一第九】「清少納言」〔清紫才女〕、「清少納言上東門院ニ仕ヘタルコトナシ又門院ハ中宮也」（巻一・五丁表・下・黒。「コト」の右横に朱の丸印）。本文の「一‐条‐帝ノ時。官‐仕ス于上‐東‐皇‐后ニ。」（一条帝の時に、上東皇后に仕えた）について付けられた付箋であろう。清少納言が仕えたのは中宮定子であり、出典の誤りが指摘された。

【巻一第十】「紫式部」〔清紫才女〕、「堤中納言兼輔ハ為時ノ祖父」（五丁裏・下・朱。コメントの下に朱の丸印）。原文に「紫‐式‐部ノ父ハ堤中‐納‐言為‐時ニシテ。」（紫式部の父は堤中納言為時で）（五丁裏）とあり、「堤中納言」の右横に朱の傍線が引かれている。藤原為時の通称を堤中納言としたことを指摘した。

【巻二第二】「神功皇后征三韓（神功皇后三韓を征す）」〔神功皇后〕には、「仲哀天皇中賊矢而崩」（仲哀天皇は賊の矢に当たって崩御した）（二丁表・下・朱。「賊矢」の左横に別の朱の丸印がある）という意見が付けられた。問題となる箇所を指摘したのであろう。仲哀天皇が熊襲討伐のために筑紫に赴き、まず新羅を討てという神託を受けたが、それを無視したために神の怒りによって命を落としたとされる。死因には諸説あるが、賊の矢で崩御したという点に修正意見が付けられた。

【巻一第二十一】「那須宗高射扇轂《こく》（那須宗高扇轂を射る）」〔宗高扇的〕、「拙」（十二丁表・上・黒）。

【巻二第六】「南北朝」〔二帝南北〕、「拙」（三丁裏・上・黒）。

【巻二第七】「応仁文明之乱」〔両雄西東〕、「拙」（四丁表・上・黒）、「此ノ文最拙ナリ採録スルニ定マラズ」（巻二・四丁表・下・黒）、「応仁文明の乱ト云フコトヲ聞カス」（四丁裏・下・黒）。

○藤原粛（惺窩）

【巻一第二十六】「浅草寺」〔過浅草寺詩〕、「拙」（十六丁裏・上・黒）。

【巻一第二十七】「角田川」、「拙」（十七丁表・上・黒）。

○岸鳳質

【巻一第十四】「斉頼術解」、「拙」（七丁裏・上・黒）。

【巻一第十五】「正家機敏」〔正家機警〕、「拙」（八丁表・上・黒）。

○清絢【巻一第二十】「一谷戦」、「通盛教盛ハ兄弟ニアラズ　父教盛／子通盛」（十丁裏・下・黒。「アラズ」の左横に朱の丸）。本文に「通盛教盛兄弟」とあり、平通盛の弟の教経と、父の教盛を間違えたことを指摘したのであろう。

○塩谷宕陰【巻一第五十八】「高山正之伝一」〔高山正之蒲生秀美伝〕、「尊氏墓ヲ鞭チシハ蒲生〔引用者注――蒲生君平〕ト云フ説ニ決定シタリ此処注意」（四十四丁表・下・黒）。高山正之が足利尊氏の墓に向かって、罵倒して三百回鞭打った（「罵《リ》且《ツ》鞭《ウツ》者三-百」）という箇所に対する修正意見である。

○魏禧【巻二第二十六】「独奕先生伝」、「此一編ハ主意文章一トシテ取ル可キ所ナシ編者採録ノ意焉クニ在ル哉却テ博奕軽財ヲ奨励スルノ恐アラントス」（二十二丁表・下・黒）。この付箋の左隣に「編中スベテ国人ノ文此ニ独リ清人ノ文ヲ収ムルハ何ソヤ」（同上）という意見もあり、選択の仕方も指摘された。

教科書編集の蓄積も少なく、教則においても具体的な規定がなかった明治二十年代前半においては、どのような作者・作品を採るべきかについて教科書の編者と教科書調査の担当者の見解には開きがあり、こうした修正意見が多く付けられた（上記の内容は木村淳「明治二十年代における漢文教科書と検定制度」、『中国近現代文化研究』第一〇号、中国近現代文化研究会、二〇〇九年三月に述べた）。

参考文献

斯文会『斯文六十年史』、斯文会、一九二九年四月、二四六―二四七頁。

町泉寿郎「三島中洲と東京大学古典講習科の人々」、戸川芳郎編『三島中洲の学芸とその生涯』、雄山閣、一九九九年九月。

目次

巻之一

第一　神武天皇即位　菅亭
第二　石巻山記　林鶴梁
第三　宣和天皇積穀　菅亭
第四　坂上田村麻呂　菅亭
第五　孝子酌醴泉　菅亭
第六　保昌雅量　服部元喬
第七　遊摂津　伊藤仁斎
第八　仁徳天皇　編者
第九　清少納言　菅亭
第十　紫式部　菅亭
第十一　藤原有国　服部元喬
第十二　義家学兵法　服部元喬
第十三　義光授笙　服部元喬
第十四　斎頼術解　岸鳳質
第十五　正家機敏　岸鳳質
第十六　高倉天皇　編者
第十七　僧但馬　編者
第十八　源頼朝大度　服部元喬
第十九　菟道川戦　中井積徳（履軒）
第二十　一谷戦　清絢
第二十一　那須宗高射轂　菅亭
第二十二　壇浦戦　中井積徳
第二十三　平重衡　菅亭
第二十四　書源平戦争図後　斎藤馨
第二十五　遊東叡山記　青山延于
第二十六　浅草寺　藤原粛

第二十七　角田川　藤原粛
第二十八　題楠公訓子図　中井積徳
第二十九　禅林僧正　服部元喬
第三十　僧意戒　藤沢甫
第三十一　保元之乱上　中井積徳
第三十二　保元之乱中　中井積徳
第三十三　保元之乱下　中井積徳
第三十四　精思　室鳩巣
第三十五　快字説　篠崎小竹
第三十六　梅谿遊記　一目千本　斎藤拙堂
第三十七　梅谿遊記　杉谷　斎藤拙堂
第三十八　松下禅尼　編者
第三十九　青砥藤綱　編者
第四十　村上義光忠死　中井積徳
第四十一　本間資氏射鷗　中井積徳
第四十二　題小金原捉馬図　佐藤坦
第四十三　藤原保則一　編者
第四十四　藤原保則二　編者
第四十五　源通基徳行　服部元喬
第四十六　隣花楼記　室鳩巣

第四十七　糕士記　小橋勲
第四十八　犀川之戦　中井積徳
第四十九　柳瀬之戦　中井積徳
第五十　藤説　斎藤馨
第五十一　字門生説　尾藤二州（二洲）
第五十二　畑六郎左衛門略伝　安積艮斎
第五十三　浪華烈女　安井衡
第五十四　読烈士報讐録　小橋勲
第五十五　紀鷹山公事　斎藤馨
第五十六　角紙者玉垣伝　横山正卲
第五十七　鉄坊主伝　安井息軒
第五十八　高山正之伝一　塩谷世弘
第五十九　高山正之伝二　塩谷世弘

巻之二

第一　神功皇后征三韓　菅亭
第二　愛日　貝原篤信
第三　藤原在衡　服部元喬
第四　僧西行　服部元喬
第五　五倫談序　柴野邦彦

第六　南北朝　菅亭
第七　応仁文明之乱　菅亭
第八　京遊別志序　清勲
第九　送木南不忘序　篠崎小竹
第十　藤原道長　服部元喬
第十一　保昌鑑識　服部元喬
第十二　平宗清　服部元喬
第十三　習説一　尾藤二州
第十四　習説二　尾藤二州
第十五　北条泰時　菅亭
第十六　藤原国光復父讐　菅亭
第十七　藤原貞子　菅亭
第十八　登鉄拐峰記　梁田邦美
第十九　台湾紀事跋　青山延于
第二十　藤原長方諺新京　服部元喬
第二十一　平宗盛　服部元喬
第二十二　義経与景時論逆艣　服部元喬
第二十三　記卯兵衛谷平事　中井履軒
第二十四　高橋生伝　林鶴梁
第二十五　島田見山伝　宇田栗園
第二十六　独奕先生伝　清・魏禧(叔子　勺庭)
第二十七　山中鹿介伝　服部元喬
第二十八　招月楼記　尾藤二州
第二十九　高砂庵記　大井南塘
第三十　孝子二郎伝　芳野世育
第三十一　記新見新右衛門事　芳野世育
第三十二　遊金剛山記　土屋弘（鳳洲）
第三十三　題牛山清嘯　土屋弘
第三十四　熊沢助八聴訟　林長孺
第三十五　遠藤盛遠　菅亭
第三十六　静貞烈　服部元喬
第三十七　博雅学琵琶盲人　服部元喬
第三十八　遊松島記　沢元愷
第三十九　豹皮録序　篠崎小竹
第四十　送棚橋大中序　篠崎小竹
第四十一　雲喩　斎藤拙堂
第四十二　読名花有声画　藤田彪
第四十三　奇童記　伊藤長胤（東涯）
第四十四　日本刀　山田方谷（球）

8　漢文読本（指原安三）

底本・編者

指原安三《さしはらやすぞう》編輯『漢文読本』十巻（東京・普及舎）は、まず明治二十九年（一八九六）九月九日―十月九日発行の初版〈152〉が編まれ、翌明治三十年（一八九七）二月二十二日に訂正再版〈153〉が発行された。補集Ⅰは訂正再版を底本とした。

指原安三（一八五〇―一九〇三）、号は左腕居士、豊後（大分県）の藩士の家に生まれる。大阪の泊園書院で藤沢南岳に、東京の二松学舎で三島中洲等に学び、共立学舎（共立学校）で漢文教授となり、陸軍幼年学校の教官をつとめた。著には『明治政史』六冊（富山房、一八九二―一八九三年。国会デジ）がある。

小林富三編『指原安三氏伝』（小林富三、一九一八年三月）には伝記や知人達による回想録等のほかに、指原が陸軍幼年学校で漢文を教授していた時に記した「漢文教授法草案」が収められている（九一―九五頁）。指導の手順について述べた箇所を要約して紹介する。

一、教授する新しい知識についての説明。生徒との問答も取り入れる。
二、初級には難しい言葉と内容について説明する。小学読本等から三、四句を摘出して漢文に訳し、訓点の決まりを説明する。
三、素読を行う。教師が先に行い、次に生徒を指名して順に読ませる。
四、文の意味を講義する。問答等によって理解度を確認する。訳読の方法を授ける。
五、講読を行う。教師が全文を一、二回朗読した後、二、三の生徒を指名して読ませる。
六、文字、文章の規則、事物等の新しい知識を、関連する既習内容と対照して理解させる。
七、既習の文字熟語を一、二句の普通文に組み立て、また教材の中の成句を書き下し文にして書き取らせる。簡単な格言または一、二の成句を原文のまま、もしくはいくつか文章を摘出し、意味に応じて自ら送り仮名や返り点を付ける練習をさせる。

八、最後に教材の大意を正確な国語によって口述または筆述させる。

おそらくは想定されるような手順であると考えられるが、漢訳や書取の授業内での取り入れ方の一例が分かり、まとめとして最後には正確な国語の練習へと発展させる所に当時の漢文の位置づけが現れているように思われる。

さて『漢文読本』「緒言」には編集までの経緯が記されている。内容を要約すると、友人の嘉納治五郎《かのうじごろう》がかつて井上毅《こわし》文部大臣の意向を受けて、中等学校の漢文教授の順序、方法を検討するための漢文学会を創設し、指原も参加した。月に二回の開催で二年続けられた。その会で定められた順序や方法を実践するものとして、二学友の力を借りてこの教科書を作成したという。「緒言」の執筆が明治二十九年（一八九六）八月なので、漢文学会の活動はそれより二、三年前であると考えられる。『日本漢学年表』（斯文会編、大修館書店、一九七七年七月）を見ると、明治二十六年五月に「嘉納治五郎らが国語漢文教授法研究のため水曜会設立」という記述があり（四三九頁）、指原のいう漢文学会はこれを指している可能性がある。『集成』Ⅲ解説では、嘉納が明治二十年代末には東京高等師範に漢文専修科を創設したことにより、後退していた漢文界の希望の光となったことが述べられている（四四—四五頁）。しかし明治三十代後半の漢文科廃止論争では、嘉納は中等教育における漢文科廃止の立場にあり、漢文を通じた精神の訓練も原文の学習は必要とせず、書き下し文で代用が可能であるとし、国語科で熟語を教えれば十分であるという見解であった（打越孝明「明治三十年代後半の中学校漢文教育存廃論争について—第七回高等教育会議への廃止建議をめぐって—」、『皇学館論叢』第二四巻第五号、皇学館人文学会、一九九一年十月を参照した）。嘉納治五郎が創設し、指原も参加したという漢文学会の活動内容や、明治二十年代から三十年代にかけての嘉納の漢文教育観については今述べる準備もなく、今後の課題の一つである。

編集方針

「凡例」は全十巻のうち奇数巻に載せられている。巻一「凡例」から見ていきたい。

一、この巻及び次巻は第一学年にあてた。枚数は五十五葉（一一〇頁。底本は巻一と巻二で計五十九葉）、一時間では半葉（一頁）弱を授けるものとして、以下各巻はすべてこの計算によって増やした。

一、初めて漢文を読むものにはきまって文字の返点は難しい。そのためこの巻では初めに一句または二、三句の格言を置いた。まず一、二句についてその返り点の大体の意味を理解し、次第に一節一段構成のものに進む。

一、この巻及び次巻は、生徒が小学校の時におおむね見聞きしたものであり、苦労するのはただ字句のみで、すでにその内容を耳にし、その事柄を知っていれば、字句に苦労したとしても楽なこともある。

一、この巻及び次巻は、先哲の文章について、長いものは切り、繁雑なものは除き、刪定して編集した。その人名を記さなかったものもあるのは、勝手に割愛したのではなく、初学者への便をはかったのである。

前述の通り格言を漢文に慣れさせるために用いた所に編集上の工夫が見られる。そして小学校との連係を提起したことも漢文教科書の編集方針の展開において注目すべき箇所である。小学校との連係は補集Ⅱの解説で改めて述べたい。

次は巻三所収の「凡例」である。

一、前二巻は、近世の雑話と元亀・天正の間（一五七〇―一五九二）の英雄豪傑の言行を集め、この巻では主に神武より南北朝の間の、忠義・善良、功績を挙げた人物の伝記を集めた。往時を顧みて現在を見ることで、時世の変遷が自ずと明らかになり、そこには面白さも含まれている。その文は多く『大日本史』に基づいたが、すべてそれで揃えたのではない。

一、次の巻四は、面白くて、世の倫理に関する教えに有益なものを集めた。要するに漢文を学ぶだけではなく、少年子弟の徳性を知らず知らずのうちに育てあげるのである。教授者もこれを諒とされたい。

巻一・二では織田信長が室町幕府を滅ぼし、豊臣秀吉が太閤になるまでに活躍した人物の短い伝記を扱った記事体の教材が収められ、巻三・四ではさらに古い時期の人物を扱った教材を揃えた。そして漢文の読み方を覚えるだけではなく、道徳教育に資するものも採録したという。

次に巻五掲載の「凡例」を見てみよう。

一、前巻では、邦人の言行と出来事を集めたので、この巻では漢人の著した文を集めるべきではあるが、本邦大家の文は、漢人に譲らないものが非常に多い。かつ本学年級以前は、生徒の理解力が論・説・序・跋等を読むのに充分ではなかったが、巻五・六の記事・紀行等は、すべて本邦の山川に関するもので、読者に自然に対する関心を持たせることができる。そのため、本邦大家の傑作を集め、三学年級の教材にあてた。

学年があがったので、論・説・序・跋等の文体の教材を揃えたという。しかしまだ日本の作品が中心で、中国の作品は巻七以降に学ぶ。巻七掲載の「凡例」を見てみよう。

一、この巻はさらに進んで、白文を用いることを規則とした。そのため初めに短い章を置くことで、初めて白文を読む者の便宜をはかった。次いで平易な記事を用い、次第に易より難に入り、本伝の順序にならわなかった。

蘇武伝などは、名文とは呼ばれないが、『漢書』は『史記』に次ぐものであり、一読しない訳にはいかない。そこで名節のある者の一伝を挙げて、他日全書を読む端緒にするのである。

一篇の教材の分量がかなり増え、かつすべて白文となり、難易度がさらに高まった。巻九の「凡例」を見てみよう。

一、この巻及び次の巻は、中等漢学科の最後であるため、つとめて漢土の歴代名家の文を集めた。しかしその書は書棚を一杯にするだけでは足りず、わずか一、二、三冊の書に収められるようなものではない。ここに歴代大家の数篇を集めて二巻とした。これは所謂九牛の一毛である。しかしこの二巻によく熟読、精通すれば、後に全体を見ても必ず目にするものがすべて理解できるだろう。

一、初学の段階では、狭くして細かくすべきで、広くして粗くすべきではない。広くしてのめり込むと、精通することができなくなり、その学の本当の味わいは分からない。そのため細かく味わい、これに精通することができれば、他日漢文に師を必要とせず、経典や百家の名文を、一人で見ても自らその本当の味わいを理解するようになる。教師もここに注意すべきである。

最後の仕上げとして中国の作品を学ばせて、生徒が自分で漢文が勉強できるようになることを目指す。文体の提示の仕方や訓点の学ばせ方も段階を踏み、格言の使用、小学校との連係の提案も合わせて、明治三十年代の教科書の編集方針に発展する試みをしている教科書である。

修正意見

教科書調査の担当者は前述の滝川亀太郎である。修正意見は訂正再版〈153〉に付けられたものである。教科書全体については、「此書誤謬多遺脱亦少カラス不認可相成　蔵ト認ム（滝川印）」（巻一・標題紙表・下・朱）という修正意見が付けられ、誤りが多いため不認可となった。

【巻四3】栗山愿「江州少年捕盗（江州の少年盗を捕ふ）」には「拙文ナリ」（二丁表・下・朱）という修正意見が付いた。

【巻十43】楽毅「報燕王書（燕王に報ずる書）」は、「昌国君云々ヨリ使人献書報燕王曰マテハ国策ノ文ナランソレヲ楽毅ノ文トスルコト疎漏モ亦甚シ」（四十五丁表・下・朱）という編集上の問題が指摘された。修正意見の箇所が朱の線で囲まれている（四十五丁表―四十五丁裏）。続いて文章については、「此文ハ戦国策ニ拠リタルモノト見エタレド史記ノ方文章ヨロシ」（四十六丁裏・上・朱）という意見が付けられた。教材は『戦国策』燕策から採っているが、『史記』楽毅列伝のほうが教材としては適しているという意見である。『戦国策』は読みにくいとして避けられる傾向にあった（上記の内容については、木村淳「漢文教科書の修正意見―明治三十年代前半を中心に」、『中国近現代文化研究』第一二号、中国近現代文化研究会、二〇一一年三月に述べた）。

目次

角田簡

巻之一

1 格言九十一則
2 物徂徠
3 小川泰山
4 細井平洲
5 川井東村
6 川井東村
7 安芸孝子
8 随身公助
9 阿富
10 水戸中納言光圀
11 泉弥八右衛門
12 木下順庵
13 伊藤冠峰
14 沢田東江

15 望月鹿門
16 木蓬莱
17 三浦梅園　角田簡
18 田辺晋斎
19 西尾伝兵衛
20 細川重賢
21 正助
22 永田佐吉
23 中江藤樹
24 熊沢蕃山
25 松平信綱
26 松平信綱
27 大岡忠相
28 板倉重宗
29 安藤直次
30 井伊直孝
31 井伊直孝
32 加茂真淵妻
33 三宅尚斎妻
34 豪商某

---

35 堀秀政
36 中西淡淵
37 板倉重矩
38 本荘宗資　中村和
39 綾部道弘
40 土井利勝
41 池田光政
42 黒田孝高
43 佐藤周軒
44 伊藤蘭嵎
45 徳川頼宣
46 徳川頼宣母
47 伊達政宗
48 細川三斎
49 松井佐渡
50 本多忠勝
51 竹中重治
52 可児才蔵
53 中西淡淵姉
54 後藤又兵衛

55 花房助兵衛
56 富田越後
57 真田昌幸
58 平岩親吉
59 真田幸村
60 真田信幸
61 進藤正次
62 沢原孫太朗
63 渡辺権兵衛乳母
64 義猴
65 義犬

巻之二

1 北条早雲三編
2 北条氏康二編
3 割田重勝
4 中山勘解由妻
5 鈴木大学妹
6 武田信玄七編
7 武田信繁
8 岩間大蔵
9 山本晴行
10 馬場信房三編
11 早川幸豊
12 上杉謙信五編
13 北条丹後
14 上杉景勝
15 甲越二将
16 毛利元就七編
17 小早川隆景二編
18 吉川元春
19 中島元行母
20 三村高徳妻
21 織田信長十編
22 平手政秀
23 森蘭丸二編
24 山内一豊妻
25 柴田勝家二編
26 山口重政
27 金松弥五兵衛

28 稲葉一徹
29 稲葉一徹　広瀬林外（孝）
30 星合又十郎婦人　安積艮斎
31 細川忠興夫人　安積艮斎
32 寺田彦右衛門母　安積艮斎
33 豊臣秀吉十五編
34 吉岡掃部寡婦妙林　安積艮斎
35 桂忠昉妻　安積艮斎
36 木下肥後守
37 南部越後
38 太田三楽
39 寺山久兼
40 曾魯利新左衛門
41 千利休
42 加藤清正六編
43 斑平次
44 貴田孫兵衛母　安積艮斎
45 堀平太左衛門二編
46 藪市太郎
47 徳川家康十編
48 徳川秀忠
49 台徳公乳母　安積艮斎
50 春日局　安積艮斎

巻之三
1 道臣命　大日本史節略
2 可美真手命　大日本史節略
3 野見宿禰　巌垣松苗
4 田道間守　大日本史
5 日本武尊　大日本史節略
6 神功皇后
7 武内宿禰
8 千熊長彦　大日本史節略
9 調伊企儺　大日本史節略
10 阿倍比羅夫　大日本史節略
11 和気清麿
12 藤原高房
13 橘妙沖　本朝孝子伝節略
14 藤原保則　頼山陽
15 藤原鎌足　大日本史

16 坂上田村麿 大日本史節略
17 菅原道真 大日本史節略
18 紀長谷雄 大日本史節略
19 藤原保昌 服部南郭
20 源頼光 青山延于
21 源頼義 大日本史節略
22 源義家 大日本史節略
23 藤原光頼 大日本史節略
24 藤原長方 大日本史節略
25 杵淵重光 大日本史節略
26 斎藤実盛 中井履軒
27 真田与一 中井履軒
28 熊谷直実 中井履軒
29 畠山重忠 大日本史
30 佐々木高綱 頼山陽
31 那須与一 柴野栗山
32 天徳寺了伯 安積艮斎
33 微妙 本朝孝子伝
34 北条時宗 頼山陽
35 藤原資朝 大日本史節略

---

36 日野阿新丸 大日本史節略
37 藤原師賢 大日本史節略
38 護良親王 大日本史節略
39 村上父子 大日本史
40 菊池父子 大日本史
41 名和長年 頼山陽
42 児島高徳 頼山陽
43 新田義貞 青山延于
44 楠正成 大日本史
45 楠正行 青山延于
46 阿王 中井履軒
47 源親房

巻之四

1 小河仲栗 中村和
2 塚原卜伝 中村和
3 江州少年捕盗 栗山愿（潜峰）
4 太田忠兵衛 中村和
5 柳生但馬 上野尚志
6 小宮山内膳 安積覚

7 鳥居勝高 頼山陽
8 鳥居忠吉 安積艮斎
9 鳥居元忠 安積艮斎
10 鳥居成次 安積艮斎
11 山田長正 斎藤正謙
12 浜田弥兵衛 斎藤正謙
13 鄭成功 斎藤正謙
14 赤穂邸会議 室直清
15 襲吉良氏第 室直清
16 祭亡君之霊 室直清
17 忠義碑 栗山愿
18 蒲生君蔵墓表 藤田一正
19 故側用人兼学校奉行藤田君碑 青山延光
20 国体 藤田東湖
21 天日嗣 藤田東湖
22 皇統一世(皇統一姓) 藤田東湖
23 内省養気 藤田東湖
24 菅家遺誡 菅原道真
25 日本刀 山田方谷
26 記誦 貝原益軒
27 子弟 貝原益軒
28 立志 貝原益軒
29 好学 伊藤東涯
30 示三上仲敬 柴野栗山
31 示塾生 柴野栗山
32 君子有五楽 佐久間象山
33 快 篠崎小竹
34 練心胆 中村栗園（和）
35 虚心平気 尾藤二洲

巻之五

1 鼠 伊藤東涯
2 鼠説 頼山陽
3 猫説 栗山潜鋒
4 罧犬説 塩谷簀山
5 猿説 斎藤竹堂
6 駱駝説 斎藤拙堂
7 捕雀 頼山陽
8 醜女説 藤沢東畡
9 習説一 尾藤二洲

10 習説二　尾藤二洲
11 蝸説　松崎慊堂
12 雑説一　中井履軒
13 雑説二　中井履軒
14 雑説三　中井履軒
15 棋説　塩谷簣山
16 鏡説　山田方谷
17 題画　古賀侗庵
18 題瀑布図　安井息軒
19 題寒江独釣図　頼山陽
20 題寒江独釣図後　佐藤一斎
21 書挿秧図後　斎藤竹堂
22 題富士山図　古賀侗庵
23 跋浅草八勝図後　佐藤一斎
24 地図翻刻題言　渡辺樵山
25 書輿地全図後　斎藤竹堂
26 題洋船図　斎藤竹堂
27 題群盲評古器図　川北温山
28 書俄羅斯図志後　塩谷宕陰
29 題豊公裂封冊図　渡辺樵山

---

30 題藺相如奉璧図　安井息軒
31 題赤壁図後　安積艮斎
32 台湾記事跋　青山拙斎
33 題鞭駘録　塩谷宕陰
34 題静寄余筆後　長野豊山
35 題妍醜一覧　塩谷宕陰
36 書児島高徳匾字後　安井息軒
37 故河摂泉三州守贈正三位中将楠公賛
朱舜水（之瑜）
38 書画帖引　塩谷簣山
39 近古史談引　塩谷宕陰
40 松陰快談序　長野豊山
41 新選年表序　藤田東湖
42 本学提綱序　斎藤拙堂
43 続八大家文読本序　頼山陽
44 送駒留伯盛移居沼津序　安積艮斎
45 送小田廷錫序　頼山陽
46 送頼承緒序　長野豊山
47 送大槻士広西遊序　松崎慊堂
48 贈高山仲縄序　樺島石梁

49　送松本実甫序　川北温山
50　送岡永世襄序　安井息軒
51　送安井仲平東遊序　塩谷宕陰
52　養魚記　安積艮斎
53　自来亭記　坂井虎山
54　奇石亭記　長野豊山
55　近水楼記　佐藤一斎
56　春雨楼記　藤森天山
57　静古館記　林鶴梁
58　蓬蒿廬記　長野豊山
59　笑社記　頼山陽
60　辨慶笈記　栗山潜鋒
61　夢登富嶽記　斎藤拙堂

巻之六
1　進学三喩　柴栗山（柴野栗山）
2　黒滝山　斎藤竹堂
3　金洞山　斎藤竹堂
4　陪遊笠置山記　斎藤拙堂
5　下岐蘇川記　斎藤拙堂
6　遊墨水記　塩谷宕陰
7　杉田村観梅記　佐藤一斎
8　耶馬渓図巻記　頼山陽
9　読書余適　安井息軒
10　大高忠雄寄母書（漢訳）　赤松滄洲
11　与大久保子親書　藤田東湖
12　答藤田斌卿書　林鶴梁
13　上中川親王書　森田節斎
14　阿部比羅夫　斎藤竹堂
15　北条時宗　頼山陽
16　元弘建武之事　安積艮斎
17　豊臣太閤　青山晩翠
18　神道弁　津坂東陽
19　道論　頼山陽
20　公論論　安東省庵
21　福善禍淫論　中井竹山
22　同志会籍申約　伊藤仁斎

巻之七
1　韓詩外伝　漢・漢嬰

2 赤壁戦 宋・司馬光
3 蘇武 漢・班固
4 項羽本紀 漢・司馬遷

巻之八
1 信陵君 司馬遷
2 楽毅 司馬遷
3 田単 司馬遷
4 魯仲連 司馬遷
5 廉頗藺相如 司馬遷
6 管晏 司馬遷
7 司馬穰苴 司馬遷
8 伍子胥 司馬遷
9 商君 司馬遷
10 伯夷 司馬遷

巻之九
1 藺相如完璧帰趙論 明・王世貞
2 呉山図記 明・帰有光
3 滄浪亭記 帰有光
4 信陵君救趙論 唐順之
5 尊経閣記 王守仁
6 象祠記 王守仁
7 深慮論 方孝孺
8 豫讓論 方孝孺
9 売柑者言 劉基
10 上高宗封事 宋・胡澹庵（詮）
11 読孟嘗君伝 王安石
12 贈黎安二生序 宋・曾鞏
13 上枢密韓太尉書 宋・蘇轍
14 六国論 蘇轍
15 上梅直講書 蘇軾
16 刑賞忠厚之至論 蘇軾
17 范増論 蘇軾
18 留侯論 蘇軾
19 喜雨亭記 蘇軾
20 放鶴亭記 蘇軾
21 三槐堂銘 蘇軾
22 潮州韓文公廟碑 蘇軾
23 前赤壁賦 蘇軾

24 後赤壁賦 蘇軾
25 管仲論 蘇洵
26 心術 蘇洵
27 朋党論 欧陽修
28 縦囚論 欧陽修
29 五代史伶官伝序 欧陽修
30 五代史宦者伝論 欧陽修
31 梅聖兪詩集序 欧陽修
32 相州昼錦堂記 欧陽修
33 祭石曼卿文 欧陽修
34 滝岡阡表 欧陽修
35 袁州州学記 宋・李覯《こう》
36 諫院題名記 司馬光
37 岳陽楼記 范仲淹
38 厳先生祠堂記 范仲淹
39 書洛陽名園記後 宋・李去非
40 待漏院記 宋・王禹偁

巻之十

1 始得西山宴游記 柳宗元
2 小石城山記 柳宗元
3 愚渓詩序 柳宗元
4 捕蛇者説 柳宗元
5 種樹郭橐駝伝 柳宗元
6 与韓愈論史官書 柳宗元
7 桐葉封弟辨 柳宗元
8 封建論 柳宗元
9 箕子碑 柳宗元
10 応科目時与人書 韓愈
11 後廿九日復上宰相書 韓愈
12 雑説一 韓愈
13 雑説四 韓愈
14 師説 韓愈
15 獲麟解 韓愈
16 進学解 韓愈
17 争臣論 韓愈
18 原道 韓愈
19 送董邵南序 韓愈
20 送楊少尹序 韓愈
21 送李愿帰盤谷序 韓愈

22 送孟東野序 韓愈
23 祭十二郎文 韓愈
24 祭鰐魚文 韓愈
25 柳子厚墓誌銘 韓愈
26 阿房宮賦 唐・杜牧
27 陋室銘 唐・劉禹錫
28 弔古戦場文 唐・李華
29 春夜宴桃李園序 唐・李白
30 諫太宗十思疏 唐・魏徴
31 桃花源記 晋・陶淵明（潜）
32 五柳先生伝 陶淵明
33 帰去来辞 陶淵明
34 陳情表 晋・李密
35 出師表 諸葛亮
36 再出師表 蜀・諸葛亮
37 游侠伝序 司馬遷
38 過秦論 漢・賈誼《かぎ》
39 対楚王問 楚・宋玉
40 卜居 楚・屈平
41 漁父辞 屈平
42 遺燕将書 斉・魯仲連
43 報燕王書 魏・楽毅

異同

初版の巻一には目次に「井戸亀右衛門」という教材名が記されているが、目次の記載のみで教材は収められていない。初版の巻十では「宋玉対楚王問　楚詞」、「楽毅報燕王書　国策」と表記されていたが、訂正再版では「39　対楚王問　宋玉」、「43　報燕王書　楽毅」と改められた。

9　漢文中学読本初歩（松本豊多）

底本・編者

松本豊多編纂『漢文中学読本初歩』（東京・吉川半七）は明治二十八年（一八九五）三月二十二日発行の初版〈266〉と明治二十九年（一八九六）六月九日訂正二版〈267〉が発行されている。訂正二版は明治二十九年六月十二日検定済となった。補集Ⅰでは初版を底本とした。教材の異同はない。本文は四十九丁で、返り点と送り仮名はどちらも施されている。匡郭内は二段組であるが、頭注は記されていない。

編集方針

編者の松本豊多については「6　漢文中学読本（松本豊多）」の項目を参照のこと。「凡例」から編集方針を見ていきたい。

一、この書は文部省改正学令の主旨に基づき、漢文科初級読本とするため、書中の文は半葉（一頁）位のものを取り、長篇を取らなかった。

一、この書が邦人の文のみを取り、漢人のものを取らなかったのは、内を先にして外を後にするという意味ばかりではなく、邦人の文は、意味が分かり易く、授業の際に便利であるからである。

一、この書は記事論説等によって章立てをせず、文の内容が関連するものを選び、順に書き写し、参照に便利なようにした。

一、書中の文は、一章を分けて二節、もしくは三節にしたものや、抄録、删定したものもあり、授業の便利をはかったのであって、いたずらに割愛したのではない。

『漢文中学読本』を同じ方針によって、分量を少なくして初学者向けに編集したものが『漢文中学読本初歩』である。やはり『漢文中学読本』と同じく歴史上の人物や地理に関する教材が多く、説や喩の文体の教材を数篇収める。

目次

第一　神州建基　藤田彪
第二　於保美多謌良　藤田彪
第三　取於人為善　藤田彪
第四　葡萄牙人伝火器　岡千仞
第五　乗金剛鑑　川田剛
第六　勝山城址治兵一　川田剛
第七　勝山城址治兵二　川田剛
第八　馬場信房論闘　岡千仞
第九　武田信繁　岡田僑
第十　本多忠朝　角田簡
第十一　白石先生　板倉勝明
第十二　木下貞幹　青山延光
第十三　中江原　塩谷世弘
第十四　徳川家康好学　安積覚
第十五　後光明天皇一　飯田忠彦
第十六　後光明天皇二　飯田忠彦
第十七　根津宇右衛門一　角田簡
第十八　根津宇右衛門二　角田簡
第十九　諫争之臣　角田簡
第二十　忍説　貝原篤信
第二十一　紀侯護瘢　安積信
第二十二　浅野長矩　角田簡
第二十三　赤穂遺臣一　室直清
第二十四　赤穂遺臣二　室直清
第二十五　性説　松崎復
第二十六　習説　尾藤孝肇
第二十七　示塾生　柴野邦彦
第二十八　奇童説一　伊藤長胤
第二十九　奇童説二　伊藤長胤
第三十　木獅子記　森田益
第三十一　畑時能拠鷹巣城　頼襄

第三十二　紀由利八郎事　龍公美
第三十三　紀鎮西八郎事一　源邦彦
第三十四　紀鎮西八郎事二　源邦彦
第三十五　源為朝論一　斎藤馨
第三十六　源為朝論二　斎藤馨
第三十七　真田父子嚮背　中井積善
第三十八　真田信幸　中井積善
第三十九　安藤直次識鑑　中井積善
第四十　関原之戦　青山延宇（青山延于）
第四十一　加藤清正　岡千仭
第四十二　井伊直孝勤倹　角田簡
第四十三　柳瀬之戦一　巌垣松苗
第四十四　柳瀬之戦二　巌垣松苗
第四十五　阿閉掃部　大槻清崇
第四十六　那珂宗助　依田朝宗（学海　百川）
第四十七　石河甚四郎　小笠原勝彦（午橋）
第四十八　紀伊大納言　青山延光
第四十九　和歌浦　斎藤正謙
第五十　那智山　斎藤正謙
第五十一　瑞巌寺　川田剛
第五十二　富山　川田剛
第五十三　登山説　安井衡
第五十四　快字説　篠崎弼（承弼　小竹）
第五十五　新寨之捷　安積覚
第五十六　将士驩洽　古賀煜（侗庵）
第五十七　北条氏康破両上杉氏軍一　頼襄
第五十八　北条氏康破両上杉氏軍二　頼襄
第五十九　北条氏康破両上杉氏軍三　頼襄
第六十　跋蒲生君臧手簡後　藤森大雅
第六十一　題小金原捉馬図巻　佐藤垣
第六十二　題軽気球図　菊池純
第六十三　雲喩　斎藤馨
第六十四　猫説　野田逸
第六十五　蝸説　松崎復
第六十六　藤説　斎藤馨
第六十七　紀朝鮮使詣清事　赤松勲
第六十八　紀貞婦某氏事　林長孺
第六十九　山内一豊妻　大槻清崇
第七十　群瞽図巻摹本序　林長孺
第七十一　紀二丐夫事　渡辺魯

10　中学漢文読本初歩（秋山四郎）

底本・編者

秋山四郎編『中学漢文読本初歩』上下巻（東京・金港堂書籍、明治二十九年（一八九六）八月二十八日発行、明治二十九年十月十五日検定済）を底本とした（〈8〉）。巻上：二十一丁、巻下：二十二丁、返り点、送り仮名あり。匡郭内は二段で、頭注が付けられている。奥付の広告によれば『中学漢文読本初歩字解』全一冊が刊行されているようであるが、未見。

『中学漢文読本初歩』の他に秋山四郎が編集した教科書は、参考教科書一覧から拾い上げると、〈4〉『漢文読本』五巻、〈5〉〈6〉〈7〉『中学漢文読本』十巻、〈9〉〈10〉〈11〉『第一訂正中学漢文読本』十巻、〈12〉〈13〉『漢文教科書』五巻、〈14〉〈15〉『新撰漢文読本』十巻、〈16〉〈17〉『新編漢文読本』五巻、〈495〉『史記鈔』上下巻、〈596〉『通鑑綱目鈔』上下巻などがある。

秋山の経歴やその他の著作等については、『集成』Ⅰ・Ⅱ期及びⅢ期の解説に述べられており、補集Ⅰの総説でも触れてきたので、ここでは繰り返さない。他に秋山四郎の教科書に関して述べたものには、安居総子「国語科成立時における漢文（二）―検定期の漢文教科書を中心に―」（『新しい漢字漢文教育』第五〇号、全国漢文教育学会、二〇一〇年五月）、西岡智史「国語科成立期における漢文教育観の研究―秋山四郎編『中学漢文読本』の分析を通して―」（『全国大学国語教育学会発表要旨集』一二五、全国大学国語教育学会、二〇一三年十月。http://ci.nii.ac.jp/ naid/110009810771 2014/12/04 閲覧）、同『明治期漢文教育形成過程の研究』（[西岡智史]、二〇一五年三月）等がある。

編集方針

「中学漢文読本初歩例言」から編集の方針を確認したい。

一、私は先に『中学漢文読本』十巻を編み、生徒用の教科書とした。官庁では中学の学齢制度を改めて、以前より二年低くなったので、読本の他に、さらにこの初歩を編集したのである。

一、生徒用の教科書を編集するのは非常に難しい。思うにその文は簡易平明さを主とすべきだろう。その事柄は生徒の心情にかなわなければならない。常軌を逸したもの、荒唐なものは、その文が素晴らしくてもまったく取らなかった。資料の選択は、このように難しい。私は長らく検討し、ようやくこの書をまとめた。しかしその選択が果たして適切であるかは分からない。

一、生徒で初めて漢文を読むものは、その読み方をまだ理解していない。それを教授するものは、とりわけ意を尽くさなければならない。私は教育に従事して数年が経った。発明したことも無意味ではない。しかしまだにわかにその得失を定めることができない。そのためこの書は普通の体裁に従い、あえて新機軸を打ち出さなかった。その教授法については、教師の手腕に一任する。

明治二十九年（一八九六）八月　秋山四郎識す

平明なものを収めたと説明があり、すべて日本人の作で、歴史上の人物の逸話を扱った教材を中心に構成している。『中学漢文読本』出版後に学齢制度の改定に合わせて『中学漢文読本初歩』を編んだと説明があるが、実はその刊行の前年に出版社の金港堂では同じ趣旨によって〈89〉同社編『中学漢文入門』を出版している。これは日本の史伝教材を中心に説の文体の教材も収めた教科書であり、収録教材のうち十篇が『中学漢文読本初歩』にも採られた（上10・16・19・33・35・36・37、下9・37）。秋山は『中学漢文入門』も参照して『中学漢文読本初歩』を編集したと考えられる。

目次

巻之上

1 雪山学書 角田簡
2 黒田如水 中村和
3 直孝斬盗 安積信
4 井上蘭台 原善
5 徳川光圀 中村和
6 本多忠勝 頼襄
7 忠勝機智 中村和
8 竹中重治 中村和
9 膳臣巴提使 巌垣松苗
10 清少納言 青山延于
11 博泉機警 角田簡
12 島清斎 角田簡
13 徂徠惜分陰 原善
14 嵩山房 原善
15 徂徠博識 原善
16 隻眼国 岡白駒
17 頼朝試諸弟 頼襄
18 倉崎一信 角田簡
19 鍛匠孫次郎 青山延光
20 伊達政宗 中村和
21 徳川頼宣 中村和
22 威公養士 藤田彪
23 黒田孝高 岡田僑
24 黒田長政 青山延光
25 熊斐画虎 角田簡
26 二山伯養 原善
27 林羅山 原善
28 下毛野公助 徳川光圀卿
29 道長一 巌垣松苗
30 道長二 巌垣松苗
31 楠正行 成島讓（稼堂）
32 右府察微 大槻清崇
33 徳川義直 中村和
34 荒木村重 頼襄
35 羽柴秀吉 中村和
36 豊太閤擲銭 中村和
37 加藤清正 中村和
38 清正読論語 大槻清崇

39 東照公 中村和
40 小川泰山 東条耕
41 寺田与左衛門 塩谷世弘
42 伊能東河 角田簡
43 井上正利 中村和
44 中江藤樹 角田簡
45 林鳳岡 原善
46 油断大敵 安積信
47 浮屠円通 角田簡
48 謙信給塩 頼襄
49 輝虎賦詩 青山延于
50 箙梅 小川弘（心斎）
51 義経挑弓 小川弘
52 教経 頼襄
53 北条時宗 頼襄
54 人穴 小川弘

巻之下

1 菅公忠愛 青山延于
2 雄略帝 徳川光圀卿
3 調伊企儺 徳川光圀卿
4 泰時援弟 小川弘
5 泰時聴訟 服部元喬
6 台徳公 塩谷世弘
7 井伊直孝 安積信
8 春日局 中村和
9 函人 中村和
10 芳洲学歌 原善
11 高倉帝 徳川光圀卿
12 鴻蔵王 中村和
13 中根東里 東条耕
14 松平信綱 安積信
15 枕挽 角田簡
16 野中兼山 原善
17 空海 服部元喬
18 仁和寺僧 青山延光
19 畠山重忠 小川弘
20 松寿 頼襄
21 芸侯戒諸子 大槻清崇
22 伊達政宗 青山延光

23 上杉景虎 中村和
24 光圀教頑民 安積信
25 徳川頼宣 安積信
26 結城秀康 安積信
27 村田吉次 岡田僑
28 石川八左衛門 大槻清崇
29 義家 徳川光圀卿
30 忠盛 青山延于
31 西一鷗 角田簡
32 逆櫓 頼襄
33 護良親王 成島譲
34 本間資氏 頼襄
35 新田義貞 成島譲
36 後亀山天皇 徳川光圀卿
37 森蘭丸 大槻清崇

11　新撰漢文講本入門（重野安繹・竹村鍛）

底本・編者

重野《しげの》安繹《やすつぐ》・竹村鍛《きとう》編『新撰漢文講本入門』、東京・富山房、明治三十二年（一八九九）二月十五日発行、明治三十三年（一九〇〇）一月十四日訂正再版、明治三十二年七月十日検定済（『検定済教科用図書表』では明治三十二年二月二十日発行）を使用した〈162〉。初版の段階で検定を通過していたが、入手できなかったので訂正再版を用いた。検定に使われた教科書には誤字に関するものが数箇所残されている。訂正再版と対照したがすべて修正されていない。おそらく初版も修正はせずに出版されたものと思われる。本文は五八頁、全巻訓点が施され、原文と書き下し文を並べて配置している。入門巻を学んだ後に、〈163〉『新撰漢文講本』三巻（富山房、明治三十二年二月二十八日―四月二十二日発行、明治三十二年七月十日検定済）に進む。『新撰漢文講本』の各巻の頁数と教材数は、巻一：一八二頁・一九二篇、巻二：二〇二頁・二一五篇、巻三：二四八頁・一〇五篇。巻一・二には返り点と送り仮名があり、巻三は返り点のみである。匡郭はなく上部に横線のみがあり、頭注が施されている。本文中の主要語句を用いた「温習」の練習問題がある。

　重野安繹（一八二七―一九一〇）、字は士徳、号は成斎、通称は厚之丞《あつのじょう》。鹿児島藩士。藩校造士館に学び、江戸では昌平黌で安積艮斎らに師事、造士館助教となり、維新後は修史局、修史館で久米邦武らと『大日本編年史』の編纂に携わり、実証史学を打ち出す。編著に『稿本国史眼』七冊（久米邦武・星野恒共編、大成館、一八九〇年十二月）、『成斎文初集』三冊（富山房、一八九八年二月）等がある。編集した漢文教科書には〈517〉『編年日本外史』十六巻、〈628〉〈629〉『帝国史談』上下巻等がある。小学校の修身教科書『高等小学修身』四巻（八尾新助、一八九二年五月）、『尋常小学修身』四巻（八尾新助、一八九二年五月）等の編集にも携わった。中村紀久二『検定済教科用図書表　解題』（教科書研究資料文献第三集の二、芳文閣、一九八五年十二月、三二一―三六頁）には『尋常小学修身』の見本本と検定本の比較がなされている。

竹村鍛（一八六五―一九〇一）、号は黄塔、錬卿、松窓。伊予（愛媛県）の出身。漢学者河東静渓の三男、河東碧梧桐の兄。神戸師範、東京府立中学の教員をつとめた後、富山房編集局に入り、明治三十三年（一九〇〇）より女子高等師範教授。著に芳賀矢一編『松窓余韵』（芳賀矢一、一九〇三年三月。国会デジ）。正岡子規と親交があり、子規が竹村に贈った詩は加藤国安『子規蔵書と『漢詩稿』研究―近代俳句の成立過程』（研文出版、二〇一四年一月）に紹介されている。

中等教育整備のために、文部省は『尋常中学校教科細目調査報告』（文部省高等学務局、一八九八年六月）を試案としてまとめ、漢文科については島田重礼・那珂通世が「尋常中学校漢文科教授細目」を作成した。歴史書を中心とした教材による道徳教育を重視したこの試案に対し、竹村鍛は批判的であった（『集成』Ⅰ・Ⅱ解説一三〇―一三三参照）。竹村は道徳教育に偏らず、幅広く教材を揃えた教科書を提案し、『新撰漢文講本』によって実践した。

編集方針

「例言」は『新撰漢文講本入門』ばかりではなく、『新撰漢文講本』全体の編集方針を述べたものである。

一、中学校の漢文学習は、慣用句・熟語を多く学ばせ、さらに文法や文章の構成を理解させることによって、国文の助けとすることにある。漢文読本の編集は、これを基準とすべきである。思うに一、二年級の子弟は、年齢がまだ低く、知識が浅く、学力がまだ高くないので、学ぶ読本は、史伝・文学・地理・動植物・工芸等の分野に広く関わるもので、平易簡明なものを採り、子弟に熟読精思させて様々な興味を育てるべきである。三年級以上であれば、学力はようやく高まり、本邦の諸儒の作を多く読ませ、その文体を識別して、その後で幅広く明・清・唐・宋の諸家に及び、漢・魏・先秦に溯る。大まかに漢土の歴代漢文の梗概を知ることも良い。近年の世間に行われている漢文読本は、七、八種を下らず、長短得失が無くはないが、載せるものは大抵史書であり、初級の教科書であれば、すべて『近古史談』（大槻磐渓）、『昭代記』（塩谷青山）、『名節録』（岡田鴨里）、『名賢言行略』（安積艮斎）、『先哲叢談』（原念斎）の類を摘録し、多くは慶長・元和（一五九六―一六二四）以前の武士の言行録に止まる。上級の教科書も『史記』、『資治通鑑』の類を載せるだけである。文は記事一体のみに偏り、材は史伝一種に限られている。これが読本の体を得たもので、世の漢文の教育を担うものであろうか。文章の材料を広く集めたものを見ると、雑駁で要を得ず、おおむね『日本外史』（頼山陽）、『皇朝史略』（青山延于）の類を読本にあてている。こうした人達は、ともに中学校の教授法を語るに足りない。最近少し時間ができたので、この書を編んで世に問う。短所を真似ていないことを願う。

一、この書は全六巻で各巻は上中下の三篇に分ける。第一年級は入門及び巻一を学び、以下各級で一巻を学ぶ。

一、入門巻は漢文の読み方にまだ通じていない子弟のために作った。その編集の体裁は、すべて編者の創意より出たものである。世間の読本とは書き方に異なる所がある。

一、この書の第一巻と第二巻は史伝、文学であれば、採録に用いる書は乏しくない。しかし工芸・動植物・理科の類は、得ることが極めて難しい。そのため自ら数十篇を著して、その欠を補った。

一、第三巻は本邦の儒者の作のみを載せた。第四・第五巻は広く明・清・唐・宋の諸家の作を収め、間には漢・魏以前の作を入れた。伝えられてよく知られたものを取り、新奇さを求めなかった。また世間の教科書ですでに選ばれたものも必ずしも避けなかった。その陳腐さに疑問をもつ人もいるかもしれないが、子弟に歴代の漢文の概略を理解させるなら、選択の方法は、このようでなければならない。初学者がこれを読めば、新鮮で珍しくないことがあろうか。

一、世間の多くの教科書は、最初の巻から三、四巻までは、本邦の史伝のみを採録している。この書は多く漢土の史伝を採った。思うに鶏口牛後、刎頸の交わり、水魚の交わり、碌々、諤々、四面楚歌、多々益々弁ず、差《やや》人意を強む、盤根錯節、呉下の阿蒙、須く寸陰惜しむべし、彼も亦た人の子なりの類は、邦人が日常的に使う慣用句、熟語である。多くは『蒙求』、『十八史略』等に見える。これらの熟語を学ばせることは、漢文読本の本領である。これがこの書に漢土の史伝を多く採った理由である。さらに中学校の初級の子弟は、まだ漢土の史伝を習っていない。陸績橘を懐にす、子路米を負うといった類は、まだ覚えていない。本邦の史伝であれば、小学校ですでに習っており、国文読本にも本邦人の嘉言・善行を載せている。屋上に屋を重ねる必要はなかろう。しかしこの書では偏らず、本邦の忠臣孝子の美談で、採録したものも少なくない。子弟に興味を湧かせようとしたのである。

一、『論語』『孟子』『小学』等に見える教訓・嘉言は、今の世に用いても差し障りがないものも多く採録し、最も卑近で適切なものを取った。思うに最近の子弟はこれらの諸書の中で、まだ目にしたことがない。そこでその一斑を知らしめようとした。

一、詩賦が国文を助けることは、多くは散文に譲らない。かつ吟詠は気晴らしになり、時折志を述べることができるだろう。漢文を学ぶものも合わせて習わなくてはならない。この書の第二巻は、五言・七言の絶句を載せた。第三巻以降は、次第に律詩・古詩に進む。人口に膾炙したものだけを収め、多くは『白氏文集』から採った。『源氏物語』『栄花物語』の類には、白居易の詩が頻繁に引用されている。子弟が他日国文を読む際に対比して欲しい。

一、各章の順序は、易を先にし、難を後にした。しかし事柄の季節に関わるものは、その限りではない。例えば、「観桜記」は春季の授業中に収め、「観月記」は秋季に収めるという具合である。読む内容と読む時間とに齟齬をきたさないようにした。世間の読本は、こうしたものが非常に多い。冬季に習うものが、「納涼記」等であれば、読者の興味はそがれてしまう。そこでこの書はここに意を用いた。

一、著名人・傑物が文中に見える場合は、すべて本伝を考察し、その出身地、字・号、没年等を注記することで、教授の参照用とした。しかし欄外は非常に狭いので、割愛したものは極めて多い。そのうえ印刷の期日もさし迫り、調べきれなかったものもある。他日これを補わなければならないだろう。
一、難しい語句及び典故の類は注記して子弟の予習に便利なようにした。
一、作者にはすべて小伝を付した。その書をよく読もうとするならば、まずその人を知らなくてはならないからである。
一、第三巻以降は、文中の佳境に圏点を加えた。圏点は漢文に特有のもので、西洋の文章にはまったく用いない。世の教科書も皆無である。しかし読者の心を惹きつけるには、これに勝るものはない。そこで今特にこれを加えた。
一、この書の第一巻・第二巻は六、七頁ごとに温習の項目を設けた。前数章について熟語、難句、異字及び紛らわしくて誤りやすいものなどを摘録することで、復習に便利なようにした。第三巻ではその数を減らし、第四巻以降はすべて省いた。
一、訓点は、国語の語法に背かないようにした。しかし漢文には漢文の語法があり、必ずしも国語の語法によるべきではない。この書の訓点はつとめて簡明・適切で偏らないようにした。いたずらに語法にこだわり、冗漫に陥るような方法は、この書では取らなかった。
明治三十一年（一八九八）九月中旬　編者識す

第一巻、第二巻では史伝・文学の他に工芸・動植物・理科等の自作教材を揃えたと述べている。「工芸」は産業や科学技術に関する内容の教材を指していよう。自作の教材はすべて重野成斎によるものである。出典は確認できていないが、巻一・二に収録されている、重野成斎の作となる自然科学・産業・地理等に関する教材を列挙してみる。

「鳥類」「駝鳥」「大樹」「奇樹」「山林」「説土」「河」

「貨幣」「租税」「官衙」「兵制」「皇邦工業」「始伝鉄砲」「鉄鑑」「建築」「海獺猟」「産綿地」「角倉了以通遭運」「陶器」「我国外交」「鉄」「鎔鋳」

「奈良大仏」「江戸水道」「東海鉄道」「函館」「天守閣」「東京」

「支那諸港」「攻旅順口」「巴里」「台湾」「倫敦」「羅馬」「聖彼得堡羅」

同種の題材は重野の作ばかりではなく、ホブソン『博物新編』、李自珍『本草綱目』等の古典からも採録し、幅広い題材を収めることで徳育に偏らないようにした。他の教材の工夫としては故事成語に関する教材も重視している。「例言」に挙げられている成語に対応しているものには、曾先之「寧為鶏口無牛後」「刎頸之交」「公等碌々」「多多益弁」「差強人意」「盤根錯節」「非復呉下阿蒙」、司馬遷「諤諤」、陳寿「陸績懐橘」、『孔子家語』「子路負米」等がある。また、生徒が学習する季節に応じた教材を揃えることにも注意を払ったという。例えば、巻三の巻頭は、隅田川の花見を叙述した塩谷世弘「遊墨水記」に始まり、柏木昶（如亭）「木母寺」、日柳政章「群童牧牛図」、李白「蘇台覧古」、菅晋帥（茶山）「春郊」、阪井素「春日帰故山草堂」と春の情景を述べた詩が続く。題材を関連させて生徒が教科書を手にする季節に合わせて教材を揃えた所にも編集上の特色がある。

巻三では日本の儒者の作、巻四、巻五では明・清・唐・宋から漢・魏へと進む構成を計画していたが、巻四・五は未見である。編者の一人である竹村鍛の急逝（明治三十四年〔一九〇一〕）により発行されなかった可能性もある。所蔵館も少なく、あまり流通していなかったのかもしれないが、明治三十年代前半の総合的な教材構成の教科書の一つとして注目される。

参考文献

正岡子規「吾寒園の首に書す」、一九〇一年二月、『正岡子規全集』第一巻、改造社、一九三一年十一月。

芳賀矢一編『松窓余韵』、芳賀矢一、一九〇三年三月。

和田茂樹「正岡子規と竹村鍛—明治三十二年七月三日付書簡をめぐって—」、『愛媛国文研究』第二三号、愛媛国語国文学会、一九七三年十二月。

加藤国安「新発見の子規？「漢詩稿」—親友、竹村鍛のものか—」、『新しい漢字漢文教育』第四二号、全国漢文教育学会、二〇〇六年五月。

同『子規蔵書と『漢詩稿』研究—近代俳句の成立過程』、研文出版、二〇一四年一月。

陶徳民編著『重野安繹における外交・漢文と国史——大阪大学懐徳堂文庫西村天囚旧蔵写本三種——』、関西大学出版部、二〇一五年三月。

目次

文例には教材名が記されていないので、文中で扱っている人物・事物の名前や本文の一部を記した。

解説一
句例〔直読十例〕
文例
1　北海海産
2　五穀豊熟
3　虜艦悉敗壊
4　暹羅鶏
温習〔七問〕

解説二
句例〔レ点十七例〕
文例
5　敖不可長
6　孫康
7　犬性喜雪
8　啄木鳥
9　牛舌魚

10　黄履
温習〔八問〕
解説三
句例〔一二点四十一例〕
文例
11　宇野明霞
12　風蘭
13　浅見絅斎

14 告天子
15 富士山
16 陶淵明
17 林羅山
18 司馬温公
19 鼠
20 前川虚舟
21 車胤
22 梁田蛻巌
23 鱠残魚
24 孫敬
25 鰕
26 高鳳
27 三浦梅園
温習〔十三問〕
解説四
句例〔一二三点十五例〕
文例
28 立原翠軒
29 島東皐

30 橄欖
31 棘鬣
32 鄧艾
33 井伊直孝
34 中井蕉園
35 小林新兵衛
36 上杉景勝
37 陳蕃
38 毛利元就
温習〔十六問〕
解説五
句例〔一点から五点二例〕
解説六
句例〔上中下点九例〕
39 雀盲
40 箱館市民
41 為人上者
42 桃
43 徳川秀忠
44 孔融

45 建築
46 荒木村重
47 王僧孺
48 劉寛
49 二山伯養
温習〔八問〕
解説七
句例〔甲乙丙丁点一例〕

12　中学漢文学初歩（渡貫勇）

底本・編者

渡貫勇《わたぬきいさむ》編纂『中学漢文学初歩』二巻、東京・小林義則、明治三十二年（一八九九）五月二十八日発行、明治三十二年十月三十日検定済を用いた〈297〉。巻上：七〇頁、巻下：七〇頁。返り点、送り仮名は全篇に施されている。匡郭内は二段で、頭注では言葉の解釈と事項の解説を行っている。

渡貫勇、号は香雲、茨城の出身。中学校の教員をつとめ、茨城県立水戸中学校では明治四十一年（一九〇八）五月から大正四年（一九一五）五月まで漢文と習字を担当した（水戸一高百年史編集委員会編『水戸一高百年史』、水戸一高創立百周年記念事業実行委員会、一九七八年十一月）。教育関係の著作には、抄本型の教科書〈440〉『文章軌範鈔本』、『中学漢文参考書』（水野書店、一九〇四年九月）、『中学漢文参考書　附官立学校入学試験漢文問題集』（水野書店、一九一八年十二月）等がある。他の著述に、「深意」ある作を集めた日本漢詩の選集『熱血余瀝』（文林閣、一八九〇年九月）、書画集『寧固軒小草』（渡貫勇、一九三六年四月）、漢詩集『古稀唱和集』（渡貫勇、一九三九年十一月）等がある。

編集方針

「例言」を訳出する。

一、本書は、中学校漢文科の初級読本用に編集した。

一、本書は、初めに漢文を直訳した時文を掲げ、小学校読書科と連係し、次に時文中に一句もしくは数句の漢語を挿入したものを収録し、漢文訓点の一斑をうかがわせ、その後次第に漢文に入る。そこで中学漢文学初歩と題した。今の小学校を出て中学校に入ったばかりの生徒は、大抵年が若く学力は低く、まだすぐに漢文を教えるべきではないだろう。思うに、易より難に入れば、労少なくして功多い。漢文の教授法はこうすべきなのである。

一、今の学生に物足りなく思うのは、本を読む時に、ただ句を諳んじ字を理解するだけで、試験を受けて落第しないことに努めるばかりであり、忠孝節義の事績を見て、感じ入り奮起するものがほとんどいないことである。古人の詩にも、十年蛍雪何の補する有らん、但だ是れ書を看て書を読まずとあるが、ほとんどこの通りである。本書は多く古の賢人・名士の嘉言・善行で深く味わい、手本にすべきものを収め、学生が暗誦し熟読する際に、忠孝節義の心がさかんに湧き起こることを願う。ただ軽く見過ごされることを心配したので、警語妙句で味わうべきもの、前後呼応し内容が密接なもの及び一篇の主旨を示す箇所には圏点を施し、反復熟読して理解させる。思うに教授上も補益するところがあるためであって、あえて古人の文を品評したのではない。

一、事柄が政論・禅の講話及び虚言・怪異に関するものは、少年の気を養い人格を完成させることに害はあっても益はないので、本書はすべてこれを除いた。

一、本書は、邦人の文のみを編集し、漢人の文を収めず、多くは叙事の類を取り、議論の類に及ばなかった。これは内を先にし外を後にするという意味で、易より難に入るという方法でもあり、さらに呼称を整えて、読法を正しくすること等に多く意を用いた。それは必ずしも無駄ではないだろう。

明治己亥（一八九九）五月、五城の寓居にて

渡貫勇識す

これまでに編まれた多くの教科書と同じく難易度の配慮として邦人から漢人の作に進む構成を取っている。特に注目すべきは、小学校の読本科との連係を考慮して、仮名交り文を学ばせるという点である。圏点の効果は編者によっ

て判断が分かれていたが、積極的に取り入れている。漢文を通じて賢人・名士の嘉言・善行も学ばせたいために、教材は史伝教材を中心に採録している。「例言」中の政論、禅の講話、虚言・怪異に関するものを避けたという箇所も教材の変遷を考える上で参考になるだろう。

目次

巻一

1 国体（新論） 会沢正志斎（安）
2 仁徳天皇（皇朝史略） 青山拙斎
3 信長皇居ヲ営ム（近古史談） 大槻盤渓（磐渓）
4 徳川家康（日本外史） 頼山陽
5 犀川ノ戦（日本外史） 頼山陽
6 豊公首鎧ヲ忠勝ニ賜フ（近古史談） 大槻盤渓
7 雅量（大東世語） 服部南郭
8 蕃山師ヲ求ム（先哲叢談） 原念斎（善）
9 中江藤樹（照代記） 塩谷宕陰
10 村上義光（南山史） 成島稼堂（譲）
11 児島高徳（日本外史） 頼山陽
12 自警四則（自警篇） 貝原益軒
以上時文十二篇

13 自警十条（節二） 室鳩巣
14 徂徠惜陰 原念斎
15 信不可失 頼山陽
16 指節成繭 青山拙斎
17 有功不伐 中井履軒
18 重治誡子 中村栗園
19 猛虎逡巡 広瀬林外
20 道灌達観 原念斎
21 義直卓識 塩谷宕陰
22 看書有法 貝原益軒
23 油断大敵 角田九華
24 直次快諫 安積艮斎
25 忠常至性 安積艮斎
26 綱斎好武 原念斎
27 尚志 角田九華

28 餓人知命 角田九華
29 豪商誡子弟 角田九華
30 角力 青山拙斎
31 泰山勉励 東条琴台（耕）
32 皆川淇園 角田九華
33 資朝棄台樹 服部南郭
34 安芸孝子 角田九華
35 春斎詩誌 原念斎
36 六角義郷 藤井懶斎
37 樵夫清七 角田九華
38 源光明決 青山拙斎
39 三丈夫 岡田鴨里
40 宣常善射 東条琴台
41 士要細心 広瀬林外
42 顕雅狷介 服部南郭
43 小冠洪量 服部南郭
44 咬菜軒 中村栗園
45 加藤清正一 斎藤拙堂
46 加藤清正二 津阪東陽
47 藤原吉野 青山拙斎

---

48 蕃山講武 原念斎
49 東里至孝 東条琴台
50 二童忠勇 岡田鴨里
51 天下第一流 安積艮斎
52 惜名不顧利 角田九華
53 反射罏 原伍軒（忠成）
54 随身公助 藤井懶斎
55 平手政秀 藤井懶斎
56 泝天龍川 林鶴梁
57 玩物喪志 津阪東陽
58 兼山遠慮 原念斎
59 芸侯誡諸子 大槻盤渓
60 知子不如親 中村栗園
61 二家用兵之異 大槻盤渓
62 聴曲流涕 斎藤拙堂
63 謙信給塩 中井竹山
64 泰時敦親 青山佩弦斎

以上漢文五十二篇

巻二

1 奇童 大槻盤渓
2 妙術 服部南郭
3 巧書 服部南郭
4 野田山丐夫 渡辺樵山
5 菅原道真 青山拙斎
6 本多忠勝一 青山拙斎
7 本多忠勝二 大槻盤渓
8 大窪佳謔 大槻盤渓
9 養老醴泉 青山拙斎
10 士期馬革 広瀬林外
11 木蓬莱 東条琴台
12 諧談 服部南郭
13 伝家之宝 広瀬林外
14 利勝端正 塩谷宕陰
15 捕雀説 頼山陽
16 良鷹蔵爪 大槻盤渓
17 如水節倹 頼山陽
18 細川藤孝 大槻盤渓
19 稲葉一徹 大槻盤渓
20 不辱君命 広瀬林外

---

21 桶狭之戦 中井竹山
22 岩間大蔵 大槻盤渓
23 朝比奈義秀 小川心斎（弘）
24 熊説 斎藤竹堂
25 魚賈八兵衛 蒲生修静（君平　君蔵）
26 上杉景勝 大槻盤渓
27 太閤薨 大槻盤渓
28 奇男子 広瀬旭荘
29 曾魯利 藪孤山
30 神子田長門 大槻盤渓
31 森蘭丸 原尚庵
32 太閤雑事（節三） 大槻盤渓
33 貝原益軒 原念斎
34 源義家一 青山拙斎
35 源義家二 服部南郭
36 義光授秘曲 服部南郭
37 真田信幸 斎藤竹堂
38 黄門義公 大槻盤渓
39 敗天公 大槻盤渓
40 松平信綱一 塩谷宕陰

41 松平信綱二　塩谷宕陰
42 松平信綱三　青山拙斎
43 林羅山　原念斎
44 道長雅量　服部南郭
45 藤原実資　青山拙斎
46 甘藷先生　原念斎
47 薩人奪錨　小笠原午橋（勝修）
48 賤嶽之戦一　巌垣謙亭（松苗　東園）
49 賤嶽之戦二　巌垣謙亭
50 青木新兵衛　広瀬林外
51 黒田長政一　大槻盤渓
52 黒田長政二　塩谷宕陰
53 藤説　斎藤竹堂
54 伊藤仁斎一　原念斎
55 伊藤仁斎二　原念斎
56 伊藤仁斎三　原念斎
57 伊藤仁斎四　原念斎
58 碁局滅燭　大槻盤渓
59 垂松鷲　安井息軒
60 畏斎義侠　東条琴台

61 頼光勇武　青山拙斎
62 知行合一　原念斎
以上漢文六十二篇

13　新定漢文読例（興文社）

底本・編者

興文社編次『新定漢文読例』、興文社、明治三十三年（一九〇〇）三月十一日発行、明治三十三年十一月三十日検定済（〈104〉）。全五〇頁、注釈等はない。読例とあるように、漢文の読み方を学ばせる入門書である。訓点は段階を踏んで増えていく。全部で百二十一篇の教材を収め、すべて書き下し文と原文を対照する。

興文社の創業は江戸時代享保年間で、明治時代に入り三代目店主石川治兵衛が小学校教科書を発行し業績をあげた。三代目が夭逝後未亡人のすずが経営にあたり、後に鹿島長次郎と再婚すると、鹿島が石川家の養子になれないということで、店を株式会社に改組し、鹿島が代表者となり、中等教科書出版に進出して大きな業績をあげたという（藤井誠治郎「馬喰町興文社とピストル強盗」、藤井誠治郎遺稿回顧五十年刊行会編集・発行『回顧五十年』、一九六二年一月）。今回参照した教科書では、次に挙げる「14　訂正新定漢文（興文社）」の他に「教科適用漢文叢書」等、抄本型のものを多数出版している。

編集方針

『新定漢文読例』の教科書の序文である「弁言」は、

　この書は漢文を読む者の入り口である。初学者はまずこれに熟知してから本編に入るべきである。

という簡潔な説明のみである。本文に解説はなく、返り点がなくても読める数語のフレーズから、四行ほどのまとまった教材を難易度に配慮して並べ、順に読むことで漢文の決まりに慣れさせようとしたのであろう。

目次

第一　史記
第二　老子
第三　孟子
第四　戦国策
第五　論語
第六　礼記
第七　易経
第八　詩経
第九　礼記
第十　論語
第十一　国語
第十二　孟子
第十三　説苑
第十四　書経
第十五　礼記
第十六　論語
第十七　礼記
第十八　国語
第十九　国語
第二十　書経
第二十一　論語
第二十二　礼記
第二十三　礼記
第二十四　論語
第二十五　顔氏家訓
第二十六　揚子法言
第二十七　礼記
第二十八　揚子法言
第二十九　孟子
第三十　論語
第三十一　論語
第三十二　荘子
第三十三　孟子
第三十四　論語
第三十五　大学
第三十六　大学
第三十七　礼記
第三十八　書経
第三十九　論語
第四十　礼記
第四十一　論語
第四十二　論語
第四十三　老子
第四十四　論語
第四十五　説苑
第四十六　戦国策
第四十七　孔子家語
第四十八　中庸
第四十九　孟子
第五十　論語
第五十一　論語
第五十二　孟子
第五十三　論語
第五十四　論語
第五十五　論語
第五十六　孟子
第五十七　礼記
第五十八　孟子
第五十九　論語

第六十　老子
第六十一　管子
第六十二　孟子
第六十三　論語
第六十四　孔子家語
第六十五　礼記
第六十六　孟子
第六十七　礼記
第六十八　礼記
第六十九　礼記
第七十　論語
第七十一　論語
第七十二　孟子
第七十三　孫子
第七十四　管子
第七十五　論語
第七十六　孟子
第七十七　書経
第七十八　礼記
第七十九　大学
第八十　管子

第八十一　孟子
第八十二　論語
第八十三　論語
第八十四　論語
第八十五　孟子
第八十六　孝経
第八十七　礼記
第八十八　慎思録
第八十九　国史紀事本末
第九十　日本政記
第九十一　賀陽亨雑著
第九十二　管子
第九十三　忠経
第九十四　近世叢語
第九十五　近世叢語
第九十六　中庸
第九十七　揚子法言
第九十八　続近世叢語
第九十九　言志耋録
第百　近世叢語
第百一　慎思録

第百二　近世叢語
第百三　撃壌録
第百四　撃壌録
第百五　先哲叢談
第百六　続近世叢語
第百七　秇苑日渉
第百八　博物新編
第百九　博物新編
第百十　近世叢語
第百十一　日本智嚢
第百十二　言志録
第百十三　近世叢語
第百十四　勧言
第百十五　孔子家語
第百十六　国史紀事本末
第百十七　近世叢語
第百十八　日本智嚢
第百十九　孫子
第百二十　撃壌録
第百二十一　慎思録

14　訂正新定漢文（興文社）

底本・編者

興文社編次『訂正新定漢文』五巻、興文社、明治三十三年（一九〇〇）七月三十日訂正再版、明治三十三年十二月五日検定済（〈103〉）を底本とした。初版は『新定漢文』五巻、興文社、明治三十二年（一八九九）七月十四日―十一月二十八日発行（〈102〉）。巻之一：一三〇頁、巻之二：一四〇頁、巻之三：一三〇頁、巻之四：一三八頁、巻之五：一四二頁。巻之一と巻之二は返り点と送り仮名がどちらも付けられている。巻之三と巻之四は返り点のみ、巻之五は訓点なしの白文である。各巻に頭注があり、学年が上がるにつれて注の数を減らしている。

編集方針

興文社については「13　新定漢文読例（興文社）」の項目で少し触れたので、ここでは編集方針と、初版との異同について見ていきたい。まずは「例言」を訳出する。

一、この書はもとより生徒に普通の漢文を理解させ、兼ねて作文の用語を学ばせることを主旨としている。そして暗誦・朗読の際にも、知識・徳性を向上させ、志気を鍛えようとしたのである。そのため材料の選択は、つとめて文意が明らかで、内容が平易で、教育の方針に背かないものを取った。事柄が過激で、論が時流にそぐわないものは、その文章が素晴らしくても取らなかった。

一、この書は五巻に分けて、中学五年間の課程にあてた。第一・第二の両巻は、邦人の作のみを採り、第三巻は邦人・漢人の作をどちらも採った。第四巻以降はすべて漢人の作である。そして第一・二巻は傍訓を施し、第三・四巻は返り点を残し、第五巻は読点だけにとどめた。

一、本邦の史談について、小学教科書に見られるものを取ったのは、生徒に既習事項に即して、未習の文章を学ばせようとしたためである。思うに一・二年級の子弟は、その学力がまだ低いので、彼等を導くにはそうすべきであろう。事柄が関連していることは、初学者にとって特に重要である。そのため一・二両巻は、おおむね小学教科書に関連するものを取って配列した。

一、第一・二巻の節録したものは、作中の年月や姓氏にも不備があり、今すべて補った。また事柄が徳川幕府に関するものは、名称に不適当なものがあるので、これも改めた。

一、先儒の施した経書、歴史書の傍訓は、優れた文で朗読に適しているものが多い。後人は分からずに、妄りに直してしまい、往々にして語法が誤っている。この書の訓訳はつとめて正しい規則に従った。

一、注解はただ読本の体裁を損なうばかりではなく、生徒に依存心が生じることを心配する。そこでこの書は載せなかった。他日別に一部の字解を作り、授業以外の時間の勉強に役立ててほしい。しかしその難字難句、故事熟語等、読者の注意を要するものは、欄外にその都度記した。

一、この書は今あらたに訂正を経て、大幅に増減し、難易を適切にし、完備された書とした。

編者識す

難易度に配慮して邦人、漢人の配置を定め、訓点も段階的に減らしている。初学者に漢文に慣れさせる方法として、小学校の既習内容をふまえた教材選択も注目される。小学校との連係は、「8　漢文読本（指原安三）」と同様に歴史との関連を重視した（小学校の教科書の内容をどのように取り入れたのかについては、木村淳「漢文教科書と小学校教科書―『訂正新定漢文』を中心に」、『中国近現代文化研究』一八号、中国近現代文化研究会、二〇一七年三月を参照のこと）。

初版の「例言」に修正が加えられており、注目すべき箇所のみ取り上げる。前述の第二条の後半は「そして第一・二巻は傍訓を施し、第三・四巻は返り点を残し、第五巻は読点だけとした。」と訓点の説明がなされていたが、初版では叙事体を先にして議論を後にしたと述べられている（原文「編輯次第。先㆓叙事㆒後㆓議論㆒。」、例言一頁）。叙事体を易しいものと判断していたことが分かり、訂正再版も直接述べてはいないが同じ方針で配置されている。配置も難易度ばかりではなく前後の内容の関連性も考慮して、生徒の興味をひくための工夫もなされている。注解の効果には否定的で、生徒を怠惰にさせることから極力最小限にしたと述べている。字引編集の構想も述べられているが、未見である。小学校との連係、教材配置の工夫に編集上の特色が見られる。

異同

初版と訂正再版を比較すると、初版全五巻の総頁数九七七頁、総教材数六一四篇から、訂正再版は総頁数六八〇頁、総教材数四四五篇に絞った。基本的には重複するような同種の教材を削除している。変更箇所が多いため、ここでは重要な変更のポイントのみを記したい。

訂正再版巻三の24から48までに収められている『通鑑擥《らん》要』は、初版では『蒙求』が七十九篇採られていた。この変更は前述の「尋常中学校漢文科教授細目」（『尋常中学校教科細目調査報告』、文部省高等学務局、一八九八年六月）が関わっているだろう（『集成』Ⅰ・Ⅱ解説一三〇―一三三頁参照）。第三学年の教材案に「通鑑攬要、通鑑輯覧、通鑑鋼目ノ如キ支那ノ史書」を用いるように記されている（漢文科二頁）。配布されたのは明治三十一年（一八九八）で初版刊行前であるが、訂正再版の編集時に教授細目が再検討されたとも考えられる。『新撰漢文講本』とは対照的に、「尋常中学校漢文科教授細目」の理念に近い編集方法を取っている。

巻五の初版は初めに『左氏伝』を二十九篇、『国語』を九篇置き、次に『戦国策』と『孟子』を置いた。訂正再版は『左氏伝』と『国語』をすべて削除し、初版では七篇の『戦国策』を十四篇に、七篇の『孟子』を十八篇に増やした。『戦国策』も難しいとはされていたが、『左氏伝』と『国語』の削除は難易度調整の可能性が高い（注1）。

（注1）解説全体においてすでに注記したものの他に、主に次の文献を参考にした。
尾関富太郎「漢文教育史概観（第一回）」、『漢文教室』第一二号、大修館書店、一九五四年四月。同「漢文教育史概観（第三回）」、『漢文教室』第一五号、大修館書店、一九五四年十一月。同「漢文教育史概観（第六回）」、『漢文教室』第一八号、大修館書店、一九五五年五月。同「漢文教育史概観（第八回）」、『漢文教室』第二六号、大修館書店、一九五五年九月。同「漢文教育史概観（第九回）」、『漢文教室』第三六号、大修館書店、一九五八年五月。同「漢文教育史概観（第十回）」、『漢文教室』第三七号、大修館書店、一九五八年六月。田坂文穂「明治期漢文科教育の意義と限界」、『実践国語』第二七巻第三一五号、穂波出版社、一九六六年二月。同『明治時代の国語科教育』、東洋館出版社、一九六九年一月。原田親貞「漢文教育の歴史―教育行政からみた―」、『文学』第二九巻三号、岩波書店、一九六一年一月。巨勢進「教育史概説」・「教育史年表」、鎌田正編『漢文教育の理論と指導』、大修館書店、一九七二年二月。三浦叶「明治年間の漢文教科書」、『明治の漢学』、汲古書院、一九九八年五月。同『明治の漢学（研究史・漢学論）』友野印刷所［印刷］、一九八一年九月。長谷川滋成『漢文教育史研究』、青葉図書、一九八四年十二月。久木幸男「明治儒教と教育―1880年代を中心に―」、『横浜国立大学教育紀要』第28集、一九八八年十月。同「明治儒教と教育（続）―世紀転換期を中心に―」、『横浜国立大学教育紀要』第29集、一九八九年十月。佐藤一樹「漢文における近代アイデンティティの模索――漢文科をめぐる明治、大正の論議」、『中国文化』第五三号、中国文化学会、一九九五年六月。中山歩「明治初期における『十八史略』版本の特徴と問題点」、『人文論叢』第六四輯、二松学舎大学人文学会、二〇〇〇年三月。田中正明「三島中洲先生の詩文のひろがり―教科用図書と講義録の紹介を中心として―」、『研究紀要』第二集、二松学舎大学附属高等学校、二〇〇一年四月。小金沢豊「近代教育における漢文教科書教材の変遷」、『人文論叢』第七三輯、二松学舎大学人文学会、二〇〇四年十月。同「漢文教材としての菅茶山――「宿生田」「冬夜読書」教材化の背景」、『二松学舎大学人文論叢』第七八輯、二松学舎大学人文学会、二〇〇七年三月。同「近代教育制度の中の暗誦――法令面の変遷を軸として」、『二松学舎大学人文論叢』第七二輯、二松学舎大学人文学会、二〇〇四年三月。吉原英夫「教育課程史における漢文」、『札幌国語教育研究』第一一号、北海道教育

大学札幌校国語科教育学研究室、二〇〇五年九月。同「漢文教育文献目録」、『札幌国語教育研究』第一一号、北海道教育大学札幌校国語科教育学研究室、二〇〇五年九月。加藤国安「簡野道明論—上京後～東京高師卒業までの事跡—」、『東洋古典学研究』第二六集、東洋古典学研究会、二〇〇八年十月。同「近代日本版『文章軌範』編集の情熱—簡野道明の府師範期の歩み—」、『東洋古典学研究』第二八集、東洋古典学研究会、二〇〇九年十月。同「明治人の清代古文（一）—漢文教本に見る時代の疾風—」、『東洋古典学研究』第三〇集、東洋古典学研究会、二〇一〇年十月。同「明治人の清代古文（二）—卓然トシテ衆ニ顕ハレンコトヲ期ス—」、『東洋古典学研究』第三一集、東洋古典学研究会、二〇一一年五月。

目次

巻之一

1 三種神宝（日本書紀）　舎人親王
2 崇神天皇（日本政記）　頼襄
3 四道将軍（国史紀事本末）　青山延光
4 上毛野形名妻（国史略）　巌垣松苗
5 坂上田村麻呂（皇朝史略）　青山延于
6 膳臣巴提使（国史略）　巌垣松苗
7 調伊企儺（大日本史）　徳川光圀
8 文教始興（国史纂論）　山県禎
9 創学制礼（国史紀事本末）　青山延光
10 学校本旨（慎思録）　貝原篤信
11 学問之要（慎思録）　貝原篤信
12 家蔵孝経（国史紀事本末）　青山延光
13 仁明天皇（国史纂論）　山県禎
14 福依売（大日本史）　徳川光圀
15 橘逸勢女（大日本史）　徳川光圀
16 下毛野公助（大日本史）　徳川光圀
17 安芸孝子（近世叢語）　角田簡
18 石田梅巌（近世偉人伝）　蒲生重章
19 北条泰時（大東世語）　服部元喬
20 芸侯戒諸子（近古史談）　大槻清崇
21 若狭農夫（近世叢語）　角田簡
22 惜陰（言志録）　佐藤坦

23 登蓮法師（大東世語） 服部元喬
24 小川泰山（先哲叢談後編） 東条耕
25 山本北山（続近世叢語） 角田簡
26 漸進（慎思録） 貝原篤信
27 記誦（慎思録） 貝原篤信
28 林羅山（先哲叢談） 原善
29 太宰春台（近世叢語） 角田簡
30 習慣（慎思録） 貝原篤信
31 恩田鶴城（続近世叢語） 角田簡
32 薮孤山（続近世叢語） 角田簡
33 頼春水（続近世叢語） 角田簡
34 後光明天皇（尚不愧斎存稿） 原忠成（伍軒）
35 福島氏（続近世叢語） 角田簡
36 技芸（先哲叢談後編） 東条耕
37 僧空海（大東世語） 服部元喬
38 小野篁（大東世語） 服部元喬
39 小野道風（皇朝史略） 青山延于
40 朗詠集（大東世語） 服部元喬
41 藤原行成（皇朝史略） 青山延于
42 紫式部（大日本史） 徳川光圀

---

43 塙保己一（国史略） 菊池純
44 清少納言（扶桑蒙求） 岸鳳質
45 湯浅常山母（近世叢語） 角田簡
46 源経信（国史略） 巌垣松苗
47 藤原俊成（大日本史） 徳川光圀
48 藤原定家（大日本史） 徳川光圀
49 細川藤孝（近古史談） 大槻清崇
50 雨森芳洲（先哲叢談） 原善
51 富士谷北辺（続近世叢語） 角田簡
52 服部南郭（続近世叢語） 角田簡
53 塙直次（撃壌録） 木内倫
54 春澄善縄（皇朝史略） 青山延于
55 紀長谷雄（日本政記） 頼襄
56 伊藤仁斎（先哲叢談） 原善
57 伊藤東涯（先哲叢談） 原善
58 安積澹泊（先哲叢談） 原善
59 貝原益軒（近世叢語） 角田簡
60 其二（先哲叢談） 原善
61 貝原益軒妻（先哲叢談） 原善
62 山崎闇斎（先哲叢談） 原善

63 佐藤直方（先哲叢談） 原善
64 正名（慎思録） 貝原篤信
65 三宅尚斎（近世叢語） 角田簡
66 三宅尚斎妻（近世叢語） 角田簡
67 雄略天皇（国史纂論） 山県禎
68 醍醐天皇（国史纂論） 山県禎
69 村上天皇（大東世語） 服部元喬
70 鳥羽僧正（大東世語） 服部元喬
71 藤原在衡（大東世語） 服部元喬
72 源雅信（国史略） 巌垣松苗
73 徳川家康（日本智嚢） 中村和
74 伊達政宗（日本外史補） 岡田僑
75 蒲生氏郷（撃壌録） 木内倫
76 武田信玄（日本外史） 頼襄
77 上杉謙信（撃壌録） 木内倫
78 其二（日本外史） 頼襄
79 用財（慎思録） 貝原篤信
80 後三条天皇（大日本史） 徳川光圀
81 源頼朝（大東世語） 服部元喬
82 松下禅尼（大日本史） 徳川光圀

---

83 北条時頼（大東世語） 服部元喬
84 咬菜（野史纂略） 青山延光
85 三扇函（野史纂略） 青山延光
86 綾部道弘（近世叢語） 角田簡
87 中井履軒（続近世叢語） 角田簡
88 健啖黄門（大東世語） 服部元喬
89 僧都盛親（大東世語） 服部元喬
90 盤珪禅師（続近世叢語） 角田簡
91 白隠禅師（続近世叢語） 角田簡
92 鉄眼和尚（近世叢語） 角田簡
93 僧月仙（続近世叢語） 角田簡
94 賈人座禅（近世叢語） 角田簡
95 銭癖（尚不愧斎存稿） 原忠成
96 安養尼（大東世語） 服部元喬
97 妙喜尼（近世叢語） 角田簡
98 継体天皇（国史紀事本末） 青山延光
99 元正天皇（国史纂論） 山県禎
100 道首名（国史纂論） 山県禎
101 藤原高房（国史纂論） 山県禎
102 紀夏井（国史纂論） 山県禎

103 藤原保則（国史紀事本末）　青山延光
104 青砥藤綱（国史纂論）　山県禎
105 其二（国史纂論）　山県禎
106 太安万侶（大日本史）　徳川光圀
107 淡海三船（皇朝史略）　青山延于
108 平安京（国史纂論）　山県禎
109 林春斎詩（先哲叢談）　原善
110 大坂城（逸史）　中井積善
111 荒川天散（先哲叢談後編）　東条耕
112 実際学問（言志録）　佐藤坦
113 高倉天皇（大日本史）　徳川光圀
114 藤原資朝（大日本史）　徳川光圀
115 千利休（近古史談）　大槻清崇
116 石田三成（近古史談）　大槻清崇
117 鬚切膝丸（佩弦斎雑著）　青山延光
118 蜻蜓切（佩弦斎雑著）　青山延光
119 平重盛（大東世語）　服部元喬
120 藤原保昌（大日本史）　徳川光圀
121 永田佐吉（近世叢語）　角田簡
122 平安餓人（近世叢語）　角田簡

---

123 長田徳本（続近世叢語）　角田簡
124 寡欲（慎思録）　貝原篤信
125 清原頼業（国史紀事本末）　青山延光
126 源親房（皇朝史略）　青山延于
127 徳川光圀（国史略）　菊池純
128 国家之元気（日本外史）　頼襄
129 遠州薑説（鶴梁文鈔）　林長孺
130 函人（近世叢語）　角田簡
131 蜂谷半之丞母（近古史談）　大槻清崇
132 毛利勝永妻（名節録）　岡田僑
133 後藤基次（撃壌録）　木内倫
134 猿説（続竹堂文鈔）　斎藤馨
135 狗説（山陽遺稿）　頼襄
136 猫狗説（山陽遺稿）　頼襄
137 鼠説（山陽遺稿）　頼襄
138 捕雀説（山陽遺稿）　頼襄
139 熊説（竹堂文鈔）　斎藤馨
140 藤原道長（皇朝史略）　青山延于
141 村田吉次（名節録）　岡田僑
142 平景政（大日本史）　徳川光圀

143 平敦盛（大日本史） 徳川光圀
144 応仁之乱（国史纂論） 山県禎
145 右府営皇宮（近古史談） 大槻清崇
146 右府察微（近古史談） 大槻清崇
147 廚人坪内（伝疑小史） 中井積徳
148 荒木村重（撃壌録） 木内倫
149 稲葉一徹（近古史談） 大槻清崇
150 板垣信形（国史纂論） 山県禎
151 岩間大蔵（近古史談） 大槻清崇
152 紀川中島之戦（文語粋金） 中井積徳
153 上杉景勝（近古史談） 大槻清崇
154 直江兼続（撃壌録） 木内倫
155 源博雅（大東世語） 服部元喬
156 玄象牧馬（大東世語） 服部元喬
157 二妙（大東世語） 服部元喬
158 記良秀事（今古三十六名家文抄） 伊藤維禎（仁斎）
159 僧西行（皇朝史略） 青山延于
160 其二（大東世語） 服部元喬
161 雲居和尚（近古史談） 大槻清崇
162 瓜生保母（大日本史） 徳川光圀

---

163 奥村永福妻（名節録） 岡田僑
164 坂川某（本朝名家文範） 尾藤孝肇
165 斑鳩平次（撃壌録） 木内倫
166 悍卒（近古史談） 大槻清崇
167 井戸亀右衛門（日本智嚢） 中村和
168 岡野左内（近古史談） 大槻清崇
169 江戸城（昭代記） 塩谷世弘
170 安藤直次（初学文範） 岡松辰（甕江）
171 本多氏絶命詞（近古史談） 大槻清崇
172 曾魯利滑稽（本朝名家文範） 藪慤（孤山）
173 大窪佳謔（近古史談） 大槻清崇
174 土井利勝（近古史談） 大槻清崇
175 阿部忠秋（国史略） 菊池純
176 兄弟優劣（撃壌録） 木内倫
177 奇童（近古史談） 大槻清崇
178 紫文製錦序（山陽文稿） 頼襄
179 千金社約言（山陽文稿） 頼襄
180 示塾生（栗山文集） 柴野邦彦
181 題鞭駘録（宕陰存稿） 塩谷世弘
182 醜女説（本朝名家文範） 藤沢甫

183 川井東村（続近世叢語） 角田簡
184 紀熊沢助八事（鶴梁文鈔） 林長孺
185 三浦梅園（近世叢語） 角田簡
186 奥貫友山（続近世叢語） 角田簡
187 三口橋碑（艮斎文略） 安積信
188 稼説（作文指掌） 山田球
189 書挿秧図後（続竹堂文鈔） 斎藤馨
190 題蚕織図（精里二集抄） 古賀樸（精里）
191 快字説（今世名家文鈔） 篠崎弼
192 本然之楽（慎思録） 貝原篤信
193 君子有五楽（省諐録） 佐久間啓
194 日新（慎思録） 貝原篤信
195 山脇東洋（先哲叢談後編） 東条耕
196 野中兼山（先哲叢談） 原善
197 青木昆陽（先哲叢談） 原善
198 烈幼女阿富伝（近世名家小品文鈔） 森田益
199 紀貞婦某氏事（鶴梁文鈔） 林長孺
200 勝浦鰮漁（艮斎文略） 安積信
201 捕鯨説（拙堂文集） 斎藤正謙
202 記立干（拙堂文話） 斎藤正謙
203 佳蘇魚（拙堂文話） 斎藤正謙

巻之二
1 神武天皇（国史纂論） 山県禎
2 日本武尊（国史紀事本末） 青山延光
3 吾嬬国（国史略） 巌垣松苗
4 神功皇后（国史纂論） 山県禎
5 菟道稚郎子（国史纂論） 山県禎
6 仁徳天皇（国史纂論） 山県禎
7 聖徳太子（大日本史） 徳川光圀
8 中臣鎌足（国史纂論） 山県禎
9 和気清麻呂（国史略） 巌垣松苗
10 菅原道真（皇朝史略） 青山延于
11 天慶之乱（日本外史） 頼襄
12 其二（日本外史） 頼襄
13 前九年之役（日本政記） 頼襄
14 後三年之役（皇朝史略） 青山延于
15 源義光（大東世語） 服部元喬
16 伊勢瓶子醋甕（日本外史） 頼襄
17 平氏甐（国史略） 巌垣松苗

18 宇治川先登（日本外史） 頼襄
19 紀那須与市事 訳平家物語（近世名家小品文鈔） 柴野邦彦
20 了伯聴平語（近古史談） 大槻清崇
21 曾我兄弟（大日本史） 徳川光圀
22 其二（大日本史） 徳川光圀
23 題源二位猟富士野図（竹堂文鈔） 斎藤馨
24 弘安之役（日本外史） 頼襄
25 児島高徳（日本外史） 頼襄
26 名和長年（日本外史） 頼襄
27 村上義光（大日本史） 徳川光圀
28 新田義貞（皇朝史略） 青山延于
29 楠正成（大日本史） 徳川光圀
30 其二（大日本史） 徳川光圀
31 其三（大日本史） 徳川光圀
32 其四（大日本史） 徳川光圀
33 楠正行（大日本史） 徳川光圀
34 其二（大日本史） 徳川光圀
35 陪游笠置山記（拙堂文集） 斎藤正謙
36 桶峡之役（国史纂論） 山県禎

---

37 弔今川義元文（拙堂文集） 斎藤正謙
38 山内一豊妻（近古史談） 大槻清崇
39 題小金原捉馬図巻（愛日楼文） 佐藤坦
40 文禄之役（国史纂論） 山県禎
41 其二（国史纂論） 山県禎
42 長政直言（国史纂論） 山県禎
43 再征朝鮮（国史纂論） 山県禎
44 蔚山嬰守（日本外史） 頼襄
45 其二（日本外史） 頼襄
46 新寨之捷（逸史） 中井積善
47 狩虎記（宕陰存稿） 塩谷世弘
48 家久征琉球（昭代記） 塩谷世弘
49 蹲鴟子伝（山陽文稿） 頼襄
50 大石良雄（佩弦斎雑著） 青山延光
51 其二（佩弦斎雑著） 青山延光
52 其三（佩弦斎雑著） 青山延光
53 其四（佩弦斎雑著） 青山延光
54 烈士喜剣碑（鶴梁文鈔） 林長孺
55 土佐日記新解序（山陽遺稿） 頼襄
56 歌聖堂記（山陽遺稿） 頼襄

57 大黒像記（温山文）　川北重憙
58 題諼園讌集図（愛日楼文）　佐藤坦
59 梅渓遊記一（近世名家文粋）　斎藤正謙
60 其二（近世名家文粋）　斎藤正謙
61 其三（近世名家文粋）　斎藤正謙
62 其四（近世名家文粋）　斎藤正謙
63 其五（近世名家文粋）　斎藤正謙
64 其六（近世名家文粋）　斎藤正謙
65 其七（近世名家文粋）　斎藤正謙
66 其八（近世名家文粋）　斎藤正謙
67 其九（近世名家文粋）　斎藤正謙
68 貞婦美与七十寿序（拙堂文集）　斎藤正謙
69 羽二重説寿猪飼翁（山陽遺稿）　頼襄

巻之三

1 幼学綱要序（幼学綱要）　元田《もとだ》永孚《ながざね》
2 先哲叢談後編序（拙堂文集）　斎藤正謙
3 迪斎説（愛日楼文）　佐藤坦
4 送木下士勤序（息軒遺稿）　安井衡
5 送安井仲平東游序（宕陰存稿）　塩谷世弘
6 踰碓氷嶺過浅間山記（艮斎文略続）　安積信
7 下岐蘇川記（拙堂文集）　斎藤正謙
8 池無名伝（艮斎文略）　安積信
9 題画（朗廬文鈔）　阪谷素
10 象墜記（山陽遺稿）　頼襄
11 耶馬渓図巻記（山陽遺稿）　頼襄
12 霧島山記（艮斎文略）　安積信
13 観不知火記　訳橘南渓東西游記（本朝虞初新誌）　菊池純
14 山田長正（海外異伝）　斎藤正謙
15 浜田弥兵衛（海外異伝）　斎藤正謙
16 林子平伝（竹堂文鈔）　斎藤馨
17 高山彦九郎伝（山陽遺稿）　頼襄
18 蒲生君平（続近世叢語）　角田簡
19 上楽翁公書（山陽遺稿）　頼襄
20 与会沢恒蔵書（鶴梁文鈔）　林長孺
21 答芳川波山別紙（艮斎文略続）　安積信
22 伊能東河墓碣銘（愛日楼文）　佐藤坦
23 小出孺人浅羽氏墓誌銘（愛日楼文）　佐藤坦
24 西伯養老（殷帝乙七祀）　通鑑擥要

25　厲王弭謗（周厲王三十三年）　通鑑擥要
26　柯之盟（周荘王十二年）　通鑑擥要
27　夾谷之会（周敬王二十年）　通鑑擥要
28　孔子誅少正卯（周敬王二十三年）　通鑑擥要
29　衛鞅変法（周顕王十年）　通鑑擥要
30　斉魏論宝（周顕王十四年）　通鑑擥要
31　子思諫衛侯（周顕王二十三年）　通鑑擥要
32　陳軫弔楚王（周赧王二年）　通鑑擥要
33　范雎説秦王（周赧王四十五年）　通鑑擥要
34　李斯上書（秦始皇十年）　通鑑擥要
35　陳勝呉広起兵（秦二世元年）　通鑑擥要
36　項梁起兵（秦二世元年）　通鑑擥要
37　沛公入咸陽（漢王劉邦元年）　通鑑擥要
38　鴻門之会（漢王劉邦元年）　通鑑擥要
39　垓下之戦（漢高祖五年）　通鑑擥要
40　剖符封功臣（割符封功臣）（漢高祖六年）　通鑑擥要
41　張釈之守法（漢文帝三年）　通鑑擥要
42　周亜夫次細柳（漢文帝後元年）　通鑑擥要
43　蘇武使匈奴（漢武帝天漢元年）　通鑑擥要
44　蘇武還自匈奴（漢昭帝始元六年）　通鑑擥要

45　龔遂治渤海（漢宣帝地節四年）　通鑑擥要
46　疏広疏受請老（漢宣帝元康四年）　通鑑擥要
47　朱雲折檻（漢成帝元延元年）　通鑑擥要
48　馬援遇讒（漢光武帝建武二十四年）　通鑑擥要
49　三晋滅智氏（周威烈王二十三年）　資治通鑑
50　呉楚七国之反（漢景帝前三年）　資治通鑑
51　呉楚七国之反二（漢景帝前三年）　資治通鑑
52　呉楚七国之反三（漢景帝前三年）　資治通鑑
53　赤壁之戦（漢献帝建安十三年）　資治通鑑
54　玄武門之変（唐高祖武徳九年）　資治通鑑
55　玄武門之変二（唐高祖武徳九年）　資治通鑑
56　周徳威伝　五代史
57　死節伝　五代史

巻之四

1　孫子列伝　史記
2　平原君列伝　史記
3　楽毅列伝　史記
4　廉頗藺相如列伝　史記
5　田単列伝　史記

6 張耳陳余列伝　史記
7 淮陰侯列伝　史記
8 送石処士序　韓愈
9 送温処士赴河陽軍序　韓愈
10 送殷員外序　韓愈
11 送鄭尚書序　韓愈
12 送董邵南序　韓愈
13 送楊少尹序　韓愈
14 伯夷頌　韓愈
15 論仏骨表　韓愈
16 張中丞伝後序　韓愈
17 鱷魚文　韓愈
18 雑説四　韓愈
19 愚渓詩序　柳宗元
20 始得西山宴游記　柳宗元
21 鈷鉧潭記　柳宗元
22 鈷鉧潭西小丘記　柳宗元
23 至小丘西小石潭記　柳宗元
24 袁家渇記　柳宗元
25 石渠記　柳宗元

---

26 石澗記　柳宗元
27 小石城山記　柳宗元
28 桐葉封弟辯　柳宗元
29 晋文公問守原議　柳宗元
30 与韓愈論史官書　柳宗元
31 送田画秀才寧親万州序　欧陽修
32 吉州学記　欧陽修
33 豊楽亭記　欧陽修
34 酔翁亭記　欧陽修
35 昼錦堂記　欧陽修
36 王彦章画像記　欧陽修
37 朋党論　欧陽修
38 縦囚論　欧陽修
39 送石昌言為北使引　蘇洵
40 管仲論　蘇洵
41 六国　蘇洵
42 木仮山記　蘇洵
43 喜雨亭記　蘇軾
44 上梅直講書　蘇軾
45 范増論　蘇軾

46　留侯論　蘇軾
47　鼂錯論　蘇軾
48　日喩　蘇軾
49　稼説送張琥　蘇軾
50　剛説　蘇軾
51　黄州快哉亭記　蘇轍
52　上枢密韓太尉書　蘇轍
53　六国論　蘇轍
54　送李材叔知柳州序　曾鞏
55　道山亭記　曾鞏
56　読孔子世家　王安石
57　読孟嘗君伝　王安石

巻之五

1　蘇秦説秦恵王（秦策上）　戦国策
2　甘茂抜宜陽（秦策上）　戦国策
3　馮諼客孟嘗君（斉策下）　戦国策
4　張儀以連横説楚（楚策）　戦国策
5　蘇秦以合従説趙（趙策上）　戦国策
6　呉起対魏武侯（魏策上）　戦国策
7　郭隗説燕昭王（燕策上）　戦国策
8　見牛未見羊（梁恵王章句上）　孟子
9　養浩然之気（公孫丑章句上）　孟子
10　許行（滕文公章句上）　孟子
11　豈好辯哉（滕文公章句下）　孟子
12　孔子聖之時者也（万章章句下）　孟子
13　舎生而取義（告子章句上）　孟子
14　生於憂患而死於安楽（告子章句下）　孟子
15　原道　韓愈
16　進学解　韓愈
17　争臣論　韓愈
18　毛穎伝　韓愈
19　柳子厚墓誌銘　韓愈
20　祭十二郎文　韓愈
21　興州江運記　柳宗元
22　段太尉逸事状　柳宗元
23　捕蛇者説　柳宗元
24　梓人伝　柳宗元
25　種樹郭橐駝伝　柳宗元
26　上范司諫書　欧陽修

27 偃虹隄記　欧陽修
28 故覇州文安県主簿蘇君墓誌銘　欧陽修
29 南陽県君謝氏墓誌銘　欧陽修
30 滝岡阡表　欧陽修
31 上田枢密書　蘇洵
32 上韓枢密書　蘇洵
33 審勢　蘇洵
34 蘇氏族譜引　蘇洵
35 潮州韓文公廟碑　蘇軾
36 司馬温公神道碑銘　蘇軾
37 前赤壁賦　蘇軾
38 後赤壁賦　蘇軾
39 陳州為張安道論時事書　蘇轍
40 為兄軾下獄上書　蘇轍
41 撫州顔魯公祠堂記　曾鞏
42 越州趙公救菑記　曾鞏
43 祭欧陽文忠公文　王安石
44 傷仲永　王安石
45 前出師表　諸葛亮
46 後出師表　諸葛亮

---

47 蘭亭記　晋・王羲之
48 帰去来辞　陶潜（淵明）
49 春夜宴桃李園序　李白
50 弔古戦場文　李華
51 阿房宮賦　杜牧
52 岳陽楼記　范仲淹
53 愛蓮説　宋・周惇頤《とんい》（茂叔）
54 諫院題名記　司馬光
55 独楽園記　司馬光
56 袁州学記　李覯
57 書洛陽名園記後　宋・李格非
58 上高宗封事　胡銓（澹庵）
59 郤聘書　宋・謝枋得

おわりに

補集Iの解説では、初学者向けの漢文教科書というテーマで、明治十年代から三十年代前半までの初級者用教材の変遷と、明治十年代から二十年代の文部省の教科書調査の傾向について、おおよその展開を眺め渡してきた。教科書に触れていると気づくこともある一方で分からない箇所もそれ以上に増えていく。今回は準備不足で十分に述べることができなかったことも多いが、近代の漢文教科書がどのように体裁を整えてきたのか、その一端を多少なりとも示すことができていることを願う。

検定制度開始後の教科書で修正意見の残されたものは問題の特定がしやすい。続いて検証しなければならないのは、検定時に低い評価を付けられた作者や教材がその後の教科書で姿を消してしまうのか、ということである。拙劣という評語が付いた服部南郭の作品について言えば、検定を通過した教科書〈7〉秋山四郎編『中学漢文読本』において五篇採られている（「顕雅誤言」「平内府雅量」「鳥羽画」「大倉黄門」「二人妙技」すべて巻二）。また、服部の「夜下墨水（夜墨水を下る）」は、多くの教科書に採られた詩教材である。一部の作品に修正意見が付けられても、服部南郭の作品が教材としての価値が低くなった訳ではもちろんない。さらに服部南郭「保昌雅量」は、ここでは「拙」と評されたが、後に同じく小林八郎（集英堂）発行の〈292〉『中等漢文読本』において「藤原保昌」と題を変え、訓点も修正して採録された（巻一）。検定の担当者が変われば基準が変わることは教科書調査の傾向の一つであった。一時的に不適切とされてしまうだけで明治期の教科書には採録され続けるのか、担当者が変わっても評価が変わらずに検定済教科書に載らずに消えてしまったのか、明治期全体の教材の変遷の中に位置づけて考えなければならない。

時折、訓点の決まりの変遷について質問を受けることがある。現時点での私の関心が教材のほうにあるために、解説も教材に関する事柄が中心となり、訓点の傾向はまだ十分に調査ができていない。明治期の漢文教科書に見る訓読法の特徴については、羅工洙『訓読法から見た近代の文章研究』（羅工洙、二〇〇〇年）等の成果がある。こうした分野でも『集成』が活用されることに期待したい。

『明治漢文教科書集成』第Ⅰ期から第Ⅲ期の編集・解説を担当なさった、二松学舎大学の加藤国安先生からは、補集Ⅰ・Ⅱの編集と解説執筆の機会を与えていただき、解説についても多くのご批正を賜りました。不二出版編集部の仲村悠史様には、企画の段階からご助言を頂き、編集作業を迅速かつ的確に進めてくださいました。また、解説の元になった拙文については、大学院時代の先生方や先輩方、研究会の会員諸氏、社会人講座の先生方や共に学んだ受講生諸氏にも激励のお言葉とご助言を賜りました。ここに厚くお礼を申し上げます。

平成二十九年八月三十一日

参考教科書一覧

凡例

一、補集Ⅰと補集Ⅱの解説で参考にした教科書を、〈通し番号〉編著者名『書名』巻数、出版者、刊行年・月・日、採用の可否、その他の情報の順に記した。

一、「一、総集型」は、編著者名の五十音読み順に列挙した。

一、「二、丸本・抄本型」は修身、和漢文、歴史に関する教科書の順に並べ、一点の古典について三種以上の教科書がある場合は項目を立てて数が多い順に配列した。同じ項目の中は発行年月日順とし、改訂版がある場合は続けて記した。一冊の中に二種の古典が含まれている場合は※の後に該当する通し番号を記した。項目とその順序は次の通り。四書、小学、蒙求、近世叢語、先哲叢談、孝経、純正蒙求、修身書、文章軌範・続文章軌範、唐宋八家文、古文真宝、時文、明清文、詩文集、史記、日本外史、十八史略、近古史談、資治通鑑、春秋左氏伝、戦国策、歴史書。

一、人名の表記は教科書に従い、一覧内の教科書によって表記の違いがある場合等、必要に応じて名前の後に字や号を（　）内に記した。

一、同一編者の教科書は基本的には発行年月日順に並べた。改訂版が発行された場合は続けて記し、必要に応じてどの教科書の改訂版であるかを（　）内に記した。

一、書名が複数ある場合は（　）内にまず別タイトルのある場所を記し、続けて異なるタイトルを記した。

一、巻数の後には、和文や国語の教材とセットになっている漢文教科書は、（　）内に漢文教材が収められている巻や、その他の補足説明を記した。

一、刊行年月日は、明治期に発行されたものは「明」と記し、大正期に発行されたものは「大」と記して発行年を記した。明治以前に刊行されたものや中国で出版されたものは年号を略さずに記し、（ ）内に西暦を漢数字で記入した。それぞれの項目の関連事項や教科書全般に関する補足説明は（ ）で記し、手書きの場合やその他の資料で補った場合は［ ］で記した。

一、採用の可否については『調査済教科用図書表』及び『検定済教科用図書表』に基づいた。『調査済教科用図書表』に記載されたものはまず採用可、採用不可を示し、条件付きの採用の場合は「口授のみ」または「要伺出」と記した。続けて（ ）内に該表の小学校（小）、中学校・師範学校（中師）の区別、号数、発行年月日を記し、明記されている場合は教科名も記した。『調査済教科用図書表』と異なる記述がある場合は、「調：」の後に記した。

一、検定済の年月日は『検定済教科用図書表』に基づき、その記述と異なる箇所がある場合は年月日の後の（ ）内に「検：」の後に続けて注記した。さらに、中学校の漢文科、国語及漢文科以外の教科の場合はその教科名を記し、師範学校用と中学校との兼用の場合は（師中）と記した。

一、四方一瀾『「中学校教則大綱」の基礎的研究』（梓出版社、二〇〇四年一月）の付録の資料編をもとに一覧に含めた教科書については、「綱：」として参照した教科書と異なる記述について補足説明を行った。特に注記がない場合は同一書誌と想定したものである。最後に、付録の記載に従って修身・和漢文・歴史のいずれかの教科名を記した。

一、加藤国安編『明治期漢文教科書集成』第Ⅰ期―第Ⅲ期に収録された教科書は「集成Ⅰ」「集成Ⅱ」「集成Ⅲ」と記し、補集Ⅰ・補集Ⅱに収録予定の教科書は「補集Ⅰ」「補集Ⅱ」と記して必要に応じて収録されている教科書の巻数を（ ）内に示した。

一、総集型

〈1〉明石孫太郎編『中学漢文読本』巻一、大日本図書、明35・4・15発行

〈2〉同編『中学漢文読本』五巻（巻一は前半に〈1〉を収める）、大日本図書、明36・5・12発行

〈3〉同編、宮川熊三郎校『中学漢文読本』五巻、大日本図書、明37・3・11訂正再版、明37・3・18検定済

〈4〉秋山四郎編、那珂通世閲『漢文読本』五巻、原亮三郎、明24・10・9—明26・11・21発行

〈5〉同編『中学漢文読本』十巻、金港堂書籍、明27・8・25—明28・3・14発行

〈6〉同編『中学漢文読本』十巻、金港堂書籍、明28・8・4訂正再版（〈5〉の訂正版）

〈7〉同編『中学漢文読本』十巻、金港堂書籍、明29・8・1—4訂正再版（〈6〉の訂正版）、明29・8・17検定済、集成Ⅱ

〈8〉同編『中学漢文読本初歩』上下巻、金港堂書籍、明29・8・28発行、明29・10・15検定済、補集Ⅰ

〈9〉同編『第一訂正中学漢文読本』十巻、金港堂書籍、明33・2・14—3・27発行

〈10〉同編『第一訂正中学漢文読本』十巻、金港堂書籍、明34・3・18訂正再版、明34・3・25検定済、集成Ⅱ

〈11〉同編『第一訂正漢文教科書』五巻、金港堂書籍、明39・9・3訂正三版、明39・10・22検定済

〈12〉同編『漢文教科書』五巻、金港堂書籍、明34・11・18発行、集成Ⅲ（巻三・四）

〈13〉同編『漢文教科書』五巻、金港堂書籍、明35・3・5訂正再版、明35・3・11検定済、集成Ⅲ（巻一・二・五）

〈14〉同編『新撰漢文読本』十巻、金港堂書籍、明38・11・5発行

〈15〉同編『新撰漢文読本』十巻、金港堂書籍、明39・1・18訂正再版、明39・1・24検定済

〈16〉同編『新編漢文読本』五巻、金港堂書籍、明44・11・4発行

〈17〉同編『新編漢文読本』五巻、金港堂書籍、明45・2・18訂正再版、明45・2・21検定済

〈18〉阿部弘蔵編『小学漢文読本中等科』上中下巻、原亮三郎（発売）、明15・5・20版権免許・明16・10出版、採用可（小第22号、明17・8、読書）、集成Ⅰ
〈19〉飯田御世吉郎・塩井正男編『漢文新読本』五巻、普及舎、明35・2・1発行
〈20〉同編『漢文新読本』五巻、普及舎、明35・12・17訂正三版、明36・2・3検定済
〈21〉飯田御世吉郎編『漢文読本』五巻、大日本図書、明44・11・28発行
〈22〉同編『漢文読本』五巻、大日本図書、明45・3・30訂正再版、明45・4・15検定済（師中）
〈23〉育英舎編輯所編『中等教科国語漢文読本』五巻十三冊（漢文:巻一上下、巻二上下、巻三下、巻四下、巻五下）、育英舎、明36・1・4発行
〈24〉同編『中等教科国語漢文読本』五巻十三冊（漢文:巻一上下、巻二上下、巻三下、巻四下、巻五下）、育英舎、明36・11・12訂正再版、明36・12・1検定済
〈25〉同編『中等国語漢文読本』乙種二冊、育英舎、明36・1・4発行
〈26〉同編『中等教科国語漢文読本』乙種二冊、育英舎、明36・11・12訂正再版、明36・12・1検定済
〈27〉池田観編、三尾重定删定、福羽美静閲『新撰小学読本中等科』六巻（漢文：巻三―六）、山岸弥平、明16・7出版
〈28〉石川鴻斎批選、沈文熒・黄遵憲評『日本文章軌範』七巻三冊、稲田佐吉、明12・6・18版権免許、第一・三冊、採用可（小第12号、明15・5・30。中師第2号、明16・2・28）、第二冊、採用不可（小第15号、明16・2・28。中師第2号、明16・2・28）、綱：刊年不明、和漢文
〈29〉同批選、同評『再刻日本文章軌範』七巻三冊、稲田佐吉、明15・1再刻、採用可（小第17号、明16・11。中師第4号、明16・12）、綱：刊年不明、和漢文
〈30〉同批選、同評『再刻日本文章軌範』七巻三冊、稲田佐吉、明21・11訂正版、明21・11・20検定済
〈31〉同批選、沈文熒・黄錫詮・王治本評『続日本文章軌範』七巻三冊、稲田佐吉、明15・9・16版権免許・明15・

11出版、補集Ⅰ

〈32〉同批選、同評『続日本文章軌範』七巻三冊、稲田佐吉、明21・11訂正版、明21・11・20検定済

〈33〉同校註『日本八大家文読本』八巻四冊、坂上半七、明15・12・8版権免許・明16・4出版、

〈34〉同編纂『評註和漢合璧文章軌範』四巻、前田円、明17・6・5版権免許・明17・10出版、綱：書名「合壁文章軌範」、編者・刊年・巻数不明、和漢文

〈35〉同編『中等教育漢文軌範』、博文館、明26・4・〔29〕発行、集成Ⅱ

〈36〉石田羊一郎・牧野謙次郎編『新編漢文読本』第四・五編四冊、丸善書店、明31・5・23―明31・9・12発行

〈37〉市村瓚次郎編『中学漢文読本』五巻、金港堂書籍、明42・12・15発行、集成Ⅲ

〈38〉同編『中学漢文読本』五巻、金港堂書籍、明43・2・8訂正再版、明43・2・17検定済

〈39〉同編『中学漢文読本』五巻、金港堂書籍、明43・12・8訂正三版

〈40〉同編『中学漢文読本』五巻、金港堂書籍、明44・3・3訂正四版、明44・3・14検定済

〈41〉伊藤允美・高原操編『新定漢文読本』五巻、集英堂、明34・12・〔16〕発行

〈42〉同編『新定漢文読本』五巻、集英堂、明35・3・17訂正再版、明35・3・24検定済

〈43〉伊藤允美・葉善鎔編、呉如綸校『漢文教典』五巻、太陽舎、明36・11・6発行

〈44〉同編、同校『漢文教典』五巻、太陽舎、明37・12・13訂正再版、明37・12・27検定済

〈45〉稲垣千穎輯『小学漢文読本』四巻、小林久太郎、明17・11・5―明18・1・17版権免許・明17・12―明18・1出板、集成Ⅰ（巻一―三）

〈46〉井上寛編、三島毅閲『中等教科新体漢文読本』六巻、大倉書店、明33・9・18―12・8発行

〈47〉同編、同閲『中等教科新体漢文読本』六巻、大倉書店、明34・3・28訂正再版、明34・4・12検定済

〈48〉内田周平編『中学漢文読本』五巻、明治図書、明41・11・27発行

〈49〉同編『中学漢文読本』五巻、明治図書、明42・1・28訂正版、明42・2・4検定済
〈50〉同編『増訂中学漢文読本』五巻、明治図書、明44・12・14発行
〈51〉同編『増訂中学漢文読本』五巻、明治図書、明45・3・8訂正版、明45・3・12検定済
〈52〉内堀維文著『中学漢文入門』上下巻、金港堂書籍、明33・4・18発行、明33・10・12検定済
〈53〉同編『新体漢文読本』五巻、金港堂書籍、明35・12・17発行
〈54〉同編『新体漢文読本』五巻、金港堂書籍、明36・10・10訂正再版、明36・11・27検定済
〈55〉宇野哲人編『新撰漢文読本』五巻、学海指針社、明37・12・8発行
〈56〉同編『新撰漢文読本』五巻、前川一郎（学海指針社発売）、明38・2・13訂正再版、明38・2・15検定済、補集Ⅱ
〈57〉同編『訂正新撰漢文読本』五巻、学海指針社、明43・11・11訂正三版
〈58〉同編『訂正新撰漢文読本』五巻、学海指針社、明44・2・9訂正四版、明44・2・20検定済
〈59〉太田武和編輯『高等小学漢文軌範』上下巻、東生亀治郎、明18・2・18版権免許・明20・5刻成出版、集成Ⅰ
〈60〉大谷元知・依田喜信抄『文章奇観』三巻、鹿島利介、明9・12・15板権免許・明10・1新鐫、綱：和漢文
〈61〉大谷元知・鹿島知荘抄、川田剛（甕江）閲『文章奇観続編』三巻、鹿島利介、明10・10・20版権免許・明10・11出板、綱：和漢文
〈62〉大沼鶴林点註『漢文異采』、金剌芳流堂、明31・5・5発行、綱：和漢文
〈63〉岡三慶著、高田菊校『三慶文鈔一名小学漢文体』二巻、深沢堅二、明12・11・6版権免許
〈64〉岡田正之編纂『新定漢文読本』五巻、開成館、明44・12・28発行
〈65〉同編纂『新定漢文読本』五巻、開成館、明45・3・19訂正再版、明45・3・27検定済（師中）
〈66〉岡部新三郎編、浅井郁太郎閲、野崎又太郎校『中等漢文読本』巻五、共益商社書店、明33・9・17発行
〈67〉岡松甕谷撰『初学文範』、岡松三太郎、明9・10・24版権免許・明10・1・27刻成・明44・2・18再版

〈68〉岡本監輔編次『小学新編』上中下巻、岡本監輔、明15・6・1版権免許・明15・8・10出版、綱：和漢文、集成Ⅰ
〈69〉小川伊典纂『鼇頭評点　上等小学漢文軌範』上下巻、東生鉄五郎、明14・2・21版権免許・明14・3・3刻成出版、集成Ⅰ
〈70〉小薬昌造・日下寛編次、川田剛評点『文海指針』、吉川半七、明9・9・27版権免許・明9・10鐫、採用可・要伺出（中師第9号、明18・1、作文）
〈71〉笠間益三編纂『小学中等科読本』漢文二巻、岸田貢次郎、明15・9・16版権免許・明17・11出版、集成Ⅰ（仮名交リ文三巻）
〈72〉同編、三島毅（中洲）訂正『小学中学用読本　漢文』三巻、文学社、明19・9・21改題御届
〈73〉同編、同訂正『中学用読本　漢文』三巻、文学社、明18・4・17再版御届・明20・6・1訂正再版・明20・6・16改題再版、明20・6・25検定済
〈74〉学海指針社編『中学漢文読本』十巻、集英堂、明33・9・23発行
〈75〉狩野直喜編『中学科程漢文読本』十巻、普及舎、明32・11・21発行
〈76〉亀谷行（省軒）編『小学文範』二巻、亀谷省軒、明10・9・7―25版権免許・明10・10・20―25出版、採用可（小第21号、明17・8。中師第7号、明17・8、作文）、集成Ⅰ
〈77〉同編『育英文範』二巻、亀谷行、明10・9・7―25版権免許・明10・10・20―25出版、採用可（小第18号、明16・12。中師第5号、明17・1、作文）、綱：明15刊、和漢文
〈78〉簡野道明纂『初等漢文読本』四巻、内外出版協会、明32・9・4発行、明33・1・22検定済、集成Ⅲ
〈79〉同編『新編漢文読本』五巻、明治書院、明44・10・30発行
〈80〉同編『新編漢文読本』五巻、明治書院、明44・12・25訂正版、明45・1・8検定済、集成Ⅲ
〈81〉菊池純（三渓）編『記事論説漢文軌範』上下巻、田中太右衛門、明17・7・5版権免許・明18・5・30出版発兌

〈82〉木沢成粛編、山内貢校『小学中等読本　漢文』三巻、木沢成粛、明14・6・2版権免許、集成Ⅰ（巻一）
〈83〉同編、同校『小学中等読本　漢文』三巻、木沢成粛、明17・7・11訂正再版御届、集成Ⅰ（巻二・三）
〈84〉同編『小学漢文読本』上中下巻、木沢成粛・中川栄吉、明14・9・21版権免許、採用可（小第9号、明14・2・28。中師第2号、明16・2・28）
〈85〉木村敏編『小学漢文読本』上下巻、伊勢安吉衛門、明14・12出板
〈86〉京都府学務課編纂『和漢文類』四篇八冊（各篇和文：巻上、漢文：巻下）、杉本甚介、明16・12・6版権所有届・明17・2―明18・2刻成発兌
〈87〉同編纂『和漢文類』二篇四冊（各篇和文：巻上、漢文：巻下）、杉本甚介、明16・12・6版権所有届・明18・3・7訂正再版届
〈88〉共益商社編『中等漢文読本』巻一、共益商社書店、明32・11・［14］発行
〈89〉金港堂書籍編輯所編『中学漢文入門』、金港堂書籍、明28・4・23発行
〈90〉久保田梁山編輯『和漢雅俗三体作文解環』、木村文三郎、明10・4・5版権免許・明10・9発兌
〈91〉同編輯『漢文作法尺牘』、木村文三郎、明11・5・13版権免許・明11・9成刻
〈92〉久留間璵三編輯『中等作法漢文軌範』二巻、渡辺貞吉、明15・6・28版権免許・明16・9・21出版
〈93〉敬業社編纂『漢文読本』巻一―三・九―十二、敬業社、明22・［5］・［2］―明24・12・28発行
〈94〉啓成社編輯所編『帝国漢文読本』五巻、啓成社、明42・11・30発行
〈95〉同編『帝国漢文読本』五巻、啓成社、明43・2・28訂正再版、明43・3・7検定済
〈96〉元元堂書房編輯所編『中等教科新撰漢文』五巻、元元堂書房、明43・10・31発行
〈97〉同編『中等教科新撰漢文』五巻、元元堂書房、明44・2・7訂正再版、明44・2・21検定済
〈98〉弘文館編纂『中学漢文読本』十巻、弘文館、明34・10・30発行

〈99〉同編纂『中学漢文読本』十巻、弘文館、明35・2・25訂正再版、明35・3・10検定済
〈100〉同編纂、深井鑑一郎訂正『訂正中学漢文読本』五巻、弘文館、明35・12・5訂正三版、補集Ⅱ
〈101〉同編纂、同訂正『訂正中学漢文読本』五巻、弘文館、明36・3・31訂正四版、明36・4・13検定済
〈102〉興文社編次『新定漢文』五巻、興文社、明32・7・14—11・28発行
〈103〉同編次『訂正新定漢文』五巻、興文社、明33・7・30訂正再版、明33・12・5検定済、補集Ⅰ
〈104〉同編次『新定漢文読例』、興文社、明33・3・11発行、明33・11・30検定済、補集Ⅰ
〈105〉同編次『教科適要《ママ》漢文叢書　本朝名家文鈔』二巻、興文社、明34・8・8発行
〈106〉同編次『教科適用漢文叢書　本朝名家文鈔』二巻、興文社、明35・2・23訂正再版、明35・3・3検定済
〈107〉同編次『教科適用漢文叢書　本朝名家文鈔（甲）』二巻、興文社、明34・8・8発行（以下、興文社編「教科適用漢文叢書（教科適要漢文叢書）」は、（甲）は送り仮名と返点を施したもので、（乙）は返点のみを施したものであることを示している）
〈108〉同編次『教科適用漢文叢書　本朝名家文鈔（乙）』巻一、興文社、明36・6・18発行
〈109〉同編次『教科適用漢文叢書　本朝史伝鈔』三巻、興文社、明34・9・20—10・15発行
〈110〉同編次『教科適用漢文叢書　本朝史伝鈔』三巻、興文社、明35・2・23訂正再版、明35・3・3検定済
〈111〉同編次『教科適用漢文叢書　本朝史伝鈔（甲）』三巻、興文社、明34・9・20—10・15発行
〈112〉同編次『教科適用漢文叢書　本朝史伝鈔（乙）』巻一、興文社、明36・6・18発行
〈113〉同編次『教科適用漢文叢書　国史鈔』二巻、興文社、明34・12・［21］発行
〈114〉同編次『教科適用漢文叢書　国史鈔』巻二、興文社、明35・2・23訂正再版、明35・3・3検定済
〈115〉同編次『教科適用漢文叢書　国史鈔（甲）』二巻、興文社、明34・12・21発行
〈116〉同編次『教科適用漢文叢書　国史鈔（乙）』二巻、興文社、明35・8・20発行

〈117〉国語漢文会編輯、渋谷啓蔵校『新編漢文読本』五巻、山海堂書店、明40・9・18発行

〈118〉同編輯、同校『新編漢文読本』五巻、山海堂書店、明41・1・11訂正再版、明41・1・18検定済

〈119〉同編輯、同校『訂正新編漢文読本』五巻、山海堂書店、明41・10・18訂正三版

〈120〉同編輯、同校『訂正新編漢文読本』五巻、山海堂書店、明41・12・16訂正四版、明41・12・24検定済

〈121〉同編輯、児島献吉郎再訂『再訂新編漢文読本』五巻、山海堂書店、明43・10・20再訂版

〈122〉同編輯、同再訂『再訂新編漢文読本』五巻、山海堂書店、明44・3・5再訂修正版、明44・3・7検定済

〈123〉国語漢文研究会編『中等漢文読本』十巻、明治書院、明33・12・5発行

〈124〉同編『中等漢文読本』十巻、明治書院、明34・3・23訂正四版、明34・3・25検定済、集成Ⅱ

〈125〉同編『中等漢文読本』十巻、明治書院、明34・7・25訂正八版、明34・11・28検定済（検：明35・11・28発行）

〈126〉同編『中等漢文教科書』五巻、明治書院、明35・11・5発行

〈127〉同編『中等漢文教科書』五巻、明治書院、明36・2・23訂正再版、明36・3・2検定済

〈128〉同編、簡野道明校『新編漢文教科書』五巻、明治書院、明37・10・30発行

〈129〉同編、同校『新編漢文教科書』五巻、明治書院、明38・1・31訂正再版、明38・2・2検定済、集成Ⅲ

〈130〉同編、同校『改訂新編漢文教科書』五巻、明治書院、明39・11・3改訂版

〈131〉同編、同校『改訂新編漢文教科書』五巻、明治書院、明40・2・1改訂再版、明40・2・4検定済

〈132〉同編、同校『再訂新編漢文教科書』五巻、明治書院、明42・9・30再訂版

〈133〉同編、同校『再訂新編漢文教科書』五巻、明治書院、明42・12・27再訂再版、明43・1・12検定済

〈134〉同編、同校『高等漢文読本』、明治書院、明39・12・25発行

〈135〉同編、同校『高等漢文読本』、明治書院、明40・6・3訂正再版、明40・6・3検定済

〈136〉国語漢文専攻会編『新撰漢文教科書』五巻、内田老鶴圃、明37・10・23発行

〈137〉同編『新撰漢文教科書』五巻、内田老鶴圃、明38・1・28訂正再版、明38・2・10検定済
〈138〉国語漢文同志会編纂『中等漢文読本』十巻、六盟館、明34・12・17発行
〈139〉同編纂『中等漢文読本』十巻、六盟館、明35・3・15訂正再版、明35・3・25検定済
〈140〉国光社編纂、副島種臣閲『中等漢文読本』十巻、深辺祐順、明30・9・29発行
〈141〉同編纂、同閲『中等漢文読本』十巻、西沢之助、明31・5・21発行（〈140〉の訂正版）
〈142〉同編纂、同閲『中等漢文読本』十巻、西沢之助、明32・2・12発行（〈141〉の訂正版）
〈143〉同編纂、同閲『中等漢文読本』十巻、西沢之助、明32・3・23訂正再版（〈142〉の訂正版）、明32・3・31検定済
〈144〉同編纂、同閲『新編中等漢文』五巻十冊、国光社、明35・[4]・[28]発行
〈145〉国光社編輯所編、内堀維文校閲『中等漢文読本』五巻、国光社、明36・10・13発行
〈146〉同編、同校閲『中等漢文読本』五巻、国光社、明37・3・15訂正再版、明37・3・23検定済
〈147〉阪本栗夫編纂『標註読書纂要』上下巻（漢文：巻下）、三木佐助、明32・3・31発行
〈148〉笹川種郎編『中等漢文新読本』十巻、大日本図書、明33・12・18発行
〈149〉同編『中等漢文新読本』十巻、大日本図書、明34・3・24訂正再版、明34・3・27検定済
〈150〉同編『中等漢文新読本』五巻、大日本図書、明35・12・5訂正三版
〈151〉同編『中等漢文新読本』五巻、大日本図書、明36・12・7訂正四版、明36・12・9検定済
〈152〉指原安三編輯『漢文読本』十巻、普及舎、明29・9・9―[10]・[9]発行
〈153〉同編輯『漢文読本』十巻、普及舎、明30・2・22訂正再版、補集Ⅰ
〈154〉佐田白茅編選『近世文体』上中下巻、内藤伝右衛門、明10・8・18版権免許・明10・12出板、綱：編者・刊年不明、和漢文
〈155〉同編輯、大来社評解『続近世文体』上中下巻、内藤伝右衛門、明12・1・23版権免許・明12・2出板

〈156〉同編輯『学校読本記事文格』、佐田白茅、明11・9・26版権免許
〈157〉沢柳政太郎・岩垂憲徳著『中等漢文』五巻、森山章之丞、明43・11・23発行
〈158〉同著『中等漢文』五巻、森山章之丞、明44・2・17修正再版、明44・2・20検定済
〈159〉三省堂編輯所編『中等国語漢文読本』十五巻（漢文：巻一―九、十一―十五）、三省堂、明35・12・21発行
〈160〉同編『中等国語漢文読本』十五巻（漢文：巻一―九、十一―十五）、三省堂、明37・2・6修正再版、明37・2・4検定済（検：書名「中学国語漢文読本」）
〈161〉鹿野至良編述『高等小学漢文記事論説文例』上下巻、山中喜太郎、明15・2・15版権免許・明15・3出版
〈162〉重野安繹・竹村鍛編『新撰漢文講本入門』、富山房、明32・2・15発行・明33・1・14訂正再版、明32・7・10検定済（検：明32・2・20発行）、補集I
〈163〉同編『新撰漢文講本』三巻、富山房、明32・2・28―4・22発行、明32・7・10検定済
〈164〉同編『新撰漢文講本』巻二・六（巻二：〈163〉巻一中・下、巻六：〈163〉巻三中・下）、富山房、明33・1・14訂正再版
〈165〉島田鈞一・安井小太郎編『高等漢文』五巻、文昌閣、明41・8・26発行
〈166〉同編『増訂高等漢文』巻一、育英書院、明43・8・10増訂三版
〈167〉島田鈞一編『高等漢文新読本』、明治図書、明41・12・17発行
〈168〉同編『高等漢文新読本』、明治図書、明42・2・10訂正再版、明42・2・19検定済
〈169〉同編『中学漢文読本』五巻、共益商社書店、明44・12・26発行
〈170〉同編『中学漢文読本』五巻、共益商社書店、明45・3・14訂正再版、明45・3・15検定済
〈171〉清水平一郎編纂、西村豊校補『漢文新読本』五巻、郁文舎、明37・9・26発行
〈172〉同編、同校『漢文新読本』五巻、学海指針社、明38・1・14訂正第二版、明38・1・21検定済

〈173〉同編、同校『訂正漢文新読本』五巻、吉川弘文館、明39・9・[28]訂正第四版
〈174〉同編、同校『訂正漢文新読本』五巻、吉川弘文館、明39・11・4訂正第五版、明39・11・8検定済
〈175〉鐘美堂編輯所編纂『中学漢文』五巻、鐘美堂書店、明42・11・24発行
〈176〉同編、塩谷時敏校閲『中学漢文』五巻、鐘美堂書店、明43・1・13訂正再版、明43・1・21検定済
〈177〉真宗京都中学著『中学漢文定本』二巻、法蔵館、明43・8・1—明44・10・10発行
〈178〉杉浦正臣編『漢文習文活法』上下巻、青木輔清、明15・6・30版権免許・明15・12・25刻成出板、採用可（中師第7号、明17・8、作文）
〈179〉鈴木栄次郎編『漢文読本』二巻、小林八郎、明26・8・31発行、補集Ⅰ
〈180〉鈴木重義著、中村正直・亀谷省軒評『初学文編』三巻、亀谷竹二、明14・11・19版権免許・明15・3・5—明16・1・6出板、採用可（小第18号、明16・12）。中師第4号、明16・12）、明21・1・7検定済（検：出版者「小林義則」）、集成Ⅰ
〈181〉同編、同評『中学文編』漢文三巻、小林義則、明30・8・15改題再版、明31・10・13検定済
〈182〉鈴木静・石渡石松・馬場節蔵・光藤泰次郎編『中学漢文』六巻、目黒書店、明37・12・28発行
〈183〉同編『中学漢文』六巻、目黒書店、明38・8・7再版、明39・3・10検定済
〈184〉関口禹之輔（奥付「助」）著述『漢文作法』、北畠茂兵衛、明10・6・12版権免許
〈185〉高木賚編輯、雲谷任斎校閲、頼復閲題、谷喬補正『日本勤王篇』四巻五冊、山岸弥平、明16・12・12版権免許・明17・4出版
〈186〉同編輯、同校閲、同閲題、同補正『校刻日本勤王篇』三巻、山岸弥平、明17・11・12版権免許・明17・11出版
〈187〉高瀬武次郎編『新編漢文読本』五巻、六盟館、明32・1・5発行、明32・1・5検定済
〈188〉滝川昇編纂、石川鴻斎序閲『纂註和漢文格評林』上下巻（漢文：巻下）、辻本尚書堂、明13・2・10版権免許・

明16・5・12改題御届・明17・3・19出版発行、採用可・要伺出（中師第10号、明18・2、作文）
〈189〉滝田紫城編輯『漢文自在』上下巻、林斧介、明11・9・28版権免許・明12・3―8出版
〈190〉竹内貞編輯『初学文編』、熊谷幸介、明12・［4］・［8］版権免許・明12・4出版、集成Ⅰ
〈191〉同編輯『皇朝八家文鈔』巻一・二・五―八、内藤伝右衛門、明14・7・27御届・明14・8出版
〈192〉中学科研究会編『国語漢文中学読本』十巻（漢文：巻一―六・八・十）、六盟館、明36・12・5発行
〈193〉同編『国語漢文中学読本』十巻（漢文：巻一―六・八・十）、六盟館、明37・3・15訂正再版、明37・4・4検定済
〈194〉血脇守之助編『普通漢文読本』巻上、樋口小佐衛門、明25・［6］・［19］出版
〈195〉寺倉梅太郎撰評、藤沢南岳校閲『今古三十六名家文鈔』（題簽：今古三十六名家文抄）上中下巻、前川善兵衛、明12・1・9出版
〈196〉土田泰士亮著、原田機一校『古今両体明治作文率』三巻（漢文：巻一）、寺沢松之助、明12・4・9板権免許・明17・4・20刻成
〈197〉土屋栄編『近世名家小品文鈔』上中下巻、土屋栄、明10・5・16版権免許、採用可（小第6号、明14・8・31。中師第2号、明16・2・28）、綱：和漢文、補集Ⅰ
〈198〉土屋栄・石原嘉太郎編、南摩綱紀閲『和漢小品文鈔』上中下巻、小林喜右衛門、明18・7・23版権免許・明18・10出版、補集Ⅰ
〈199〉東条永胤編『近世名家文粋初編』三巻、別所平七、明9・12・20版権免許・明10・3出板、採用可（小第17号・明16・11。中師第4号・明16・12）、綱：和漢文
〈200〉同編『近世名家文粋二編』三巻、別所平七、明10・9・10出版御届・明10・12出板、採用可（小第17号・明16・11。中師第4号・明16・12）
〈201〉土岐政孝編『中等漢文教科書』五巻、興文社、明38・11・30発行

〈202〉同編『中等漢文教科書』五巻、興文社、明39・2・23訂正再版、明39・2・24検定済
〈203〉同編『改訂中等漢文教科書』五巻、興文社、明40・12・12訂正三版
〈204〉同編『改訂中等漢文教科書』五巻、興文社、明41・2・8訂正四版、明41・2・14検定済
〈205〉鳥山啓編『小学中等科読本』六巻（漢文:巻三―六）、熊谷幸介、明15・2・4版権免許・明15・4・15改題御届、採用可（小第21号、明17・8、読書）、綱：刊年不明、和漢文
〈206〉中根淑編輯『新撰漢文読本』上下巻、原亮三郎、明24・9・10発行、集成Ⅱ
〈207〉同編『撰註漢文読本』九巻弁髦一巻、金港堂書籍、明30・9・29発行
〈208〉中村鼎五撰『日本漢文学読本』首巻四巻、中島精一・目黒甚七、明26・1・10―7・21発行
〈209〉西村義民編輯『漢文記事論説文例』上下巻、田中治兵衛、明14・2・22版権免許・明14・9出版
〈210〉服部宇之吉編『漢文新読本』五巻、明治図書、明41・11・22発行
〈211〉同編『漢文新読本』五巻、明治図書、明42・11・21発行・明42・1・26訂正再版、明42・2・4検定済
〈212〉同編『服部漢文新読本』五巻、明治図書、明44・10・30発行
〈213〉同編『服部漢文新読本』五巻、明治図書、明45・1・16訂正再版、明45・2・1検定済
〈214〉馬場健編『本朝名家文範』上中下巻、鈴木吉蔵、明18・4・24版権免許・明18・6・4改題御届・明18・9出版
〈215〉同編『本朝名家文範』上中下巻、松村九兵衛、明20・8・3訂正再版、明20・8・20検定済
〈216〉同編『本朝名家文範』上中下巻、森本専助ほか、明25・11・20第三版、補集Ⅰ
〈217〉羽田安政・河野通之・下森来治編、岡千仞・蒲生重章校『中等教育漢文軌範』三巻四冊、大草常章、明26・3・27―明27・7・[27]発行
〈218〉同編、同校『中等教育漢文軌範』前編巻之一、大草常章、明26・11・18発行
〈219〉平井参・池田四郎次郎編『新撰中学漢文』四巻、内田芳兵衛、明31・4・2―8・19発行、明31・12・28検定済

〈220〉平井義直編輯、百東誠助・河原一郎閲『小学中等新撰読本』六巻七冊、杉本甚介、明17・4・10版権免許・明17・9・5刻成発兌
〈221〉深井鑑一郎・堀捨二郎編纂『標註漢文教科書』四巻、吉川半七、明24・3・5―明25・7・20発行、集成Ⅱ
〈222〉深井鑑一郎編纂『中等教育標註漢文入門』、吉川半七、明25・11・10発行
〈223〉同輯『中学漢文』八冊、宮崎道正、明27・11・18―明29・5・11発行
〈224〉同編纂『撰定中学漢文』十巻、吉川半七、明30・3・15―7・17発行、集成Ⅱ（巻一―八）
〈225〉同編纂『撰定中学漢文』十巻、吉川半七、明31・7・12訂正再版、明31・8・15検定済（巻一から巻八は修正のため明31・12・20にさらに検定）
〈226〉同編纂『撰定中学漢文』巻九・十、吉川半七、明31・12・3訂正三版、明31・12・20検定済、集成Ⅱ
〈227〉同編纂『刪修撰定中学漢文』十巻、吉川半七、明32・12・25刪修訂正四版
〈228〉同編纂『刪修撰定中学漢文』十巻、吉川半七、明34・3・9刪修訂正五版
〈229〉同編纂『刪修撰定中学漢文』十巻、吉川半七、明34・5・10刪修訂正六版、明34・6・11検定済
〈230〉同編纂『改訂中学漢文』巻一―七・九、敬業社、明32・2・16―4・28発行
〈231〉同編纂『撰定中学漢文初歩』、吉川半七・吉岡宝文館、明33・3・14発行、明33・10・12検定済
〈232〉同編纂『中等漢文定本』五巻、宝文館・吉岡宝文館、明42・11・25発行
〈233〉同編纂『中等漢文定本』五巻、宝文館・吉岡宝文館、明42・12・23訂正再版、明42・12・28検定済
〈234〉同編纂『訂正中等漢文定本』五巻、宝文館・吉岡宝文館、明44・10・5訂正三版
〈235〉同編纂『訂正中等漢文定本』五巻、宝文館・吉岡宝文館、明44・12・25訂正四版、明45・1・15検定済
〈236〉福井淳編『作法明弁新撰漢文軌範』上下巻、花井卯助、明19・5・27版権免許
〈237〉福永享吉編『漢文副読本』二巻、藤井孫六、明40・9・28発行

〈238〉同編『訂正漢文副読本』二巻、金港堂書籍、明43・3・18発行
〈239〉同編『訂正漢文副読本』二巻、金港堂書籍、明45・3・15再版
〈240〉福山義春・服部誠一編『中等教科漢文読本』十巻、阪上半七、明32・2・23発行、明32・5・5検定済、補集Ⅱ
〈241〉藤田豊八・水月哲英編『新体中学漢文教程』十巻、大日本図書、明32・9・5発行
〈242〉同編『新体中学漢文教程』十巻、大日本図書、明33・3・7訂正版
〈243〉藤本勝次郎編輯『復文捷径』（巻下本文：復文捷径附録）上下巻、高阪岩太、明12・12・23版権免許・明治13・4月出版、採用不可（中師第9号、明18・1、作文、調：刊年不明）
〈244〉普通教育研究会編『中学国語漢文初歩』上下巻（漢文：巻下）、水野慶次郎、明34・10・16発行
〈245〉同編『中学国語漢文初歩』上下巻（漢文：巻下）、水野慶次郎、明35・1・27訂正再版、明35・2・3検定済
〈246〉同編、依田百川校閲『修補中学国語漢文初歩』上下巻、水野慶次郎、明38・12・9発行
〈247〉同編、同校閲『修補中学国語漢文初歩』上下巻、水野慶次郎、明39・5・3訂正再版、明39・5・17検定済
〈248〉同編、同校閲『新撰中学漢文読本』十巻、水野慶次郎、明34・2・12発行
〈249〉同編、同校閲『新撰中学漢文読本』十巻、水野慶次郎、明34・12・29訂正再版、明35・1・24検定済
〈250〉同編、同校閲『改訂中学漢文読本』五巻、水野慶次郎、明35・11・25発行
〈251〉同編、同校閲『改訂中学漢文読本』五巻、水野慶次郎、明36・4・8訂正再版、明36・4・10検定済
〈252〉同編、同校閲『再訂中学漢文読本』五巻、水野慶次郎、明39・9・30発行
〈253〉同編、同校閲『再訂中学漢文読本』五巻、水野慶次郎、明40・1・5訂正再版、明40・1・17検定済
〈254〉同編、日下寛校閲『三訂中学漢文読本』五巻、水野慶次郎、明44・11・21発行
〈255〉同編、同校閲『三訂中学漢文読本』五巻、水野慶次郎、明45・2・24訂正再版、明45・3・1検定済
〈256〉法貴慶次郎編纂、服部宇之吉校閲『漢文読本』五巻、元元堂書房、明37・12・12発行、補集Ⅱ

〈257〉同編纂、同校『漢文読本』五巻、元元堂書房、明38・5・11訂正再版、明38・5・16検定済
〈258〉同編纂、同校『改訂漢文読本』五巻、元元堂書房、明38・9・23訂正三版
〈259〉同編纂、同校『改訂漢文読本』五巻、元元堂書房、明39・1・10修正再版、明39・1・19検定済
〈260〉宝文館編輯所編、星野恒校『中等漢文読本』五巻、大葉久吉、明41・11・3発行
〈261〉同編、同校『中等漢文読本』五巻、大葉久吉、明41・12・25訂正再版、明42・1・7検定済
〈262〉松田斉編『実用漢文教科書』、三木佐助、明25・4・27発行
〈263〉松本豊多編纂『漢文中学読本』初巻三巻六冊、吉川半七、明25・9・23―明26・6・13発行、補集Ⅰ（初巻、巻二上下、巻三上下）
〈264〉同編纂『漢文中学読本』巻一、吉川半七、明25・9・24発行・明26・9・24訂正二版（〈263〉巻一下の訂正版）
〈265〉同編纂『漢文中学読本』巻一、吉川半七、明26・10・15訂正三版、補集Ⅰ
〈266〉同編纂『漢文中学読本初歩』、吉川半七、明28・3・22発行、補集Ⅰ
〈267〉同編纂『漢文中学読本初歩』、吉川半七、明29・6・9訂正二版、明29・6・12検定済
〈268〉三尾重定纂述『漢文紀事論説五百題』巻之上初編、松林堂、明17・8序
〈269〉三島毅編纂批評『初学文章軌範』上中下巻、小林義則、明19・7出版
〈270〉同編纂批評『初学文章軌範』上中下巻、小林義則、明20・11・8訂正再版御届、明21・1・7検定済、集成Ⅰ
〈271〉同編纂批評『初学文章軌範』上中下巻、小林竹雄、明44・9・11発行（〈270〉の訂正版）
〈272〉同編纂批評『初学文章軌範』上中下巻、小林竹雄、明44・12・11訂正再版（〈271〉の訂正版）、明45・1・10検定済（師中）
〈273〉水越成章評選『日本名家漢文作例』上下巻、吉岡平助、明15・4・10版権免許・明16・1刊行
〈274〉三宅少太郎編輯、藤田維正・武藤元信監定『文章梯航』上中下巻、近田太平、明15・7・6版権免許、明16・

1—3発兌、採用可（中師第5号、明17・1、読書）

〈275〉宮本茂任・吉田利行著『漢文読本』四巻、連璧社、明15・7刻成

〈276〉宮本正貫編纂『中等教科漢文読本』十巻、小林義則、明30・2・18—3・18発行、集成Ⅱ（巻二—六・九）

〈277〉同編纂『中等教科漢文読本』十巻、小林義則、明31・2・15訂正再版、明31・2・22検定済、集成Ⅱ（巻一・七・八・十）

〈278〉同編纂『中等教科漢文読本入門』二巻、小林義則、明30・9・16発行

〈279〉同編纂『中等教科漢文読本入門』二巻、小林義則、明31・2・4訂正再版、明31・2・10検定済

〈280〉同編纂『中学漢文読本』十巻、小林義則、明34・12・28発行

〈281〉同編纂『中学漢文読本』十巻、小林義則、明35・3・30訂正再版、明35・4・17検定済

〈282〉同編纂『中学漢文教科書』五巻、小林義則、明35・11・28発行

〈283〉同編纂『中学漢文教科書』五巻、小林義則、明36・4・4訂正再版、明36・4・8検定済

〈284〉宗内静処編『中等教科国語漢文階梯』、重野集文堂書店、明35・7・31発行

〈285〉村山自彊編輯『中等教育漢文学教科書』二巻、大倉保五郎、明25・6・28—明26・8・［21］発行

〈286〉同評選、中嶋幹事・富田三・阪梨懿校『漢文科尋常読本』、野口愛、明26・［9］・［2］発行

〈287〉村山自彊・明石中和・津田立本・松本胤恭編『中等教育漢文読本』四編八冊、嵩山房、明30・4・24—明31・11・24発行

〈288〉村山自彊・穂積信順・島兵次郎編『尋常中学一年漢文読本』上下巻、積善館、明31・10・30発行、明32・3・27検定済

〈289〉文部省編輯局編『小学読本高等科之部』六巻、文部省、明17・5・1出板板権所有届

〈290〉山室茂次郎編、秋月胤永閲『中学漢文津梁』十巻、春陽堂、明32・3・25—5・17発行

〈291〉山本廉編『中等漢文』五巻、吉川半七、明30・11・5発行、明31・11・4検定済、補集Ⅱ

〈292〉遊佐誠甫、富永岩太郎編・黒板勝美校『中等漢文読本』十巻、小林八郎、明31・3・14―7・7発行、明32・1・25検定済、補集Ⅱ

〈293〉横関剛蔵著述、菊池純批評『小学高等漢文読本』巻一、前川善兵衛、明14・9・3［出版］・明19・2・27改題・明19・3・6別製本御届

〈294〉吉見経綸編『漢文入門』、鈴木常松、明25・3・31発行

〈295〉渡辺碩也編評『皇朝古今名家小体文範』上中下巻、岸本栄七、明19・4・17版権免許、補集Ⅰ

〈296〉同編評『皇朝古今名家小体文範』上中下巻、岸本栄七、明21・4・15訂正再版、明21・6・2検定済

〈297〉渡貫勇編纂『中学漢文学初歩』二巻、小林義則、明32・5・28発行、明32・10・30検定済、補集Ⅰ

二、丸本・抄本型

四書

〈298〉朱熹章句『鼇頭大学章句』、石田門人、天明3（一七八三）再刻、綱：書名「大学」、刊年不明、修身

〈299〉同章句『鼇頭中庸章句』、石田門人、天明3再刻、綱：書名「中庸」、刊年不明、修身

〈300〉同章句『鼇頭論語集註』十巻四冊、石田門人、天明3再刻、綱：書名「論語」、刊年不明、修身

〈301〉同章句、後藤芝山点、後藤師周校訂『大学』（題簽：新刻改正大学、封面：四書集註）、山内蔵版、寛政4（一七九二）御免上梓・明治4・2八刻、綱：刊年不明、修身

〈302〉同章句、同点、同校訂『中庸』（題簽：新刻改正中庸）、山内蔵版、寛政4御免上梓・明治4・2八刻、綱：巻数「二冊」、刊年不明、修身

〈303〉同章句、同点、同校訂『論語』（題簽：新刻改正論語）十巻四冊、山内蔵版、寛政4御免上梓・明治4・2八刻、綱：刊年不明、修身

〈304〉深井鑑一郎校『四書鈔』、宝文館、明43・10・23発行

〈305〉同校『四書鈔』、宝文館、明44・1・30訂正再版、明44・2・10検定済

〈306〉深井鑑一郎・山田準標註『教科適用　標註大学中庸』（題簽：教科適用標註四書内之学庸）、誠之堂、明30・4・25発行

〈307〉同標註『教科適用　標註論語』（題簽：教科適用標註四書内之論語）、誠之堂、明30・4・25発行

〈308〉同標註『教科適用　標註論語』、誠之堂書店、明34・3・25発行

〈309〉同標註『教科適用　標註孟子』（題簽：教科適用標註四書内之孟子）、誠之堂、明30・7・20発行

〈310〉佐藤一斎覆詳、三谷僴［校］『論語集註』十巻四冊、岡田屋嘉七ほか、文政8（一八二五）序、綱：刊年不明、修身

〈311〉青木晦編次『中等教科　論語提要』、青木寛吉、明31・4・5発行

〈312〉岡本監輔箋評『倫理教科　論語正本』（題簽：箋評論語正本）、三木佐助、明30・12・26発行・明32・6・20改訂再版

〈313〉興文社編次『教科適要《ママ》漢文叢書　論語鈔』、興文社、明34・8・8発行、明35・2・18検定済

〈314〉同編次『教科適用漢文叢書　論語鈔（甲）』、興文社、明34・8・8発行

〈315〉同編次『教科適用漢文叢書　論語鈔（乙）』、興文社、明35・1・10発行

〈316〉金港堂書籍編輯所編『論語鈔』、金港堂書籍、明31・9・6発行・明42・3・20六版

〈317〉国語漢文研究会編、簡野道明校『論語鈔』、明治書院、明44・12・14発行

〈318〉同編、同校『論語鈔』、明治書院、明45・2・12訂正版、明45・2・14検定済

〈319〉東京高等師範学校附属中学校国語漢文研究会編『漢文読本論孟抄』、大葉久吉・吉岡平助、明41・10・1発行

〈320〉同編『漢文読本　論孟抄』、大葉久吉・吉岡平助、明42・1・18訂正再版、明42・1・19検定済
〈321〉同編『漢文読本　論孟抄』、大葉久吉・吉岡平助、明44・10・11発行
〈322〉同編『漢文読本　論孟抄』、大葉久吉・吉岡平助、明45・1・15訂正再版、明45・1・22検定済
〈323〉漢文学会調査部編、市川瓚次郎校閲『新編論孟抄』、大日本図書、明45・2・5発行
〈324〉同編、同校閲『新編論孟抄』、大日本図書、明45・3・23再版、明45・3・26検定済（師中）
〈325〉朱熹集註、後藤芝山点『孟子』（題簽：新刻改正孟子）四冊、炭屋五郎兵衛ほか、寛政4御免上梓・寛政6発兌・文久4（一八六四）七刻（題簽：再刻）、綱：、和漢文
〈326〉蘇洵著、趙大浣増補、井上揆纂評『増補蘇批孟子』（題簽：校補蘇氏批孟子）上中下巻、大橋操吉、明10・12・17板権免許・明13・1出板、綱：四冊、刊年不明、和漢文
〈327〉後藤己男輔標註訓点『学校用孟子読本』四巻、中外堂、明19・4・16版権免許、明19・5出版発売
〈328〉金港堂書籍編輯所編『孟子鈔』、金港堂書籍、明31・9・12発行
〈329〉興文社編次『教科適要《ママ》漢文叢書　孟子鈔』、興文社、明34・8・8発行、明35・2・18検定済
〈330〉同編次『教科適用漢文叢書　孟子鈔（甲）』、興文社、明34・8・8発行
〈331〉同編次『教科適用漢文叢書　孟子鈔（乙）』、興文社、明35・1・10発行
〈332〉桑原俊郎編次『新点孟子撮要』、興文社、明35・4・8発行
〈333〉国語漢文研究会編、簡野道明校『孟子鈔』、明治書院、明44・12・8発行
〈334〉同編、同校『孟子鈔』、明治書院、明45・2・12訂正版、明45・2・14検定済
〈335〉興文社編次輯所編『孟荀鈔』、興文社、明41・12・4発行
〈336〉同編『孟荀鈔』、興文社、明42・2・23訂正再版、明42・2・25検定済
〈337〉宮本正貫鈔『孟子唐宋八家文鈔』、小林竹雄、明44・12・24発行

〈338〉同鈔『孟子唐宋八家文鈔』、小林竹雄、明45・2・18訂正再版、明45・3・5検定済（師中）

〈339〉須賀亮斎裁定『本註小学』内篇外篇、麗沢書院、寛政10（一七九八）・3新刻、綱：刊年不明、修身

〈340〉高愈纂註、北条謙校読『重訂小学纂註』内篇外篇四冊、河内屋吉兵衛ほか、文政5（一八二二）刊、綱：刊年不明、修身

小学（朱熹）

〈341〉『小学本註』内篇外篇、水野慶次郎、明13・3・17翻刻出版御届・明13・4出版、綱：刊年不明、修身

〈342〉後藤芝山点『改正小学句読』元亨利貞、長浜潮、明13・10・23版権免許・明13・12・20刻成、綱：刊年不明、修身

〈343〉山田準標註『教科適用　標註小学』内篇外篇二冊、誠之堂書店、明30・6・15―11・5発行

〈344〉同標註『教科適用　標註小学』外篇、誠之堂書店、明32・5再版

〈345〉金港堂編輯所編『小学鈔』、金港堂書籍、明31・7・25発行

〈346〉高橋茂三郎編、南摩綱紀閲『小学提要』二冊、中学書院、明32・2・[10]発行

〈347〉渡部明綱編『删定小学』上下巻、金港堂書籍、明34・5・12発行

〈348〉興文社編次『教科適用漢文叢書　小学鈔（甲）』、興文社、明35・8・20発行

〈349〉同編次『教科適用漢文叢書　小学鈔（甲）』、興文社、明36・3・8訂正再版、明36・3・12検定済（検：「甲」字なし）

〈350〉同編次『教科適用漢文叢書　小学鈔（乙）』、興文社、明36・10・3発行

〈351〉興文社編次輯所編『小学鈔』、興文社、明43・1・5発行

〈352〉同編『小学鈔』、興文社、明44・11・11訂正再版

〈353〉同編『小学鈔』、興文社、明45・3・1訂正三版、明45・6・20検定済

〈354〉国語漢文研究会編、簡野道明校『刪定小学』、明治書院、明44・6・8発行
〈355〉同編、同校『刪定小学』、明治書院、明44・11・10訂正再版、明44・11・14検定済
〈356〉同編纂『小学鈔』、大葉久吉・吉岡平助、明44・7・25発行
〈357〉同編纂『小学鈔』、大葉久吉・吉岡平助、明44・11・18訂正再版、明44・11・30検定済

蒙求（李瀚）

〈358〉徐状元補註、石川鴻斎編『纂評箋註蒙求校本』上中下巻、山中市兵衛、明12・7・16板権免許・明12・10刻成、綱：刊年不明、和漢文
〈359〉興文社編次輯所編『蒙求鈔』、興文社、明42・5・29発行
〈360〉同編『蒙求鈔』、興文社、明43・1・28訂正再版、明43・2・7検定済
〈361〉深井鑑一郎校『蒙求鈔』、大葉久吉・吉岡平助、明44・7・25発行
〈362〉同校『蒙求鈔』、大葉久吉・吉岡平助、明44・11・21訂正再版、明44・11・30検定済

近世叢語（角田九華）

〈363〉興文社編次『教科適用漢文叢書　近世叢語鈔』、興文社、明34・11・20発行
〈364〉同編次『教科適用漢文叢書　近世叢語鈔』、興文社、明35・2・23訂正再版、明35・2・28検定済
〈365〉同編次『教科適用漢文叢書　近世叢語鈔（甲）』、興文社、明34・11・20発行
〈366〉同編次『教科適用漢文叢書　近世叢語鈔（乙）』、興文社、明35・1・10発行

先哲叢談（原念斎）

〈367〉興文社編次『教科適用漢文叢書　先哲叢談鈔』、興文社、明34・11・20発行
〈368〉同編次『教科適用漢文叢書　先哲叢談鈔』、興文社、明35・2・23訂正再版、明35・2・26検定済
〈369〉同編次『教科適用漢文叢書　先哲叢談鈔（甲）』、興文社、明34・11・20発行
〈370〉同編次『教科適用漢文叢書　先哲叢談鈔（乙）』、興文社、明36・6・18発行

孝経

〈371〉［太宰］春台訓点『古文孝経』、花説堂発兌、明5・10再刻、綱：刊年不明、修身
〈372〉深井鑑一郎校『古文孝経』、宝文館、明44・7・25発行
〈373〉同校『古文孝経』、宝文館、明44・11・18訂正再版、明44・11・30検定済

純正蒙求（胡炳文）

〈374〉胡炳文撰『純正蒙求校本』（題簽：官版純正蒙求）上中下巻、文化元年（一八〇四）、綱：和漢文
〈375〉村上信忠標註、岡松甕谷閲『刪定標註純正蒙求校本』上中下巻、奎文堂、明14・9・29版権免許・明15・2・25刻成、採用可（小第17号、明16・11。中師第4号、明16・12）、綱：修身
〈376〉藤沢南岳・土屋弘註釈『評釈純正蒙求箋本』上中下巻、岡島真七、明16・3・31版権免許・明16・4・20製本改御届・明治16・4出板

修身書

〈377〉劉向著『新刻古列女伝』六巻三冊・『新続烈女伝』上中下巻、上村次郎右衛門、承応2・8―承応3・5（一六五三―一六五四）、採用可・口授のみ（小第2号、明14・2・28）、採用可（中師第2号、明16・2・18）、『新刻古

列女伝』七・八巻一冊、採用不可（小第2号、明14・2・28）
〈378〉松本万年編、松本荻江校正『標註劉向列女伝』三巻、別所平七、明11・5、採用可・口授のみ（小第18号、明16・12。中師第5号、17・1、修身）
〈379〉朱熹纂輯、李衡校正、張釆評閲、宋学顕・馬嘉植参正『名臣言行録』（題簽：宋名臣言行録）前集後集十四巻六冊、河内屋喜兵衛ほか、寛文7（一六六七）・11、綱：刊年不明、修身
〈380〉貝原篤信編『初学知要』上中下巻、葛西市兵衛、元禄11（一六九八）・8、採用可（小第13号、明15・7・31。中師第2号、明16・2・28）
〈381〉陳弘謀原輯『五種遺規　養正遺規』上下巻補遺、明遠堂蔵版、天保3（一八三二）［刊］、綱：編者・巻数・刊年不明、修身
〈382〉陳弘謀原輯『五種遺規　訓俗遺規』四巻補遺上下巻、明遠堂蔵版、天保3［刊］、綱：編者・巻数・刊年不明、修身
〈383〉劉蕺山著、洪正治校編、谷操［訓点］、『蕺山先生人譜』一巻『人譜類記』二巻元亨利貞四冊、河内屋新治郎ほか、天保12（一八四一）・3翻刻、元（『人譜』、『人譜類記』上、一―三十七丁）、採用可（中師第2号、明16・2・28）、亨（『人譜類記』上、三十八―七十九丁）・利（『人譜類記』下）・貞（同上）、採用可・口授のみ（中師第2号、明16・2・28）、綱：修身
〈384〉朱熹・呂祖謙編集、葉釆集解『近思録』十四巻四冊、加賀屋善蔵、弘化3（一八四六）・9補刻、綱：編者・刊年不明、修身
〈385〉袁采編、陳継儒訂、片山信校『世範校本』上中下巻、前川文榮堂、嘉永3（一八五〇）序、綱：嘉永5（一八五二）刊、修身
〈386〉曹大家著、王相箋註、西坂衷［訓点］『校訂女四書』四冊（元：女誡、亨：女論語、利：内訓、貞：女範）、孝友堂、嘉永7（一八五四）新鐫、元・亨・利、採用可（小第18号、明16・12。中師第5号、明17・1、修身）、

貞、採用不可（小第24号、明18・1、修身。中師第9号、明18・1、修身。調：貞のみ刊年不明）
〈387〉浅見正安編輯『靖献遺言』八巻三冊、風月堂、慶応元年（一八六五）新刻、綱：巻数・刊年不明、修身
〈388〉後藤芝山点『新鐫読本　易経』上下巻、鹿児島藩、明4新鐫、綱：書名「易経」、編者・刊年不明、修身
〈389〉同点『新鐫読本　詩経』乾坤巻、鹿児島藩、明4新鐫、綱：書名「詩経」、編者・刊年不明、和漢文
〈390〉同点『新鐫読本　礼記』元亨利貞巻、鹿児島藩、明4新鐫、綱：書名「礼記」、編者・刊年不明、修身
〈391〉同点『新鐫読本　書経』天地巻、鹿児島藩、明4新鐫、綱：書名「書経」、編者・刊年不明、修身
〈392〉片山［兼山］訓点『女学孝経』、遠藤平佐衛門ほか、明6・3出板、採用可（中師第4号、明16・12）
〈393〉張瑞図校、鎌田環斎校正『日記故事大全』（本文：新鍥類解官様日記故事大全）上中下巻、松村九兵衛ほか、明13・2・26再版御届・明13・4出版、採用不可（小第2号、明14・2・28、修身。調：著者・出版者・刊年不明）
〈394〉則天武后撰『臣軌』上下巻、谷壮太郎、明15・7・14翻刻出版御届、綱：編者・巻数・刊年不明、修身
〈395〉馬融撰、鄭玄註、山井幹校補『校訂補註忠経』、石塚徳次郎、明15・7・21版権免許・明15・11出版、綱：刊年不明、修身
〈396〉新部栄太郎・綾部関編輯『小学修身書』上下巻、広瀬市蔵、明13・7・30版権免許・明13・10・［29］出版
〈397〉同編輯『小学修身書』上下巻、広瀬市蔵、明13・7・30版権免許・明13・9出版・明14・6校訂御届・明14・7校訂
〈398〉福井光編輯、川島棋坪刪定『修身叢語』上下巻、埼玉県、明14・5・4版権免許所有・明14・5・10出版、綱：修身
〈399〉同編輯、同刪定『訂正修身叢語』上下巻、埼玉県、明14・5・3出版々権届・明14・11・16訂正再版届、採用可（中師第2号、明16・2・28）、綱：刊年不明、修身
〈400〉山下直温集撰、乗附倬・田村素軒・堀江方敬同校、山下直太郎再校『皇朝蒙求』上中下巻、山下直太郎、明14・3・4板権免許・明14・6・10刻成

〈401〉横関剛蔵著、菊池純批評『修身学楷梯』上下巻、前川善兵衛、明14・9・3版権免許
〈402〉山田養吉編輯『明治小学』六巻二冊、山田養吉、巻一・二：明12・6・18版権免許・巻三：明13・9・14版権免許・巻四五六：明13・12・9版権免許・明14・9・21合本届
〈403〉隈正勝著『日本蒙求初編』上下巻、隈正勝、明14・10・8版権免許
〈404〉同著『日本蒙求続編』上下巻、隈正勝、明15・3・14版権免許・明15・6・27出版
〈405〉橋本小六著述、関徳校閲『標題箋注万国蒙求校本』上中下巻、吉岡平助、明14・11版権免許
〈406〉宮本茂任・吉田利行編『新撰叢語』（題簽：漢文新選叢語）三巻、連璧社、明15・5版権免許・刻成
〈407〉鈴木至政纂輯『嘉言録』上下巻、鈴木至政、明15・6・24版権免許・明15・10刻成、採用可（中師第2号、明16・2・28）、綱：修身
〈408〉亀谷行著『和漢修身訓』十一巻（漢文：巻十、十一）、亀谷行、明15・3・28版権免許・明15・5・4―9・9出版、綱：修身
〈409〉藤沢南岳著『修身新語初編』、藤沢南岳、明15・12・22版権免許・明16・1刻成
〈410〉同著『修身新語』、藤沢南岳、明21・8・13改正増減再版御届・明21・8・28発行
〈411〉今井匡之纂輯、林昇校閲『小学中等科修身格言』六巻、山中孝之助、明16・10・3版権免許・明16・10・16刻成出版、巻一・二・三・六：採用可（小第19号、明17・4、修身）、巻四・五：採用不可（小第19号、明17・4、修身）
〈412〉同纂輯、同校閲『小学中等科修身格言』巻四・五、山中孝之助、明17・4・14訂正御届、採用可（小第20号、明17・6、修身）
〈413〉木沢成粛編纂、石川鴻斎校訂『高等修身小学』四冊、前田円、明17・5・22版権免許・明17・7出版
〈414〉山賀新太郎・辻元篤次郎同撰、野村文夫閲『東西蒙求』乾坤巻、野村文夫、明16・11版権免許・明17・2出版
〈415〉京都府学務課編輯『修身書』嘉言篇善行篇八巻、湯上市兵衛、明17・3・19出版版権所有届・明17・3―8刻成

〈416〉村垣正容輯『漢文修身読本初編 一名養正録』、岡村庄助、明17・3・11版権免許・明17・6出版

〈417〉岡本清来・永松木長・嶺全明編輯『高等科修身書 嘉言善行対照録』四巻、村上勘兵衛、明18・2・24出版々権御願・明18・3・25版権免許・明18・6刻成

文章軌範（謝枋得）・続文章軌範（雛守益）

〈418〉大竹政正纂評『増評文章軌範』正続六冊、牧野吉兵衛、明10・4・12版権免許・明10・10鐫、綱：和漢文

〈419〉海保漁村補註、島田篁村校補『補註文章軌範校本』七巻三冊、別所平七、明9・5・18版権免許・明10・10出版、綱：刊年不明、和漢文

〈420〉奥田遵補註『補註続文章軌範校本』七巻三冊、別所平七、明12・6・18版権免許・明12・9出版、綱：刊年不明、和漢文

〈421〉頼山陽口授、牧百峰筆記、中村鼎五編纂、亀谷省軒参訂『評本文章軌範』七巻三冊、亀谷竹二、明11・4・30版権免許・明11・11・25出版、綱：和漢文

〈422〉原田由己編『訓点謝選拾遺』上中下巻、長島為一郎、明17・3・22出版御届・明17・4出版、明23・3・7検定済

〈423〉同編『標箋正続文章軌範』正七巻続七巻六冊、水野慶次郎、明13・10・28版権免許・明14・3出版発売

〈424〉同編『標箋正文章軌範』七巻三冊、水野幸、明13・10・28版権免許・明21・1再版、明21・5・31検定済（師中）

〈425〉宮脇通赫輯補『点註文章軌範』正七巻続七巻六冊、山中市兵衛、明10・6・19版権免許・明12・5・8再版御届、綱：明10刊、和漢文

〈426〉石川鴻斎編『正続文章軌範諺解』正七巻続七巻六冊、山中市兵衛、明12・11・26版権免許

〈427〉同編『正続文章軌範正解』正七巻続七巻六冊、杉山辰之助、明12・11・26版権免許、明32・9・23訂正再板

〈428〉藍田東亀年補訂『文章軌範評林』正続六冊、岡田茂兵衛、明8・11版権免許・明14・4三刻、綱：正・明9刊、

続・刊年不明、和漢文

〈429〉木山鴻吉編、李廷機評訓『増訂正評註文章軌範』七巻三冊、内藤伝右衛門、明13・9・6版権免許・明16・3・29別製本御届・明16・3出板、明20・9・12検定済（検：明16・9発行）

〈430〉同編、同評訓『増訂続評註文章軌範』七巻三冊、内藤伝右衛門、明13・9・6版権免許・明16・〔9〕〔出版〕、明20・9・12検定済

〈431〉久保田梁山訓訳『鼇頭訳語文章軌範読本』上下巻、辻岡文助、明17・12・23版権免許・明18・5・15刻成出版

〈432〉池田四郎次郎・山田準編『正文章軌範読本』、益友社、明25・7・〔4〕発行

〈433〉同編『正文章軌範読本』、益友社、明25・7・1発行・明30・3・17訂正再版

〈434〉鈴木貞次郎編『標註正文章軌範読本』学生必読漢文学全書第二編、石川書店・興文社、明25・12・29発行

〈435〉同編『標註続文章軌範読本』学生必読漢文学全書第参編、石川書店・興文社、明26・4・〔25〕発行

〈436〉岡野英太郎編『正続文章軌範読本』四冊、小山佐伝次、明26・4・10発行

〈437〉深井鑑一郎・山田準編『教科適用　標註正文章軌範』、誠之堂書店、明31・4・25発行

〈438〉深井鑑一郎校『正続文章軌範鈔』、大葉久吉・吉岡平助、明44・7・25発行

〈439〉同校『正続文章軌範鈔』、大葉久吉・吉岡平助、明44・11・27訂正再版、明44・11・30検定済

〈440〉渡貫勇編『文章軌範鈔本』、三省堂書店、明33・2・8発行

〈441〉興文社編次『教科適用漢文叢書　文章軌範鈔』、興文社、明35・4・3発行

〈442〉同編次『教科適用漢文叢書　文章軌範鈔（甲）』、興文社、明36・3・8訂正再版、明36・3・12検定済（検：「甲」字なし）

〈443〉同編次『教科適要《ママ》漢文叢書　続文章軌範鈔』、興文社、明35・8・〔20〕発行

〈444〉同編次『教科適用漢文叢書　続文章軌範鈔（甲）』、興文社、明36・3・8訂正再版、明36・3・12検定済（検：

「甲」字なし）

〈445〉東京高等師範学校附属中学校国語漢文研究会編『漢文読本 正続文章軌範抄』、大葉久吉・吉岡平助、明41・11・5発行

〈446〉同編『漢文読本　正続文章軌範抄』、大葉久吉・吉岡平助、明42・1・20訂正再版、明42・1・22検定済

〈447〉近藤圭造纂評『続文章軌範纂評』三冊、前川善兵衛、明11・3・23版権免許

〈448〉興文社編次輯所編『文章軌範鈔　附唐詩選鈔』、興文社、明45・7・18発行

〈449〉同編『文章軌範鈔　附唐詩選鈔』、興文社、大正2・2・27訂正再版、大正2・3・3検定済

唐宋八家文

〈450〉唐順之原選、川西潜編次『唐宋八大家文格』五巻、前川源七郎、文久3（一八六三）再刻［明治刊］、綱：和漢文

〈451〉沈徳潜評点、頼襄編『頼山陽増評八大家文読本』三十巻八冊、太田金右衛門、明8・11・24版権免許・明8・12出版

〈452〉同評点、同編『頼山陽増評八大家文読本』三十巻十冊、内藤伝右衛門、明12・5・15再版御届・明12・7出版・明18・11・19三版御届・明19・2三版、明20・9・14検定済（検：明19・1三版）

〈453〉同評点、魏源批選、石村貞一纂評、阪谷素校合訂正『纂評唐宋八大家文読本』八巻、吉川半七・坂上半七、明11・3・20版権免許・明11・9刊、綱：巻数・刊年不明、和漢文

〈454〉同評点、井上揆纂評『纂評唐宋八大家文読本』三十巻十六冊、太田勘衛門、明11・3・8版権免許・明12・1出板、綱：刊年不明、和漢文

〈455〉石川鴻斎編『纂評精注唐宋八大家文読本』二十二巻十二冊、前田円、明17・10・21版権御届・明17・11出版―明18・1・21版権免許・明18・6出版

〈456〉大森寛編、三島毅閲『唐宋八家文鈔』上下巻、吉川半七、明32・6・30発行、明33・10・4検定済
〈457〉興文社編次『教科適用漢文叢書 唐宋八家文鈔』、興文社、明34・8・8発行
〈458〉同編次『教科適用漢文叢書 唐宋八家文鈔』、興文社、明35・2・23訂正再版、明35・2・26検定済
〈459〉同編次『教科適用漢文叢書 唐宋八家文鈔続』、興文社、明34・8・26発行
〈460〉興文社編次輯所編『唐宋八家文鈔』、興文社、明44・9・[8]発行
〈461〉同編『唐宋八家文鈔』、興文社、明45・2・5訂正再版、明45・2・9検定済
〈462〉平井参編『中学漢文唐宋八家文鈔』、興文社、明35・12・12発行
〈463〉同編『中学漢文唐宋八家文鈔』、興文社、明36・7・5訂正再版、明36・7・5検定済
〈464〉国語漢文研究会編、簡野道明校『唐宋八家文鈔』、明治書院、明44・9・26発行
〈465〉同編、同校『唐宋八家文鈔』、明治書院、明44・12・23訂正再版、明45・1・8検定済
〈466〉宮本正貫鈔『唐宋八家文鈔』、小林竹雄、明44・12・14発行
〈467〉同鈔『唐宋八家文鈔』、小林竹雄、明45・3・9訂正再版、明45・3・19検定済（師中）
〈468〉村瀬誨輔編次『続唐宋八大家文読本』（本文：続唐宋八家文読本）十二巻、和泉屋庄次郎、文政8（一八二五）刊、綱：和漢文

※唐宋八家文は〈337〉〈338〉〈479〉〈480〉にも収録。

古文真宝（黄堅）

〈469〉林以西増補、川島楳坪編『纂評古文真宝後集』上下巻、長島為一郎、明12・4・25版権免許・明13・1・28出版、採用可（小第6号、明14・8・31。中師第2号、明16・2・28）
〈470〉興文社編次輯所編『古文鈔』、興文社、明43・7・28発行

〈471〉同編『古文鈔』、興文社、明44・11・8訂正再版、明44・11・14検定済
〈472〉深井鑑一郎校『古文真宝鈔』、宝文館、明43・11・15発行
〈473〉同校『古文真宝鈔』、宝文館、明44・2・15訂正再版、明44・2・24検定済

時文

〈474〉伊藤松雄編『清国時文類纂』、明治書院、明34・1・1発行
〈475〉梁田邦彦編『標註支那時文読本』上下巻、宝文館、明37・1・22発行
〈476〉国語漢文研究会編、簡野道明校『支那今体文読本』、明治書院、明38・1・3発行
〈477〉普通教育研究会編『実用漢文読本』、鐘美堂書店、明40・5・20発行

明清文

〈478〉土屋栄・小尾輔明編『明清小文軌範』上下巻、土屋栄・小尾輔明、明11・3・9官許・明11・3・18版権免許
〈479〉宮本正貫鈔『明清文唐宋八家文鈔』、小林竹雄、明44・12・24発行
〈480〉同鈔『明清文唐宋八家文鈔』、小林竹雄、明45・2・18訂正再版、明45・3・5検定済（師中）

詩文集

〈481〉周弼編、釈円至註、裴庾増註『重校正三体詩』（本文：増註唐賢絶句三体詩法）上中下巻、文華堂、享保10（一七二五）［刊］、綱：刊年不明、和漢文
〈482〉服部南郭校訂『唐詩選』七巻一冊、高市氏梓行、弘化2（一八四五）改刻、綱：編者・巻数・刊年不明、和漢文
※『唐詩選』は〈448〉〈449〉にも収録
〈483〉于済・蔡正孫編集、根津全孝訓点『唐宋聯珠詩格』上下巻、永尾銀次郎、明12・4・16御届・明12・6・10出

版、綱：書名「聯珠詩格」、編者・刊年不明、和漢文
〈484〉朱飲山著、小野湖山校、岸田吟香訓点『詩法纂論　一名金譜録要』上下巻、岸田吟香、明14・4・21版権免許・明14・6・30刻成、綱：和漢文
〈485〉徐斐然輯評、徐秉愿ほか参訂『国朝二十四家文鈔』二十四巻十二冊、文光堂、道光10（一八三〇）新鐫、綱：和漢文
〈486〉月性編『今世名家文鈔』八巻、河内屋忠七、嘉永2（一八四九）序、巻一・三・四―七、採用可（中師第6号、明17・6、調：刊年不明）、巻二・八、採用不可（中師第6号、明17・6、調：刊年不明）、綱：六冊、編者・刊年不明、和漢文
〈487〉大郷穆鈔録『文体明弁纂要』上中下巻、大郷穆、明10・8・27版権免許、明11新鐫、採用可（中師第9号、明18・1、作文）
〈488〉頼襄選、頼又二郎増評『増評小文規則』、頼又二郎、明11・2・13版権免許・明11・6発兌、綱：和漢文
〈489〉同評選、村瀬褧校『古文典刑』上中下巻、和田茂十郎、明11・9・20御届・明11・11・1出版、綱：刊年不明、和漢文
〈490〉同著、児玉慎輯録『山陽先生書後』（封面：書語併題跋）上中下巻、春和堂発行、刊年不明、綱：明9刊、和漢文
〈491〉安井息軒著、谷口豊編『中学教科用書　読書余適鈔』、沢村則辰、明35・4・21発行
〈492〉同著、同編『中学教科用書　読書余適鈔』、沢村則辰、明36・8・1訂正再版、明36・8・10検定済

史記（司馬遷）

〈493〉藤沢南岳訓点『校訂史記評林』五十冊、岡島真七、明13・5・28出版御届・明14・5刻成、綱：巻数・刊年不明、和漢文

〈494〉竹添進一郎編、竹添利鎌訓点『史記鈔』五巻・評註歴代古文鈔第四集、高木怡荘、明17・5・10版権免許・明18・2・1刻成
〈495〉秋山四郎編『史記鈔』上下巻、金港堂書籍、明29・4・16発行
〈496〉太田保一郎編『中等教科　史記鈔』上、八尾書店、明31・9・18発行
〈497〉興文社編次輯所編『史記鈔』、興文社、明41・3・29発行
〈498〉同編『史記鈔』、興文社、明41・12・15訂正再版、明41・12・18検定済
〈499〉東京高等師範学校附属中学校国語漢文研究会編『漢文読本　史記抄』、大葉久吉・吉岡平助、明42・1・5発行
〈500〉同編『漢文読本　史記抄』、大葉久吉・吉岡平助、明42・2・23訂正再版、明42・2・25検定済
〈501〉国語漢文研究会編、簡野道明校『史記鈔』、明治書院、明44・9・26発行
〈502〉同編、同校『史記鈔』、明治書院、明44・12・23訂正再版、明44・12・27検定済
〈503〉宮本正貫鈔『史記鈔』、小林竹雄、明44・12・24発行
〈504〉同鈔『史記鈔』、小林竹雄、明45・2・18訂正再版、明45・3・4検定済（師中）
〈505〉山本廉編、亀谷行閲『纂評史記列伝抄』、吉岡商店、明20・10・18版権免許・明20・11出板
〈506〉『史記列伝』六巻、博聞社、明22・9・19―11・11発行
〈507〉塚田淳五郎点註『点註史記列伝』八巻、金刺源次ほか、明27・7・14―明30・1・26発行
〈508〉村山自彊・中嶋幹事編次『漢文読本　史記列伝鈔』四巻、明治書院、明32・1・27―4・17発行、明32・9・28検定済
〈509〉興文社編次『教科適用漢文叢書　史記列伝鈔』、興文社、明34・8・12発行
〈510〉同編次『教科適用漢文叢書　史記列伝鈔』、興文社、明35・2・23訂正再版、明35・2・26検定済
〈511〉同編次『教科適用漢文叢書　史記列伝鈔続』、興文社、明34・12・31発行

〈512〉同編次『教科適用漢文叢書　史記列伝抜萃』、興文社、明34・11・20発行、明35・2・18検定済
〈513〉平井参編『中学漢文　史記伝鈔』二巻、興文社、明35・11・21発行
〈514〉同編『中学漢文史記伝鈔』甲乙篇、興文社、明35・11・18発行・明36・7・11―13訂正再版、明36・7・17検定済
〈515〉興文社編次輯所編『史記戦国策鈔』、興文社、明41・12・15発行
〈516〉同編『史記戦国策鈔』、興文社、明42・2・23訂正再版、明42・2・25検定済

日本外史（頼山陽）

〈517〉重野安繹・頼復・小笠原勝彦・岡千仞・木原元礼・堤正勝・大郷穆・野口之市編評点『編年日本外史』十六巻、光啓社、明9・8・14版権免許・明20・6・16誤字正シ御届、検定済（中学校歴史科、明20・8・30）
〈518〉京都府第一中学校訓点『中学読本日本外史鈔　楠氏』、中川清次郎ほか、明31・10・29発行、明32・6・13検定済
〈519〉同訓点『中学読本日本外史鈔　豊臣氏』上中下巻、中川清次郎ほか、明32・7・14発行
〈520〉同訓点『中学読本日本外史鈔　豊臣氏』上中下巻、中川清次郎ほか、明32・9・15―明34・7・10訂正再版
〈521〉興文社編次輯所編『外史鈔　武田氏上杉氏織田氏』、興文社、明41・7・17発行
〈522〉同編『外史鈔　武田氏上杉氏織田氏』、興文社、明41・12・15訂正再版、明41・12・18検定済
〈523〉同編『外史鈔　豊臣氏徳川氏』、興文社、明42・5・29発行
〈524〉同編『外史鈔　豊臣氏徳川氏』、興文社、明43・1・28訂正再版、明43・2・18検定済
〈525〉同編『外史鈔　源平氏北条氏』、興文社、明42・8・23発行
〈526〉同編『外史鈔　源平氏北条氏』、興文社、明43・1・28訂正再版、明43・2・17検定済
〈527〉同編『外史鈔　楠木氏新田氏足利氏』、興文社、明43・4・22発行
〈528〉同編『外史鈔　楠木氏新田氏足利氏』、興文社、明43・7・1発行・明44・11・15訂正再版、明44・11・24検定済

〈529〉東京高等師範学校附属中学校国語漢文研究会編『漢文読本　日本外史抄』、大葉久吉・吉岡平助、明41・11・30発行
〈530〉同編『漢文読本　日本外史抄』、大葉久吉・吉岡平助、明42・2・23訂正再版、明42・2・26検定済
〈531〉深井鑑一郎校『日本外史鈔』、大葉久吉・吉岡平助、明43・10・23発行
〈532〉同校『日本外史鈔』、大葉久吉・吉岡平助、明44・1・30訂正再版、明44・2・10検定済
〈533〉明治書院編輯部編『新撰日本外史鈔』、明治書院、明43・11・19発行
〈534〉同編『新撰日本外史鈔』、明治書院、明44・2・27訂正再版、明44・3・6検定済
〈535〉一戸隆次郎編『註解日本外史鈔』続篇、金港堂書籍、明44・11・28発行
〈536〉丸井圭治郎編『日本外史　青年漢文教科書』、敬文館書房、明44・12・15発行
〈537〉同編『日本外史　青年漢文教科書』、敬文館書房、大元・12・15訂正再版、大元・12・19検定済
〈538〉国語漢文研究会編、簡野道明校『日本外史鈔』、明治書院、明45・6・30発行
〈539〉同編、同校『日本外史鈔』、明治書院、大元・12・27訂正版、大元・12・28検定済

十八史略（曾先之）
〈540〉巖垣龍渓標記、巖垣東園再校増補『標記増補十八史略』（本文：立斎先生標題解註音釈十八史略）七巻、藤井孫兵衛ほか、明8・11・14版権免許・明12・1・28九刻再版御届、綱：歴史
〈541〉藤田久道編次、増田貢校正『漢土歴代十八史略　附三史略』七巻、東生亀治郎ほか、明12・5・24版権免許・明13・5・8出版、綱：歴史
〈542〉近藤元粋註釈『箋註十八史略校本』七巻、中川勘助、明12・4・23版権免許・明13・10出版、綱：刊年不明、和漢文

〈543〉土生柳平新註『十八史略新註』巻之一、村山元麿、明17・4・［12］版権免許・明17・11出板
〈544〉下森来治編『標註十八史略読本』上下巻・学生必読漢文学全書第四編、石川書店・興文社、明26・5・［17］—8・7発行
〈545〉井上揆編『標註十八史略読本』七巻、水野幸、明26・10・［14］発行
〈546〉新楽金橘編『点註十八史略読本』上中下巻、宮崎道正、明28・［2］・［5］—明32・5・［12］発行
〈547〉福田重政編『十八史略記事本末』三巻、吉川半七、明30・9・2発行、明31・10・13検定済
〈548〉大槻修二（如電）編『校訂曾史鈔』上下巻、三木書店、明30・10・31発行
〈549〉同編『漢文教科　曾史鈔本』上下巻、三木書店、明32・1・4改題訂正再版、明32・1・27検定済
〈550〉興文社編次『教科適用漢文叢書　十八史略節要（甲）』上下巻、興文社、明35・1・31—3・18発行
〈551〉同編次『教科適用漢文叢書　十八史略節要（甲）』上下巻、興文社、明36・3・8訂正再版、明36・3・12検定済（検：「甲」字なし）
〈552〉同編次『教科適用漢文叢書　十八史略抜萃（甲）』、興文社、明36・9・21発行
〈553〉同編次『教科適用漢文叢書　十八史略抜萃（乙）』、興文社、明36・9・21発行
〈554〉同編次『教科適用漢文叢書　十八史略抜萃』、興文社、大4・9・12発行・大4・11・1訂正再版、大正4・11・27検定済
〈555〉桑原俊郎編『新点十八史略撮要』、興文社、明35・11・21発行
〈556〉東京高等師範学校附属中学校国語漢文研究会編『漢文読本　十八史略抄』、大葉久吉・吉岡平助、明41・10・1発行
〈557〉同編『漢文読本　十八史略抄』、大葉久吉・吉岡平助、明42・1・18訂正再版、明42・1・19検定済
〈558〉深井鑑一郎校『十八史略鈔』、宝文館、明43・10・28発行

〈559〉同校『十八史略鈔』、宝文館、明44・1・30訂正再版、明44・2・21検定済
〈560〉明治書院編輯部編『新撰十八史略鈔』、明治書院、明44・2・17発行
〈561〉同編『新撰十八史略鈔』、明治書院、明44・11・13訂正再版、明44・11・14検定済
〈562〉国語漢文研究会編、簡野道明校『十八史略鈔』、明治書院、明45・6・30発行
〈563〉同編、同校『十八史略鈔』、明治書院、大元・12・27訂正版、大元・12・28検定済
〈564〉宮脇通赫編次『続十八史略読本』五巻、山中市兵衛、明9・8版権免許、綱：書名「続十八史略」、歴史、和漢文

近古史談（大槻磐渓）

〈565〉大槻如電・大槻文彦刪修『刪修近古史談』四巻、大槻修二、明14・8・16版権免許・明15・2・20刻成、綱：採用可（小第15号、明16・2・28。中師第2号、明16・2・28）、和漢文
〈566〉大槻如電・大槻文彦刪修『刪修近古史談』四巻、大槻修二、明18・10四刻
〈567〉同刪修『刪修近古史談』四巻、大槻修二、明26・9・[15]訂正再版、明26・10・30検定済
〈568〉大槻文彦刪修『刪修近古史談』、大槻文彦、明14・8・16版権免許・明26・9・11訂正版・明31・3・1第十版
〈569〉同刪修『刪修近古史談』、大槻文彦、明31・9・21訂正版、明31・10・8検定済
〈570〉同刪修標註『標註刪修近古史談』上下巻、大槻文彦、明32・1・2標註発行（〈569〉の訂正版）、明32・1・31検定済
〈571〉同刪修標註『標註刪修近古史談』上下巻、大槻文彦、明45・2・5修正第四十版
〈572〉同刪修標註『標註刪修近古史談』上下巻、大槻文彦、明45・4・9修正第四十一版、明45・5・10検定済
〈573〉大槻如電補正『補正近古史談』上下巻、三木佐助、明29・3・17発行
〈574〉同補正『補正近古史談』上下巻、三木佐助、明29・10・17訂正再版、明29・11・20検定済

〈575〉同補正『補正近古史談』上下巻、三木書店、明31・5・10六版
〈576〉同補正『補正近古史談』上下巻、三木書店、明31・8・20訂正七版、明31・9・15検定済
〈577〉深井鑑一郎校『近古史談鈔』、宝文館、明43・10・23発行
〈578〉同校『近古史談鈔』、宝文館、明44・1・30訂正再版、明44・2・7検定済
〈579〉国語漢文研究会編、簡野道明校『近古史談鈔』、明治書院、明44・5・23発行
〈580〉同編、同校『近古史談鈔』、明治書院、明44・11・10訂正版、明44・11・14検定済

資治通鑑（司馬光）

〈581〉興文社編次『教科適用漢文叢書　資治通鑑鈔』、興文社、明34・10・15発行
〈582〉同編次『教科適用漢文叢書　資治通鑑鈔』、興文社、明34・10・25発行・明35・2・23訂正再版、明35・2・28検定済
〈583〉興文社編次輯所編『通鑑鈔　三国』、興文社、明42・5・29発行
〈584〉同編『通鑑鈔　三国』、興文社、明43・1・28訂正再版、明43・2・17検定済
〈585〉同編『通鑑鈔　唐太宗』、興文社、明43・6・16発行
〈586〉同編『通鑑鈔　唐太宗』、興文社、明44・12・28訂正再版
〈587〉同編『通鑑鈔　唐太宗』、興文社、明45・6・16訂正三版、明45・6・20検定済
〈588〉宮本正貫鈔『資治通鑑鈔』、小林竹雄、明44・12・24発行
〈589〉同鈔『資治通鑑鈔』、小林竹雄、明45・3・19訂正再版、明45・3・27検定済（師中）
〈590〉姚培謙・張景星録、陸奎勲参閲、増田貢校点『通鑑擥要』十五巻、別所平七、明9・11出版、綱：和漢文、歴史
〈591〉葉向高輯、坂田丈平校正『綱鑑精采』二十巻、松村九兵衛、明10・5・23版権免許・明11・11出版、綱：和漢文

〈592〉諸理斎編輯、董其昌重校、陳継儒参閲、林厚徳校点、川田甕江・三島中洲校閲『通鑑集要』十三巻、石川治兵衛、明14・1・22版権免許、綱：明8刊、歴史

〈593〉朱国標鈔、周之炯・呉乗権・周之燦輯、篠崎概校『綱鑑易知録』（本文：尺木堂綱鑑易知録）首巻九十二巻四十八冊、藤屋禹三郎、刊年不明、綱：刊年不明、歴史

〈594〉朱国標鈔、周之炯・呉乗権・周之燦同輯、篠崎概校『明鑑易知録』七巻、積玉圃、刊年不明、綱：刊年不明、歴史

〈595〉村山緯・永根鉉編、永根錫校、永根奕孫再校『清鑑易知録』八冊、近江屋平助、文化4（一八〇七）序、綱：編者・刊年不明、歴史

〈596〉秋山四郎編『通鑑綱目鈔』上下巻、金港堂書籍、明29・3・18発行

春秋左氏伝

〈597〉杜預集解、陸徳明音義、秦鼎校『春秋左氏伝校本』三十巻十五冊、内田屋宗兵衛、文化9（一八一二）開版・嘉永3（一八五〇）再刻・明4三刻、綱：再刻、和漢文

〈598〉宮脇通赫校輯『鼇頭評註春秋左氏伝校本』三十巻十五冊、山中市兵衛、明13・5・18出版御届・明13・6・9出版、綱：編者・刊年不明、和漢文

〈599〉竹添進一郎鈔録、竹添利鎌訓点『左伝鈔』四巻・評註歴代古文鈔第一集、高木怡荘、明17・5・10版権免許・明17・9・10刻成

〈600〉春日仲淵鈔録『中学漢文　左伝読本』、益友社、明31・4・23発行

〈601〉新楽金橘編『点註左伝抄』四巻、内田老鶴圃、明31・5・19―明34・7・［31］発行

〈602〉興文社編次『教科適要《ママ》漢文叢書　左伝鈔』、興文社、明34・8・8発行

〈603〉呂祖謙（東莱）撰、黄之寀校、孫執升評『東莱博議』（本文：呂東莱先生左氏伝博議）十二巻四冊、永原屋孫兵衛、

元禄13（一七〇〇）序、綱：刊年不明、和漢文
〈604〉同撰、瞿世瑛校本、阪谷素評註訓点『評註東莱博議』六巻、吉川半七ほか、明12・5・6版権免許、綱：刊年不明、和漢文

戦国策

〈605〉横田惟孝著『戦国策正解』十巻十三冊、雁金屋清吉ほか、文政9（一八二六）序
〈606〉竹添進一郎鈔録、竹添利鎌訓点『国策鈔』上下巻・評註歴代古文鈔第三集、高木怡荘、明17・5・10版権免許・明17・12・10刻成
〈607〉興文社編次『教科適用漢文叢書　戦国策鈔』、興文社、明34・10・15発行

歴史書

〈608〉頼山陽著『日本政記』八巻、梅村彦七ほか、明3・9免許・明7・1発兌、綱：刊年不明、和漢文
〈609〉青山延于著、青山延光校『皇朝史略』（封面：重刻皇朝史略）十二巻十冊、文淵堂ほか、明7・5御免許・明8・5発兌、綱：刊年不明、巻数八冊、和漢文。巻数不明、歴史
〈610〉同著、同校『続皇朝史略』五巻三冊、青山勇、明8・12・19版権免許・明10・11再版、綱：刊年、巻数同、歴史。明11刊、四冊、和漢文
〈611〉同著、同校『皇朝史略』十二巻五冊、青山勇、明19・10第四版
〈612〉同著、同校『続皇朝史略』五巻三冊、青山勇、明19・10第四版
〈613〉石村貞一纂輯、大槻清崇（磐渓）删定『続続皇朝史略』七巻、梶田喜蔵、明7・11御免許・明8・4刻成、綱：歴史
〈614〉石村貞一纂評『訂正続続皇朝史略』（封面：訂正増補続続皇朝史略）七巻、石村貞一ほか、明13・12・21板権

免許　明14・1上木出版、綱：和漢文

〈615〉岩垣松苗編次、源言忠ほか校『国史略』五巻、藤井孫兵衛、文政9（一八二六）・12刻成、明8・11・14版権免許、明9・6・1再版御届、綱：歴史

〈616〉菊池純編輯『国史略二編』五巻、藤井孫兵衛、明10・12・12出版版権御願・明10・12・24版権免許・明11・2刻成発兌・明13・12・7小本形別製本御届・明13・12刻成発兌、綱：歴史

〈617〉谷寛得原撰、小笠原勝修删補『続国史略』五巻、柏悦堂、明6・1新刻、綱：刊年不明、歴史

〈618〉小笠原勝修纂述『続国史略後編』（版心：校正続国史略後編）五巻、柏悦堂、明9校正、綱：和漢文

〈619〉石村貞一編輯『国史略』（封面：明治新刻国史略）七巻、東生亀治郎、明9・10・24版権免許・明10序、綱：歴史

〈620〉同編次『日本略史』（題簽：小学科本日本略史）上中下巻、吉川半七、明14・6・1出版御願・明14・6・22版権免許・明15・2刻成免許

〈621〉北川舜治編輯『明治新史』九巻、北川舜治、明8・9・27出版版権御願・明8・11・25—明10・8・18版権免許・明9・7・31—明10・12出版発兌

〈622〉龍三瓦著『皇朝小史』十巻五冊、尾崎二英、明9・5・27板権免許・明9・9出版

〈623〉羽田尚徳著、亀谷行删定『国史評林』八巻、清風閣・種玉堂、明10・9・7版権免許・明11・6・20刻成

〈624〉藤田久道編次、増田貢校正『内国史略』五巻、藤田久道、明12・3・5版権免許・明12・5・15譲受御届

〈625〉同編次『漢文日本略史』三巻、青木輔清、明13・12・9版権免許・明14・2刻成出版

〈626〉同編次『漢文日本略史』三巻、青木輔清、明13・12・9版権免許・明14・2刻成出版・明15・6・26分板御届

〈627〉馬杉繋編修『国史綱鑑』二十巻十冊、広瀬市蔵、明10・3・31版権免許・明12・7出版

〈628〉重野安繹編『帝国史談』上下巻、富山房、明29・7・［16］発行

〈629〉同編『帝国史談』上下巻、富山房、明29・7・6発行・明29・11・［12］訂正再版、明29・11・19検定済

〈630〉呉兢撰、戈直集論『貞観政要』十巻、忠田吉兵衛、元和9（一六二三）［刊］、綱：刊年不明、和漢文

〈631〉竹添進一郎鈔録、竹添利鎌訓点『国語鈔』評註歴代古文鈔第二集、高木怡荘、明17・5・10版権免許・明17・11・10刻成

〈632〉同鈔録、同訓点『漢書鈔』四巻・評註歴代古文鈔第五集、高木怡荘、明17・5・10版権免許・明18・8・1刻成

〈633〉谷応挙編著、谷際科・谷際第訂、安積信校『明朝記事本末』八十巻三十冊、二本松、天保14（一八四三）官命翻刻、綱：刊年不明、歴史

〈634〉後藤芝山編次、藤原正臣（山本清渓）増補『増補元明史略』四巻、菱屋孫兵衛、万延元（一八六〇）三刻、綱：和漢文

〈635〉同編次、同増補、奥野精一標注『増補元明史略』四巻、藤井孫兵衛、宝暦元（一七五一）・11原板・明7・6官許改刻・明8・11・14版権免許、綱：歴史

〈636〉林正躬編輯『清国史略』三巻、竹岡文祐、明9・7・5御願・明9・7・25版権免許

〈637〉増田貢著、亀谷行校閲『清史攬要』六巻、亀谷行、明10・2・24—明10・6・12版権免許・明10・6—7出版、綱：和漢文、歴史

〈638〉同著『満清史略』上下巻、原亮三郎、明12・11・13版権免許・明13・4出版、綱：歴史

〈639〉石村貞一編次『元明清史略』（題簽：明治新刻元明清史略）五巻、東生亀治郎、明10・9・25版権免許、綱：歴史

〈640〉大槻如電編『漢韓史談』上下巻、内田老鶴圃、明32・11・10発行

〈641〉同編『漢韓史談』上下巻、内田老鶴圃、明33・7・28訂正再版、明33・9・20検定済

〈642〉岡本監輔著、中村正直閲『万国史記』二十巻十冊、浅井吉兵衛、明11・6・27版権免許・明12・5出版、綱：歴史

編集・解説者紹介

木村　淳　きむら・じゅん

一九七二年　茨城県生まれ
二〇〇五年　二松学舎大学大学院文学研究科博士後期課程単位取得退学
現　在　大妻女子大学非常勤講師

主要論文

「明治・大正期の漢文教科書―洋学系教材を中心に―」、中村春作・市来津由彦・田尻祐一郎編『続「訓読」論―東アジア漢文世界の形成―』（勉誠出版、二〇〇九年十一月）所収

「漢文教材の変遷と教科書調査―明治三十年代前半を中心として―」、『日本漢文学研究』第六号、二松学舎大学日本漢文教育研究プログラム、二〇一一年三月

「漢文教科書における時文教材―明治期の検定制度との関わりから」、『中国文化』第七〇号、中国文化学会、二〇一二年六月

「漢文教科書と小学教科書」、『中国近現代文化研究』第一八号、中国近現代文化研究会、二〇一七年三月

編集復刻版
『明治漢文教科書集成』
補集Ⅰ　明治初期の「小学」編
（第8巻～第10巻・別冊1）

2017年12月10日　第1刷発行
揃定価（本体81、000円＋税）

編集・解説者　木村　淳
発行者　小林淳子
発行所　不二出版株式会社
東京都文京区向丘1―2―12
電　話　03（3812）4433
FAX　03（3812）4464
振　替　00160―2―94084
印刷・製本　富士リプロ

別冊1　ISBN978-4-8350-8164-9
補集Ⅰ（全4冊　分売不可　セット ISBN978-4-8350-8160-1）

収録資料一覧

補集Ⅰ　明治初期の「小学」編	
第８巻	1　近世名家小品文鈔（土屋栄） 2　和漢小品文鈔（土屋栄・石原嘉太郎） 3　続日本文章軌範（石川鴻斎） 4　本朝名家文範（馬場健） 5　皇朝古今名家小体文範（渡辺碩也）
第９巻	6　漢文中学読本（松本豊多） 7　漢文読本（鈴木栄次郎） 8　漢文読本（指原安三）
第10巻	9　漢文中学読本初歩（松本豊多） 10　中学漢文読本初歩（秋山四郎） 11　新撰漢文講本入門（重野安繹・竹村鍛） 12　中学漢文学初歩（渡貫勇） 13　新定漢文読例（興文社） 14　訂正新定漢文（興文社）
補集Ⅱ　模索期の教科書編	
第11巻	1　中等漢文（山本廉） 2　中等漢文読本（遊佐誠甫・富永岩太郎）
第12巻	3　中等教科漢文読本（福山義春・服部誠一） 4　訂正中学漢文読本（弘文館）
第13巻	5　漢文読本（法貴慶次郎） 6　新撰漢文読本（宇野哲人）